Rolf Wilhelm Stärk

Fernsucht

Erlebnisse aus naher Vergangenheit

In der Abenteuer REISEN-Reihe bisher erschienen:
Band 1: „Geliebtes Australien" von Barbara Barkhausen (978-3-95503-012-4)
Band 2: „Verrücktes Australien" von Daniel Kramer (978-3-95503-032-2)
Band 3: „Geliebtes Kanada" von Marc Lautenbacher (978-3-95503-051-3)
Band 4: „Geliebtes Griechenland" von Kurt Schreiner (978-3-95503-054-4)
Band 5: „Geliebtes Brasilien" von Klaus D. Günther (987-3-95503-064-3)
Band 6: „Fremdes Japan" von Thomas Bauer (978-3-95503-095-7)
Band 7: „Fremdes Neuseeland" von Ann Kathrin Saul (978-3-95503-098-8)
Band 8: „Fremder Iran" von Iris Lemanczyk (978-3-95503-107-7)
Band 9: „Fremde Mongolei" von Bernhard Wulff (978-3-95503-110-7)
Band 10: „Wild Road Trip" von Mathias Vatterodt (978-3-95503-119-0)
Band 12: „Walk It Off" von Ann Kathrin Saul (978-3-95503-174-9)
Alle Bücher sind auch als E-Book erhältlich.

Bibliografische Information der Deutschen Nationalbibliothek
Die Deutsche Nationalbibliothek verzeichnet diese Publikation in der
Deutschen Nationalbibliografie. Detaillierte bibliografische Daten sind im Internet
unter http://dnb.dnb.de abrufbar.

© 2019 MANA-Verlag, www.mana-verlag.de
Das Werk ist in allen Teilen urheberrechtlich geschützt. Jede Verwertung außerhalb
der engen Grenzen des Urheberschutzgesetzes ist ohne Zustimmung der Verlage
unzulässig. Das gilt insbesondere für Vervielfältigungen, Übersetzungen, Mikrover-
filmungen und die Einspeicherung und
Verarbeitung in elektronischen Systemen.

Herstellung: BoD – Books on Demand, Norderstedt

Titelfoto:
Rolf Wilhelm Stärk

Umschlagentwurf, Satz und Layout:
MANA-Verlag

Druck
Book on Demand (BoD)

ISBN
978-3-95503-171-8

Inhalt

Einleitung 9

Teil 1: Flucht um die halbe Welt
Thailand – fleilei en weiwei 14
Neuseeland – let's abseil 19
Bizarr – Von Sydney nach Melbourne 23
Fidschi – Singende Riesen 34
Hongkong – 19 Köstlichkeiten 40
Indonesien – Kota von Kuta 45
Indien – 007 im Maharadschapalast 62
Fadenwunder 68
Khajuraho 70
Wüstentravestie 73
Ostafrika – Dreimal summen bedeutet Nashorn 76
Sansibar – Seeräuber-Jenny 85
Fragen über Fragen 90
Omanischer Stierkampf 95
Abu Dhabi, Dubai – Brüchige Zukunftsplanung 101
China – Kaijass Nummer Null 107
Tibet – Hand-Stoßgebetsmühle 113
Kathmandu – Heilige Manneskraft 116
Grönland – Mückenpicknick 117
Spitzbergen – Besuch im Außerirdischen 119

Teil 2: Rund um die Ostsee
Das Reisemobil-Gespann 130
Schweden, Norwegen – „Tomgangskörning" 132
Finnland: „YII – II" 136
Litauen – „Rukymas" 140
Antanas 142
Linksmiau 144

Teil 3: Rund ums Mittelmeer

Feliz Navidad 148
Marokko – Einreise 151
Parkplatzgeburtstag 153
Die Wüste lebt 157
Sand 164
Zuständigkeitswirrwarr 170
Portugiesische Wirtschaft 175
Zwischendeck 178
Italien – Die Braut, der Müll und das Behindertenklo 181
Libyen – Gaddafis Land 185
Jordanien – Flohzirkus 196
Prima Klima 203
König und Jordanland 208
Jamal 210
Syrien – Deutscher Pfeffer 213
Valentinstag 221
Türkei – Auftrag ist Auftrag 225
Überraschungsbesuch 228
Radetzkymarsch 233
Ulrikes Korrektur 236
Auf dem Rückweg – Marco Polo 239
Sardinien – Der Fabio-Effekt 242
Das Haus und der Überleger 245
Silvio, Salvatore und der Brillenkauf 248
Schneewittchen und die 32 Riesen 253
Und zum Schluss auch das noch: Businessbreakfast 258
Abgesang 261

„Die Grenzen zwischen Dichtung und Wahrheit sind fließend. Irgendwo dazwischen findet man die Anekdote. ... Sie siedelt nicht nur zwischen Fakten und Fiktion, sondern auch zwischen Öffentlichkeit und Privatleben, zwischen wichtig und unwichtig, oben und unten, zwischen Witz und Verwunderung, Lachen und Kopfschütteln."

(Peter Köhler in: „Donnerwetter! Da hab' ich mich umsonst besoffen")

Für Lotta und Reentje – die wissen schon, warum.

Einleitung

Ich könnte heulen: die Weltkarte kennt keine weißen Flecken mehr. Alle Geografie ist nicht nur längst erforscht, genau kartografiert und übers Internet digital zu bereisen, sondern jeder Ort der Welt einschließlich der Pole ist auch touristisch erschlossen (und sei das Ziel auch noch so exklusiv statt All inclusive). Wie es aussieht, werden wir demnächst Earth Watching auf der ISS oder dem Mond buchen können. Reiseführer beschreiben jeden Winkel der Erde und bereiten eine Reise wie das Menü von Burgerketten auf: die zehn wichtigsten Highlights auf einen Blick. Was danach kommt, sind Details zum Rauspicken, Appetithäppchen sozusagen. Das individuelle Reisen bringt hier und da noch zu meisternde Problemchen und Gefahren, die sich leicht vermeiden lassen. So kommt es, dass Menschen, die beim Reisen noch wirkliche oder vermeintliche Abenteuer erleben wollen, sich mutwillig in Gefahren begeben, die die Abenteurer und Entdecker vergangener Jahrhunderte ohne Not und übergeordnete Ziele nie auf sich genommen hätten. Derlei künstlicher Nervenkitzel ist für mich so unattraktiv wie Extrem-Alpinismus oder Bungeespringen. Das wahre Reisen findet in unseren Köpfen statt, da hilft kein Reiseführer und kein GPS mehr, keine Agentur und kein Satellitentelefon. Und wie erfrischend unausgetreten sind die Pfade des längst Entdeckten, wenn man sie in den Sandalen der eigenen Subjektivität erwandert!

Für Reiseplanungen habe ich nicht viel übrig: sie sind mir schlicht zu anstrengend. Natürlich sind sie nicht gänzlich verzichtbar, wenn man nicht gerade in der Monsunzeit in den Tropen unterwegs sein möchte, im Winter in der Mongolei oder ohne Unterkunft nächtens in irgendeiner gottverdammt unbekannten Weltecke herumstehen will. Blöd ist es auch, herumzureisen und später lesen zu müssen, dass man an einem weltweit einzigartigen Ort vorbeigefahren ist, ohne diesen wahrzunehmen. Ein mitgeführter Reiseführer kann da hilfreich sein. Aber je besser der Reiseführer, desto langweiliger fand ich seine Lektüre, denn Reiseführer sind Nachschlagewerke; sie wie ein Buch durchzulesen, erscheint mir quälend. Wohlgemerkt: Hier ist nicht die Rede von einigen wirklich guten Reiseschriftstellern wie

Paul Theroux, Bill Bryson oder auch Roger Willemsen, um nur drei zu nennen, aber deren Beschreibungen sind alles andere als Reiseführer. Zudem liegen viele der hier geschilderten Begebenheiten oft Jahre zurück und sind schon deshalb als Reiseorientierung untauglich.

Wer hier jetzt eingehende Beschreibungen der bereisten Orte erwartet, wird bitter enttäuscht werden. Was ich im Folgenden wiedergebe, sind Begebenheiten, die ich so beim Reisen nicht erwartet habe. Erhabenes würde man vergeblich suchen. Wem erschiene es nicht als Traum, irgendwann im Leben – in der Jugend, im Ruhestand oder dazwischen – die Welt zu bereisen? Muss es nicht ganz und gar wunderbar sein, Schönheit und Rätseln unserer Erde, ihrer Völker und mannigfaltigen Kulturen auf den Grund zu gehen? Gar, in den Fußabdrücken eines Alexander von Humboldt zu wandeln? Unfug! Ist denn nicht einer unter all den Verfassern von Reiselektüre dazu bereit, mit diesem Märchen aufzuräumen? Mal abgesehen davon, dass Humboldts Reisen entsetzlich beschwerlich und nur von wissenschaftlichem Ehrgeiz angetrieben waren, ist er in all den Jahrzehnten gar nicht durch die ganze Welt gekommen. Dem Normalsterblichen bleibt, wollte er wirklich durch alle Kontinente, gar keine Zeit zu gründlicher Erkundung. Vieles bleibt oberflächlich, nur in Ausnahmefällen lernt er Menschen wirklich kennen. Das Erinnern an Reiseerlebnisse beleuchtet das Schöne und Spannende, die unzähligen Unerfreulichkeiten und Enttäuschungen werden vergessen, Langweiliges und Banales ausgespart. So ähnlich ist es auch mit den Reisefotos. Frust fällt der Verdrängung anheim.

Meist habe ich mir ein Ziel ausgesucht und bin dann los nach dem Grundsatz, dass jede gute Fernreise zu Fuß und mit der Straßen- oder Eisenbahn beginnen muss, und sei es, dass die erste Etappe nur zum Flughafen führt. Daraus waren zuvor Reisen durch Amerika, Sri Lanka, Jordanien, Jemen, Indien usw. geworden. Aber immerhin hatte ich mir vorher ein paar Gedanken über das Reiseziel und die Jahreszeit gemacht und mir ein möglichst günstiges Ticket besorgt, mit anderen Worten, ich hatte eine rudimentäre Planung aufgestellt. Das war aber noch immer nicht spontan genug, fand ich. Da fehlte noch der gewisse Kick. Das war ein Luxus, den ich mir heute so nicht mehr leisten könnte. Denn heute wachsen zu meiner Bestürzung und großen Trauer wieder neue weiße Flecken auf der Weltkarte. Der Grund findet sich in politischen und vor allem sozialen Katastrophen, die immer mehr Länder in immer mehr Kontinenten nahezu unbereisbar machen. Jedenfalls dann, wenn man um seine Unversehrtheit oder Freiheit besorgt ist. Die zunehmende Auflösung staatlicher Ordnung, der Terror korrupter Regimes und deren unterbezahlter Büttel, der Hass zwischen um Pfründen konkurrierender Stämme und Religionsgruppen und das wachsende soziale Elend der ums Überleben Kämpfenden errichten Barrieren, die es vor Jahren in dieser Zahl nicht gab.

In einer Welt, in der entfesselte Finanzmarkt-Tsunamis ungehindert um den Globus jagen, stößt der Reisende paradoxerweise auf immer mehr Schranken. Die Ausbeutung unseres Planeten macht ihn kleiner.

So offenbart sich mir das am wenigsten Erwartete meiner Reisen erst jetzt: wie kurz kann die Zeit sein, in der sich Welten radikal verändern! Die Reisen durch die hier beschriebenen Länder sind noch nicht lange vorbei, aber Landstriche, die zu der Zeit fast nur Einzelreisende kannten, sind inzwischen vom Massentourismus gründlich verändert und wer die täglichen Meldungen über Libyen oder gar Syrien vor Augen hat, muss bei der Lektüre der folgenden Seiten glauben, in eine Traumwelt entführt zu werden.

Teil 1:
Flucht um die halbe Welt

Thailand – fleilei en weiwei

Anfang 1996 fuhren Ulrike und ich mit zwei winzigen Rollkoffern (sie sollten, um nicht verloren zu gehen, als Handgepäck durchgehen) mit der Bahn zum Flughafen Frankfurt, um ein halbes Jahr herumzubummeln. Ulrike ist heute meine angetraute Ehefrau, damals aber war sie meine Gefährtin, mit der ich durchgebrannt war. Und das kam so:

Ich lebte seit 26 Jahren in einer Viererbeziehung, die ursprünglich einmal von den Ideen der Kommunarden vom Schlage der Berliner „Kommune 1" beflügelt war. Diese Ideen liefen im Großen und Ganzen darauf hinaus, die starren Regeln der „bürgerlichen" Zweierbeziehungen zu unterlaufen und den Beweis zu führen, dass Eifersucht nichts anderes sei als das Streben, einen anderen Menschen zu „besitzen". Natürlich stimmt das, aber der Versuch, sich daraus zu befreien, erwies sich jäh als schrecklich kompliziert: Er war eingebettet in leidenschaftliche und leidvolle Beziehungs-, Eifersuchts- und Liebesdramen, die in endlosen Gemeinschaftssitzungen zu besprechen, aber kaum zu lösen waren. Das Ganze steuerte mehr als einmal fiebrig auf eine Katastrophe zu. Um Ruhe und Stabilität herzustellen, wurden also Regeln aufgestellt, die mindestens so starr waren, wie die „bürgerlichen", die abzuschaffen wir angetreten waren. Wenn dann noch Kinder ins Spiel kommen, wird die Sache keinesfalls einfacher. Es war eine aufregende Zeit und ich erinnere mich mit Wehmut auch an zahlreiche glückbringende Wochen und Monate. Dabei drängt sich nagend die Frage auf, ob nicht zu einem Teil auch das Bedauern über den Verlust der eigenen Jugend die Erinnerungen beeinflusst. Oberflächlich war es jedenfalls nie und immerhin hat diese Viererbeziehung länger gehalten als viele bürgerliche Zweisamkeiten.

In der langen Zeit hatten wir selbst und unsere Beziehungen sich natürlich verändert, wir waren nicht mehr Dieselben. Es gab Narben, die zumindest bei mir nie ganz verheilten, und in mir bohrte der Wunsch, zumindest unser überholtes Regelwerk zu ändern. Genau das aber erschien mir absolut unmöglich, ich fühlte mich von Zwängen umstellt wie ein Affe von den Gitterstäben seines Käfigs. Da ich seit jeher gerne reise, lag der Gedanke an eine gründliche Flucht nicht fern, und so machte ich mich einfach davon, und zwar mit Ulrike, die ich schon früher während meiner Arbeit in Köln kennengelernt hatte und der ebenfalls der Sinn nach Veränderung stand. Ich erlag der süßen Illusion, die Wirklichkeit für begrenzte Zeit gegen eine andere Wirklichkeit eintauschen zu können und damit die erstere zu verändern. Nach sechsmonatiger Abwesenheit kehrte ich zurück mit der vagen Hoffnung, wir könnten gemeinsam doch noch was an unseren Kommuneregeln ändern. Ich spürte immer noch den Wunsch, weiter in der Gemeinschaft zu leben, aber daraus wurde nichts. Ich halte mich nicht für sonderlich ängstlich oder harmoniesüchtig, aber rückblickend erscheint mir mein Handeln nicht gerade als Sternstunde von Heldenmut und Konfliktfreude. Immerhin entbehrt es nicht einer gewissen Komik, wenn jemand aufbricht, die bürgerliche Ehe radikal zu verändern, um dann nach Jahrzehnten wieder am Ausgangspunkt zu landen und zu heiraten.

Aber zurück zum Frankfurter Flughafen. Der legt übrigens Wert darauf, als „Fraport Rhein/Main" bezeichnet zu werden, eine Abkürzung, die mir phonetisch nicht sonderlich geglückt erscheint: „Haport" für Hamburg z.B. ginge ja noch, aber was wäre mit „Düport", „Müport" oder „Köport" für Düsseldorf, München, Köln?

In der Abflughalle studierten wir mit Was-kostet-die-Welt-Mienen die große Abfluganzeige. Also, was hatte der Fraport da zu bieten? Hm, Bangkok, Thai-Air, in einer Stunde, nicht übel. In der Abflughalle wimmelt es von Reisebürovertretungen, wir betraten die nächstbeste und verlangten Tickets für die 14-Uhr-Maschine nach Bangkok. Es gab noch ein paar freie Plätze. Die Reisebürofrau schaute in ihren Computer, und während ihre Augen über den Bildschirm flirrten, überlegte ich, warum alle Reisebürofrauen so attraktiv wie in einem Casting für eine amerikanische Vorabendserie aussehen.

„Haben Sie ein Visum?" – „Nein." – „Tja, dann geht Einfachflug nicht. Sie brauchen ein Rückflugticket. Kostet 2800 Mark." Verdammt. Wir gaben ihr unser Ehrenwort, uns die Sache ganz bestimmt zu überlegen und verschwanden in das nächste Reisebüro. Dort richteten wir dieselbe Frage an die gleiche Castingfrau, deren Augen ebenso entzückend über den Bildschirm mäanderten. Sie hatte kürzere Haare als die vorige. „Einfachticket geht, aber erst übermorgen, kostet 1800 Mark." Drittes Büro, grasgrüne Fingernägel und ein Hauch von Brille über intensivem Augen-Makeup. Langsam wurde die Zeit knapp. „Wie wäre es mit einem Einfachflug nach Neuseeland mit Zwischenstopp in Bangkok? Kostet 1500 Mark, Thai-Air um 14 Uhr, wenn Sie sich beeilen, schaffen Sie es noch."

Morgens um sieben landeten wir, und meine Eitelkeit befahl mir, meiner Begleiterin Weltläufigkeit vorzuführen. Wehe, man ließ sich an einem solchen Ort in irgendein Taxi fallen! Man wendet sich an eine autorisierte Taxistelle, die sorgfältig Fahrtziel und Autonummer notiert und den offiziell festgelegten Fahrpreis im Voraus kassiert, um den Touristen unangenehme Erfahrungen zu ersparen. Mir war das selbstverständlich bekannt. Aber wo war die offizielle Taxistelle? 250 Meter rauf, 250 Meter runter – ein Kilometer mit Rollköfferchen also. Keine Taxistelle, aber hunderte von Taxifahrern, die uns laut schreiend ihre Dienste anboten. Ulrikes Bewunderung meiner Weltläufigkeit drohte Schaden zu nehmen, also ließen wir uns in irgendein Taxi fallen. Korrekt wurden wir wunschgemäß an einem mitten im Zentrum gelegenen Hotel an der Sukhumvit Road abgeliefert. Es hieß „Ruamchitt Travelodge" (jawohl: mit nur einem l) und wurde von einem Dänen geführt, der seltsamerweise auf den Namen „Pawana Techavimol" hörte. Mit Dänen kenne ich mich aus, die heißen normalerweise anders, aber der hier sprach eindeutig dänisch und sah wie ein Wikinger aus.

Bangkok erschien mir mäßig attraktiv. Es stinkt, es ist lauter als sonst irgendwo auf der Welt und wir schafften es nicht, die Hauptstraße zu überqueren. Man konnte eigentlich nur immer um den Block laufen, wenn man nicht überfahren werden wollte. Fand man eine Fußgängerbrücke hinüber in einen benachbarten Block, wurde es auch nicht schöner. Hungrig schlichen wir an Schmuddelrestaurants vorbei, grellrote „Massage-Parlor"-Leuchtreklamen blendeten, Touristen schleppten Thaimädchen ab. Downtown Bangkok schien nicht die beste Gegend zu sein. War es aber, denn weiter draußen wurde es noch schlimmer. Entmutigt gingen wir zum Hotel zurück, wollten essen, duschen und schlafen.

Das Restaurant des „Ruamchitt" war hell und freundlich und durchaus passabel. Wir studierten die thailändisch beschriftete Karte mit abenteuerlichen englischen Übersetzungen und waren ratlos. Mit einem Nasi Goreng fühlte ich mich auf der sicheren Seite und da mich nach Gehaltvollem dürstete, fragte ich die elfenhafte kleine Kellnerin, ob es Wein gäbe. Geschwind wurde mir eine Getränkekarte vorgelegt, die überwiegend Cocktails anbot und wir entschieden uns für einen Sauvignon Blanc, weil der überall auf der Welt in etwa gleich gut schmeckt. „Fleilei en Weiwei!" fasste die Kellnerin unsere Bestellung zusammen. Korrekt, denn das heißt nichts anderes als fried rice and white wine, gebratener Reis und Weißwein also. Ein wenig pikiert schauten wir dann auf die Schnapsgläschen, die uns serviert wurden. Offenbar hält man hier Sauvignon Blanc für einen hochprozentigen Fusel. Ich sprach den dänischen Chef Pawana Techavimol auf die Sache an und der grinste. „Det er sikkert, fordi hun har prøvet den!", meinte er (Das hat sie sicher gemacht, weil sie ihn vorher probiert hat") und sorgte für anständig gefüllte Weingläser.

Duschen war ein Problem: Der Duschkopf war fest in die Wand zementiert, was ich ohnehin hasse, denn ich liebe es, mich mit der Handbrause von allen Seiten und von unten abzubrausen. Das „Ruamchitt" jedoch war perfekt auf das Gardemaß der Einheimischen geeicht, die Duschköpfe waren demnach auf einer Höhe von knapp 1,50 Meter in der Wand befestigt. Das zwang mich, kniend zu duschen und meine Intimitäten in kamasutrawürdigen Haltungen dem Duschkopf entgegen zu recken.

Am folgenden Tag bestiegen wir einen Sightseeing-Bus und schauten uns all das an, was man laut Reiseprospekten an Schönheiten der thailändischen Hauptstadt erwarten darf, einschließlich einer ausgiebigen Fahrt mit einem der seltsamen Flachwasserboote, die wie Jets über die Kanäle schießen. Wir bewunderten den berühmten schwimmenden Markt, der seine enormen Abfälle dem Wasser des Klongs schenkt und erfuhren, dass ein riesiger Buddha aus purem Gold einen Wert von ca. 125 Millionen US-Dollar hat. Wer will sowas wissen? Bangkok muss irgendwann mal eine sehr schöne Stadt gewesen sein. Was wir gesehen hatten, reichte uns. Im Stillen schämte ich mich ein wenig: Müsste ich denn nicht wenigstens ein bisschen begeistert sein? Dankbar war ich zwar und jedenfalls fasziniert, aber was sollte mich hier begeistern? Sicher gab es die Möglichkeit, in die zweifellos vorhandenen tieferen Schichten der Stadt einzutauchen, etwa das kulturelle und gesellschaftliche Leben und die Besonderheiten einzelner Viertel zu erkunden, aber dazu hätten wir in diesem Moloch Monate gebraucht, die wir nicht opfern wollten, schließlich war nicht Bangkok, sondern Neuseeland unser erstes Ziel.

Da wir von einer thailändischen Trauminsel gelesen hatten, die zwischen Thailand, Kambodscha und Vietnam liegt und Koh Samui heißt, beschlossen wir, dahin zu fliegen. Ein kleines ziemlich schwankendes Propellerflugzeug, das bedeutend älter aussah, als ich es mir gewünscht hätte, beförderte uns.

So eine Trauminsel hat Palmen, Strand, 45 Grad im Schatten, 95 Prozent Luftfeuchtigkeit, palmgeflochtene Strandbars mit Becksbier, deutsche Ruheständler und mörderische Wellen zu bieten, und immer wieder sturzbachartigen Regen, der wenigstens schön warm ist und schlammige Pfützen hinterlässt, die ähnlich einfach zu überqueren sind wie die Hauptstraßen in Bangkok. Immerhin hatten wir eine passable Pfahlhütte am Strand und genossen die Zeit, so gut das mit der Hintergrundakustik einer nahegelegenen Kickboxarena und einer benachbarten Karaokebar möglich war. Trauminsel? Allenfalls auf den betrügerischen Fotos der Reiseprospekte. Schönheit? Verbaut. Liebenswürdige Menschen? Vielleicht, aber die, die wir kennenlernten, waren mit Geschäftemachen beschäftigt. Der Tourismus hatte der Insel ein groteskes Gesicht gegeben und wir begriffen: Wir waren Teil des Problems. Überhaupt ist das mit Trauminseln so eine Sache, wie wir bald auf Fidschi lernen würden. Von Trauminseln sollte träumen und sie im Übrigen links liegen lassen, wem es nicht gerade darum geht, seine Zeit mit am Strand oder Pool servierten Cocktails zu verbringen oder mit Gleichgesinnten anzubändeln.

Neuseeland – let's abseil

Nach endlosem Nichtraucherflug (damals gab es noch Flugzeuge mit Raucherzone, aber nicht nach Neuseeland via Sydney) Landung in Auckland. Ich hatte mir die Entzugserscheinungen schlimmer vorgestellt: Zittern, Schweißausbrüche, Herzrasen, Erektionen, Durchfall. Stattdessen: Halluzinationen, Kicheranfälle, weise Gedanken. Dennoch freute ich mich nach zwölf Stunden auf eine Zigarette, aus der aber nichts wurde. Die Immigrationsbeamten kündigten uns nämlich an, uns mit der nächsten Maschine nach Bangkok zurückzuschicken. Donnerwetter, was für ein Empfang, dachte ich, fehlen nur der rote Teppich und eine Blaskapelle.

Die Abflugkontrolle der Thai-Air in Bangkok hatte versäumt, uns auf die Notwendigkeit eines „on-going tickets" hinzuweisen. Neuseeland will die Garantie, dass ansonsten durchaus geschätzte Reisende irgendwann dieses Land wieder verlassen und dazu müssen sie ein Ticket vorweisen, das aus dem Land wieder raus führt. Das hatten wir nicht. Blöd, dachte ich, noch mal zwölf Stunden, das macht 24 Stunden ohne eine einzige Zigarette. „Wann ist denn dieser Rückflug?", wollte ich wissen. Der Beamte betrachtete mich schläfrig, aber nicht unfreundlich. „In eineinhalb Stunden. Qantas. Sie dürfen den Transitbereich nicht verlassen." Das war der Tipp, der uns gefehlt hatte. Zwischen uns und dem Abflugbereich lagen nur eine Rolltreppe, die in Gegenrichtung fuhr und ein Behindertenaufzug, und der fuhr in beide Richtungen. Im Abflugbereich gab es ein Büro von British Airways. Dort kauften wir zwei Linientickets nach London, die wir im Verlauf der weiteren Reise immer wieder umschreiben lassen würden, das Geld erhielt ich später in Köln zurück; damit war das Problem gelöst.

Erster Eindruck von Auckland: ziemlich provinziell trotz einiger nicht durch besondere Architektur auffallender Hochhäuser, aber freundlich. Zweiter Eindruck: verdammt provinziell, aber durchaus einladend. Unten am Hafen gibt es eine Terrasse mit guten Meeresfrüchten und einem ganz hervorragenden neuseeländischen Weißwein mit dem Namen „Marlborough".

Wir mieteten natürlich ein Wohnmobil, das ist die eindeutig beste Weise, die beiden Inseln zu bereisen. Es handelte sich um einen kleinen Toyota mit spartanischem Campingausbau. Ich musste mich erst mal an den Linksverkehr gewöhnen und daran, dass Handbrems- und Schalthebel vertauscht sind. Aber es gab so wenig Autoverkehr außerhalb der Städte, dass es eigentlich egal war, auf welcher Straßenseite gefahren wurde.

Am nächsten Morgen hatten wir einen platten Reifen und bei näherer Betrachtung sah ich, dass auch die übrigen Reifen in jämmerlichstem Zustand waren. Nach der Reserveradmontage fuhren wir wutschnaubend zur Verleihfirma zurück und erfuhren, dass laut Vertrag für Verschleißteile, wie zum Beispiel Reifen, der Mieter zuständig sei. Nach einem ordentlichen Krach konnten wir mit neuen Reifen unsere Reise fortsetzen.

Neuseeland macht es einem Spötter nicht eben leicht, denn das Land (erdgeschichtlich eigentlich ein eigener Kontinent wie Australien) lässt einen Neuankömmling zwar staunen, aber es bietet nur wenig zu meckern und sonderlich Komisches findet sich auch nicht. Die urzeitlichen riesigen Farnbäume sind erhaben, die vielen Klima- und Vegetationszonen verblüffend, die Steaks gargantuesk, die Sounds (Fjorde) so wundervoll wie die Vulkangegend von Rotorua oder die Gletscher des Mount Cook. Die Kriegstänze der die Zunge ausstreckenden Maori (die Engländer glaubten lange, die furchtbarste Nahkampfwaffe sei ihr Bajonett, bis sie die Kampfhölzer der Maori kennenlernten) sind ebenso furchterregend wie die neuseeländischen Witze. Komisch ist allenfalls, dass es ausgerechnet eine französische Ortschaft namens Akaroa – eine der schönsten im Land, auf einem Kap gelegen – gibt, die von keinem der gängigen Reiseführer auch nur erwähnt wird.

Na ja, bei genauerem Hinsehen darf man getrost auch Karamea empfehlen, dort sind die hinterwäldlerischsten Hinterwäldler im Alter von fünf bis 95 Jahren zu besichtigen. Der Ort kam uns wie ein Freilichtmuseum einer längst vergangenen Zeit vor, in der es weder Telefone noch Radios oder Zeitungen gab und die Siedlungen so weit auseinander lagen, dass man kaum Kontakt untereinander hatte. An einer Scheunenwand an der Wiese, die uns ein Schild als Übernachtungsplatz zuwies, waren eine Reihe rätselhafter Gerätschaften angeordnet, die im Wesentlichen aus dicken stählernen Schraubenfedern mit aufmontierten ledergepolsterten Platten bestanden. Mir ließ die Sache keine Ruhe und so fragte ich am nächsten Morgen einen bärtigen Einheimischen. Wortfaul, aber freundlich verzichtete er auf lange Erklärungen, die ich sowieso kaum verstanden hätte (der hiesige Dialekt steht bei mir im Verdacht, ebenfalls aus der Zeit der Kolonisierung durch die Engländer zu stammen), schniefte durch die Nase, entfernte sich einige Meter von der Scheunenwand, nahm eigenartig geduckt Aufstellung, rannte mit einem Knurrlaut los und knallte tosend zuerst mit einer Schulter und dann nochmals krachend mit dem Kopf gegen das Polsterbrett. Ich war entsetzt. Nach der Zahl der Geräte musste sich ein erheblicher Teil der Dorfbewohner gruppenweise dieser selbstmörderischen Lustbarkeit hingeben. Mit Anerkennung heischender Miene entfernte sich unser Mann, nicht ohne uns bedeutet zu haben, dass all das der Ertüchtigung für das Rugbyspiel dienen sollte.

Um ehrlich zu sein: Auch die Natur treibt ihre Scherze. Es ist nämlich absolut lohnend, den berühmten und atemberaubenden Panoramastrecken zu folgen (keineswegs ungefährlich), besonders an der Westseite der Nordinsel. Bei unserer ersten Fahrt dort entlang herrschte so dichter Nebel, dass wir nur die Scheibenwischer des Campers sahen. Also befuhren wir noch ein zweites Mal dieselbe Straße. Wieder Nebel, und diesmal auch noch Regen. Wir fragten uns jetzt, welcher Witzbold sich die Panoramalüge hatte einfallen lassen. Kein Zweifel: das Panorama findet nur auf Touristikplakaten statt. Auf denen sieht man niedliche kleine Pinguine, See-Elefanten, große Robben, Wale, steile Felsküsten und Sonnenschein.

Verblüffend fanden wir die dünne Besiedelung der beiden Inseln. Man stelle sich Mitteleuropa nahezu menschenleer vor: Die wunderbaren Jahreszeiten mit ihrem stetigen Wechsel von Farben, Gerüchen und unterschiedlichen Gesichtern ein und derselben Landschaften. Die Berge, Seen, Schluchten und Ebenen. Bei uns wird jeder größere Baggersee mit einem Café oder wenigstens mit einer Erfrischungsbude bestückt, von Windsurfern und Booten befahren und von Badenden bevölkert. Die Berge tragen Dörfer, Berghütten, Almen und erdulden

Bergbahnen aller Art. Schluchten sind mit Aussichtsplattformen entlang wohlgepflegter Wanderwege versorgt. Die Ebenen sind verstädtert. Hier aber gibt es all das nicht. So wirkt das kleine Neuseeland mit seinen vielfältigen Klimazonen und der aufregenden Topografie einerseits wie eine Miniaturnachbildung des großen Europa, andererseits aber angesichts seiner relativen Unberührtheit und oft genug auch eingeschränkten Zugänglichkeit nahezu endlos.

Ach, fast hätte ich das aktuelle neuseeländische Englisch vergessen. Die erstaunlichen Höhlen von Waitomo haben zwei Zugänge: der eine ist ein behindertengerechter Seniorengang (von uns bevorzugt), der andere besteht in der Möglichkeit, sich aus großer Höhe abzuseilen, was auf Neuseeländisch „to abseil" heißt. Also: I abseil, you abseil, he abseils. We would have abseiled, if we'd have been in the mood to abseil, but we were not. Da sich dort aber niemand wieder aufseilt, muss ich die entsprechende neuseeländische Vokabel schuldig bleiben. Yes, mate.

Bizarr – Von Sydney nach Melbourne

Außer dem Flughafen in Sydney bei einer Zwischenlandung hatten wir von Australien nichts gesehen Das wollten wir später nachholen. Wegen der geografischen und kulturellen Nähe zu Neuseeland also hier ein kleiner Einschub über einen Teil einer Reise in Australien, die erst 2013 stattfand. Ich betrachte ihn als repräsentativ für einen großen Teil dieses Kontinents.

Wir hatten ein wirklich gutes Hotel gebucht: das Sydney Sheraton mit Hafenblick, für uns Raucher sogar mit Balkon. Ergriffen standen wir nun darauf, verbrannten uns am Handlauf des Geländers die Finger und bewunderten das, was Australier unter Hafen zu verstehen scheinen: ein nicht sonderlich großes Wasserbecken mit ein paar Anlegern für jetartige kleine Katamaran-Ausflugsboote und einem Steg für kleine Yachten, der nur von einer kleinen Yacht belegt war und von allen anderen kleinen Yachten verschmäht wurde. Die Ausflugsboote waren allesamt im Besitz von „Captain Cook", der sich und die Boote rätselhafter Weise mit der norwegischen Flagge schmückt. Kleine grellgelbe Wassertaxis sausen hin und her. Gesäumt wird das Becken von einer geschlossenen, hochmodernen Bebauung mit schön geschwungenen Dächern, die Hotels, Banken, zahllose Restaurants und Bars sowie einen „Wildlife-Park", ein Aquarium und ein nautisches Museum behüten. Davor dümpeln ein Zerstörer und ein U-Boot im Wasser. Quer über das Wasserbecken spannt sich eine historische Drehbrücke, die den Tausenden von Spaziergängern vorbehalten ist, und um das Becken herum führt eine Flaniermeile, die in etwa so belebt ist wie eine deutsche Einkaufsmeile kurz vor Heiligabend. Über und um das Becken herum kriecht wie eine gläserne Made eine Einschienenbahn, „Disneyland!", konstatierte Ulrike, „und das soll Sydney sein?"

Weit gefehlt, aber das sollten wir erst in den folgenden Tagen lernen. Es war erst Mittag und der Tag war noch lang. Einerseits. Andererseits war es so heiß, dass ein vernünftiger Mensch sich am besten in den Schutz einer Hochleistungsklimaanlage verkrochen hätte. Da schien uns der Wildlife-Park genau das Richtige zu sein, denn der ist von einer klimatisierten Halle überdacht und auf dem Weg zu und von dieser famosen Einrichtung konnten wir in irgendeiner verborgenen Ecke verstohlen eine Zigarette rauchen, eine Haltlosigkeit, die hier allenthalben auf mitleidvolle Missbilligung trifft. Selbst im Freien ist das Rauchen längst nicht überall gestattet und wir fühlten uns ein wenig, als hätten wir die Vertreibung aus dem Paradies verdient. Tatsächlich rauchten wir hier weniger als sonst, aber das war weniger der sozialen Ächtung als vielmehr den unfassbar hohen Tabakpreisen geschuldet. Überhaupt schien mir angesichts der Preise hier der Euro krass unterbewertet zu sein: Der Wildlife-Park verlangte 39,50 Dollar von uns, pro Person! Immerhin war der Laden sein Geld wert. Es wurden wirklich absonderliche Tiere gezeigt und ausführlich erklärt, die meisten allerdings hatten sich in der Mittagszeit unter irgendwelche Blätter, Wurzeln oder gleich ganz in die Erde zurückgezogen, aber das machte nichts, es gab Fotos von ihnen. Am interessantesten fand ich die giftigsten Tiere der Welt, von denen viele zweifellos auch zu den unsichtbarsten gehören. Aber natürlich gab es auch das weltweit größte Krokodil, und damit dieses sich am Ende nicht auch noch verdrücken konnte, gönnte man ihm nur ein winzig kleines Becken. Es wurden auch flauschige Kängurus jeglicher Größenordnung gezeigt, was etwa so anmutete, als müsse man in Deutschland für den Anblick von Kühen, Katzen oder Hunden bezahlen, denn Kängurus sieht man allenthalben, wenn man einfach durch die Landschaft fährt und zwar lebendige und totgefahrene. Das wussten wir aber am ersten Tag noch nicht. Schon Tage später würde Ulrike in Alice Springs im Outback wilde Zwergkängurus (Wallabys) aus der Hand füttern. Der Wildlife-Park weist auf all seinen vielen Geschossen mit großen Tafeln auf besondere Vorkommnisse hin, die mit Uhrzeiten und Ortsangaben versehen sind. Die Tierfütterung wollten wir uns nicht entgehen lassen. Wir hetzten also zur richtigen Zeit an eine entlegene Stelle und richtig: Da hatte sich eine große Menschenansammlung um eine junge Frau in Rangerkleidung gebildet. Als nächstes ereignete sich etwas typisch Angelsächsisches: Die Rangerin fragte, welche der Anwesenden nicht Australier seien. „Aufzeigen!" Zaghaft erhoben sich einige Hände. Nun sollte ein jeder sich – unter dem Beifall der Menge – zu seinem Land bekennen. Natürlich waren wir dankbar, nicht auch noch das

Deutschlandlied singen zu müssen. Dann folgten schnell vorgetragene Erklärungen in einem Englisch, von dem wir nicht sonderlich viel verstanden. Keine Spur von Tierfütterung.

Am frühen Nachmittag ließen wir den Wildlife-Park hinter uns. Ulrike suchte das kühle Zimmer auf, ich zog eine Besichtigung des maritimen Museums vor. Eintritt 40 Australische Dollar. Egal, das war es mir wert. In unserem Reiseführer wurden mir Einblicke in die Seefahrt der Ureinwohner und den Walfang der frühen Siedler in Aussicht gestellt, und in der Tat waren im Foyer noch vor der Kasse ein bemalter Einbaum und ein kleines offenes Walfangboot ausgestellt. Im Inneren fanden sich Zeugnisse der frühen Einwanderungswellen sowie zahllose Modelle von Segel- und Dampfschiffen aller Art, und merkwürdigerweise auch ein an der Decke aufgehängter Hubschrauber. Etwa zu 90 Prozent handelte es sich jedoch um ein Seekriegsmuseum, und ich war begeistert. Ich liebe einfach Kanonen jeden Kalibers, und wenn solche der neueren Bauart gar mehr als 70 Granaten in der Minute verfeuern können, dann verneige ich mich in Ehrfurcht und Bewunderung vor dieser Leistung. Ich könnte so was nicht. Interessant fand ich auch Seefunkanlagen, die unsichtbar hinter wandschrankgroßen grünen Blechen montiert sind, und auch die Schirmmützen der Marineoffiziere waren mir durchaus wichtig. Ich lernte eine Menge Neues, so überraschte mich der Umstand, dass auf den Erläuterungen der Museumstafeln die königlich australische Marine nicht nur den Ersten, sondern auch den Zweiten Weltkrieg gewonnen hatte. Später dann noch den Korea- und den Vietnamkrieg. Die verheerende Niederlage der Königlich Australischen Streitkräfte an den Dardanellen gegen den jungen Atatürk lässt sich kaum in einen heldenhaften Sieg ummünzen, also wird dieser Krieg einfach nicht erwähnt. Begriffsstutzig überlegte ich sogar einen Augenblick, wer denn wohl der König von Australien sein mochte. In den richtigen Glücksstrudel riss mich jedoch der Besuch der Kriegsschiffe. Die stählernen Deckplatten des Zerstörers waren so heiß, dass ich meine Schuhsohlen brutzeln zu hören glaubte. Unter Deck war es nicht minder heiß, aber schattig, denn es gab keine Fenster, sondern viele, viele Rohrleitungen mit Schlafpritschen für die Mannschaft, mit Funkräumen, Kombüsen und Feuerleitstellen dazwischen. Mir schwante, wie schrecklich der Dienst auf so einem Schiff sein musste. Schon der Anblick der türlosen Blechtoiletten ließ mich schaudern. Und erst das U-Boot! Den Film „Das Boot" hatte ich mir zweimal angeschaut und dazu noch das Buch von Buchheim gelesen. Seitdem hatte ich mich nach einer Besichtigung eines echten U-Bootes gesehnt. Und jetzt war ich drin. Und war entsetzt. Im Film ging es ja schon eng zu, aber das sah nicht halb so schlimm aus wie das hier. Weit davon entfernt, ein Klaustrophobiker zu sein, konnte ich die Vorstellung nicht länger ertragen, dass so viele Menschen in einer derart engen Röhre tief unten im Meer ihr Leben aufs Spiel setzten. Zudem stößt man überall mit dem Kopf an.

In den folgenden Tagen unternahmen wir noch eine Bootsfahrt und eine Stadtbesichtigung und stellten fest: Sydney ist eine außergewöhnlich schöne und attraktive Stadt und hat auch richtig große Häfen und Traumstrände obendrein. Verblüffend ist die Geschicklichkeit, mit der die Australier moderne Wolkenkratzer in den Bestand alter Kolonialbauten integrieren, an denen wir uns nicht satt sehen konnten. Die Schönheit des berühmten Opernhauses bedarf keiner Detailschilderung, selbst aus engster Nähe wirkt es leicht und elegant und ich war von dem Umstand überrascht, dass es sich in Wahrheit nicht um ein einziges, sondern um drei Gebäude handelt. Wir waren begeistert von dem Prunk der Einkaufspassagen, -galerien und -arkaden aus viktorianischer Zeit. Etwas Ähnliches hatten wir bisher nur in Brüssel und Mexiko-Stadt gesehen. Während Ulrike zu einem Einkaufsbummel aufbrach, machte ich mich auf den Weg zu einem Technikmuseum. Dieses ließ zumindest eine funktionierende Klimaanlage erwarten, denn die Hitze war mittlerweile nahezu unerträglich geworden. Am Ziel musste ich feststellen, dass das Museum bereits geschlossen war und dass die Einschienenbahn, die mich zurückbringen sollte, eine Panne hatte. Am Abend erfuhren wir aus dem Fernseher, dass wir zwei Stunden durch die größte Hitze gewandert waren, die jemals in Sydney registriert wurde: 47 Grad Celsius im Schatten. Das war ganz schön viel, soviel kann ich verraten.

Ein Flugzeug brachte uns nach Alice Springs ins Outback. Fast in der Mitte des Kontinents gelegen, gilt diese wüstenartige Gegend im Sommer als der Glutofen Australiens und als Zentrum der Aborigine-

Kultur. Mit einem gemieteten Geländewagen ging es über eine breite Piste zum Kings Canyon. Wir residierten in einem luxuriös angelegten Bungalow-Resort, die Zimmer waren geräumig und besaßen eine Terrasse sowie eine Jacuzzi-Wanne vor einer großen Schaufensterscheibe, die weite Blicke in die Gegend erlaubte. Den Wagen hatten wir von Deutschland aus gemietet und die Übergabe überraschte uns: „Wünschen Sie, auch auf ungeteerten Straßen zu fahren?" Was für eine Frage! Wozu sonst hatten wir denn einen Allradwagen gemietet? „Dann kostet das 17 Dollar pro Tag extra!" Eine Unverschämtheit. Das ist so, als hätte ich ein Boot gemietet und im Voraus bezahlt und sollte nun noch mal zahlen, falls ich den Hafen damit verließe.

Nach dem quirligen Sydney hatten wir uns auf die Stille und Einsamkeit des Outbacks gefreut. Und in der Tat, uns umgab Stille: Todesstille. Ein Buschfeuer hatte in der vergangenen Woche auch hier gebrannt und allerhand Zerstörungen angerichtet. Soweit wir von der Terrasse aus blicken konnten, waren alle Büsche, Sträucher und Bäume zu schwarzen Stümpfen verkohlt, die roten Felsen waren mit schwarzen Brandflecken bemalt. Das Feuer hatte es ersichtlich bis mitten hinein in die Anlage geschafft, und Gott weiß, wie die Leute es fertiggebracht hatten, die Bungalows vor Schaden zu bewahren. Die Luft flimmerte vor Hitze und selbst die abrupten Windstöße, die sehr kräftig sein konnten, brachten keine Erleichterung, denn die Hitze des Windes ließ die Augen brennen. Der Wind ist ein Wüstling, der das Feuer anfacht und weiter trägt. Und auch jetzt sahen wir nicht weit von uns wieder eine Rauchfahne. Kein Vogel flog, kein Tier war zu sehen. Hinter uns gab es eine Fläche, die verschont geblieben war, dort zwitscherten Sittiche und viele andere Vögel und ein hungriger Dingo schlich herum. Am späten Abend saßen wir auf der Terrasse und es war noch immer heiß. Mit solchen Abenden verbindet man die Erinnerung an das überlaute Zirpen von Zikaden. Die Stille hier dagegen war fast unheimlich. Und dennoch, wenn man genau hinschaute, entdeckte man winzige grüne Blättchen, die schon wieder durch die verbrannte Erde brachen. In diesem Gluttopf lässt sich die Natur vom Feuer nicht unterkriegen.

Wir hatten zwei Tage für zwei Wanderungen eingeplant, die man hier unternehmen konnte. Die eine sollte ziemlich anstrengend sein, etwa vier Stunden dauern und führte über die Ränder hoch hinauf um eine Schlucht herum, eine heilige Zeremonialstätte der Aborigines. Sie durfte wegen der extremen Hitze nicht nach acht Uhr morgens begonnen werden. Die andere war recht kurz und einfach, aber nicht weniger interessant und führte auf dem Grund der Schlucht entlang eines ausgetrockneten Bachlaufs bis zu deren Ende. Auch diese durfte zwischen zehn und 16 Uhr nicht mehr unternommen werden. Am Morgen waren wir um sieben zur letzteren aufgebrochen und betraten quasi eine andere Welt: Paradiesisch dichte Vegetation mit kühlendem Schatten erinnerte an eine Oase, die nicht palmenbestanden, sondern voller eigenartiger, uns meist fremder Pflanzen war. Auf dem Rückweg entdeckte ich am Ausgang ein Schild mit ausführlichen Sicherheitswarnungen und Notfallhinweisen. Da hieß es unter anderem, dass Wanderungen ab einer Temperatur von 30 Grad aufwärts lebensgefährlich sein können. Das kam mir ein bisschen übertrieben vor, denn selbst in der Nacht fiel die Temperatur kaum darunter. Die andere Wanderung wollten Ulrike und ich ausfallen lassen, uns stand nicht der Sinn danach, bei dieser mörderischen Hitze erst 170 Meter steil hinauf zu klettern und dann stundenlang dem Verlauf des Abgrundes zu folgen. Wir wollten stattdessen am Pool herumlümmeln und uns von dessen 28 Grad kühlem Nass erfrischen lassen.

Der Uluru oder Ayers Rock ist, wie fast alle irgendwie interessanten topografischen Besonderheiten, ein großes Aborigine-Heiligtum und mit Respekt zu behandeln, was nicht allen Besuchern einzuleuchten schien. Er soll keinesfalls bestiegen werden und steht im Eigentum der Ureinwohner. Ein Handlauf, der den lebensgefährlichen Aufstieg ermöglichte, wurde lange Zeit geduldet; dieser wird jedoch ab Oktober 2019 verboten. Von Ferne und im grellen Tageslicht erscheint der Monolith wie eine Abraumhalde eines Braunkohletagebaus oder irgendeiner Zeche. Aber nähert man sich ihm am späten Nachmittag oder gar bei Sonnenuntergang, dann leuchtet er rot wie ein Rubin und der Anblick ist ehrfurchtgebietend. Aus dem weithin ebenen Buschland ragt dieser Klotz, der sich noch volle zwei Kilometer unterirdisch fortsetzt, wie ein außerirdisches Wurfgeschoss hervor. Kein Wunder, dass er religiöse Empfindungen hervorruft. Religiös ist nicht ganz der richtige Ausdruck, denn es geht um Ahnenkult, Frauen- und Männergesetze und Traumzeitereignisse.

In Alice Springs begegneten uns Aborigines auf Schritt und Tritt und ihr Anblick war mitleiderregend. In farbloser, vernachlässigter Kleidung hockten sie in schweigenden Gruppen zusammen im Schatten eines Baums oder schlurften, ohne ihre Umgebung oder andere Menschen eines Blickes zu würdigen, durch die Stadt. Fast nie sah man sie bei einer Arbeit oder Dienstleistung. Wir kannten die Gründe nicht, Armut konnte jedenfalls kaum ausschlaggebend sein. Auch andere Völker wurden fast ausgerottet und ihrer Kultur beraubt und verhielten sich dennoch anders. Umso bedrückender wirkte auf uns, dass wir nie auch nur einen oder eine von ihnen hatten lächeln oder gar lachen sehen.

Zurück in Sydney brachen wir mit einem Reisemobil an der Küste entlang nach Süden auf, es war nicht mehr so heiß, wir ließen uns von der aggressiven australischen Sonne verwöhnen und von den freundlichen und höflichen Australiern grüßen. Alle unsere Nachbarn auf dem Campingplatz grüßten ständig. „How are you?", murmelten sie zerstreut zu uns rüber und wir antworteten artig: „Fine, how are you?", was meist eine merkwürdige Antwort auslöste: „Yeah, good day!" So wechselte ich mit dem Nachbarn, der seine Gehhilfe trug, statt sie zu benutzen, sechs- bis siebenmal täglich Grüße und erfuhr auf diese Weise von seinem beständigen Wohlergehen. Statt „goodbye" sagten sie „see you later", was in der Regel einem vorsätzlichen Wortbruch gleichkam. Ihre Pluralbildung war ungewöhnlich gründlich: „Chickens", „Childrens", „Womens" und „Mens" las ich und war manchmal froh, überhaupt zu verstehen, was sie mir sagten. Eines ihrer Gesetze hatten wir auch schon kennengelernt: Es war verboten, in einem Abstand von weniger als vier Metern vom Eingang eines Cafés oder Restaurants auf dessen Terrasse zu rauchen. Das führte dazu, dass wir nur noch Etablissements mit einer Frontbreite von mehr als acht Metern aufsuchten, egal, was sie sonst noch zu bieten hatten. Zigaretten sind –wie bereits berichtet – nicht nur sehr teuer, sondern ihre Verpackung soll möglichst abschreckend wirken. Es handelt sich demnach um Einheitspackungen, die sich nur durch unterschiedliche, grässliche Fotos mit dazu gehörenden Belehrungen und Ermahnungen voneinander unterscheiden. Die Darstellungen sind so grauenerregend, dass sie schon wieder unglaubwürdig und abstumpfend erscheinen. Da gibt es unter anderem Fotodokumentationen von so erstaunlichen Diagnosen wie zum Beispiel Fußkrebs und Augenkrebs. Das Foto der kahlköpfigen elenden Leiche eines an Lungenkrebs Verschiedenen wird mit seinem angeblich erst vor vier Wochen aufgenommenen Foto konfrontiert. Es zeigt eine blühende Sportskanone Anfang dreißig mit wallender Mähne, die mich an Wolfgang Petry erinnert. In so kurzer Zeit konnte ihn keinesfalls der Krebs derart zugerichtet haben, ich vermute eine skandalös überdosierte Chemotherapie dahinter. Immerhin halfen uns diese Monstrositäten dabei, unsere Zigarettenschachteln auseinander zu halten. Ich wusste: Der Fußkrebs war Ulrikes, die Lungenleiche die meine.

Wie schon angedeutet: Es gibt hier Kängurus, Koalas, Wombats und allerlei anderes Getier, das uns fremd war. Wombats übrigens sind gemütliche Felltiere mit dem Aussehen von Meerschweinchen, allerdings so groß wie Hunde. Tagsüber schlafen sie in ihren Erdhöhlen. Wer sie betrachten möchte, kriegt meist nur einen behaarten Hintern zu sehen. Ähnlich verhält es sich mit den putzigen Koalas, die schlafen sogar 18 bis 20 Stunden am Tag. Nur die Kängurus sind ein wenig lebhafter. Da sie auf ihren Hinterbeinen balancieren müssen, machen sie ab und zu einen kleinen Hüpfer irgendwo hin. Alles in allem ist damit das Tempo der australischen Vitalfrequenz hinreichend beschrieben. Das trifft sogar auf etliche Vogelarten zu. Die Pelikane sind ausgesprochen phlegmatisch, behalten alles im Auge, bewegen sich aber nur selten, um mal einen Happen Fisch zu naschen. Dem Froschmaulvogel ist selbst das zu viel: er sperrt einfach seinen riesig breiten Schnabel sperrangelweit auf und tut sonst nichts. Früher oder später fliegt oder krabbelt irgendetwas hinein, dann lässt er die Klappe fallen und schluckt ab. Das war's. An den Vögeln konnten wir uns nicht satt sehen. Es gab sie in allen Farben des Regenbogens.

Viele laufen lieber als zu fliegen, daher waren sie gut zu beobachten. Die meisten ließen sich zu Ulrikes Entzücken gerne füttern und waren recht zutraulich. Nicht nur ihre prächtigen Farben sind faszinierend, ihr Verhalten ist es nicht minder: ein großer schwarz-weiß befrackter rabenähnlicher Vogel mit klugen Augen und furchterregendem Schnabel krächzt nicht etwa, sondern macht ein Geräusch wie der Anwahl- und Rufton des früheren Kölner Taxifunks; ein anderer – der „lachende Hans" – bricht in das haltlose Gelächter einer Kneipenwirtin aus. Der „Fanbird" schließlich richtet seine Schwanzfedern steil zu einem vollendeten andalusischen Fächer auf und wedelt damit so schnell und elegant wie Doňa Maria Victoria de Aragon y Navarra. Die Papageien sind keine besonders guten Flieger, sie fliegen selten weiter als bis zum nächsten Baum, bemühen sich aber, ihrem Ruf als Clowns gerecht zu werden. Vor jedem Abflug schwingen sie die Flügel, als ginge es auf eine lange Reise und die Krummschnäbel machen ein Mordsgetöse, das alles andere als melodisch ist. Da sie mühelos die Stimmen anderer Tiere imitieren können, haben sie es einfach nicht nötig, eigene Melodien zu kreieren. Die großen schwarzen oder weißen Kakadus mit ihren farbenprächtigen Hauben sind eindeutig auf Bewunderung aus. Der erstaunlichste Vogel indes ist der gemeine Homo australicus. An Gelassenheit lässt er sich von nichts und niemandem übertreffen. Australier haben einfach die Ruhe weg.

In einem Land mit Ortsnamen wie Wagga Wagga und Heidelberg wohl auch kein Wunder. Selbst in Großstädten wie Sydney oder Melbourne gibt es trotz voller Straßen, Restaurants und Straßenbahnen von Hektik keine Spur. Bisher habe ich nicht einen einzigen aufgeregten Menschen hier getroffen. Man hat Zeit. Wer einen der wirklich köstlichen flat whites (ein Zwischending von Café Latte und Cappuccino) trinken möchte, geht zur Kasse und wartet brav, bis er an der Reihe ist, das kann dauern. Ist er dran, darf er bestellen und erst mal bezahlen. Dann wird ihm eine Nummer auf einem an einer langen Stange angebrachten Schild überreicht, mit dem er zu seinem Tisch gehen und warten soll. Nach frühestens 15 Minuten erscheint jemand mit der Tasse für die Begleiterin, sie wird mit beiden Händen getragen, dennoch ist einiges in die Untertasse geschwappt. Anschließend wird auf dieselbe Weise die zweite Tasse heran geschleppt. Natürlich wird sich die Bedienung für das Malheur entschuldigen und zwei neue flat whites anbieten, was man jedoch angesichts der verflossenen Zeit mit der Versicherung seiner Wertschätzung für absaufende Untertassen ablehnt.

Die australische Antwort auf den hysterischen amerikanischen Dreiwortsatz „Oh my god!!" besteht aus nur zwei geknurrten Worten und lautet „No worries". Der Satz hat eine enorme Bedeutungsbreite und deckt von „nur zu!" über „kein Problem, ist nix passiert", „ja, mir gefällt's auch", „mach nur!" und „immer mit der Ruhe!" bis zu „oh, bitte, gern geschehen!" alles ab, was dazwischen liegt. „No worries" passt immer und vermindert –besonders auf dem Land – Verständigungsprobleme. Englischkenntnisse allein helfen oft nicht weiter. Ein langsam gesprochenes „Yeena peewah?" wurde auch bei der dritten Wiederholung nicht unbedingt als „Do you need power?" erkennbar.

Alles kam uns ziemlich überdimensioniert vor und vieles erinnerte an die USA. Die Entfernungen waren so gewaltig wie der Kontinent, man hat einfach enorm viel Platz. Die Essensportionen bäumten sich dem Gast entgegen, die Autos protzten mit ihren Muskeln und ihren Geländefähigkeiten, die Lastwagen waren wahre Monster, die sich eitel mit chromblitzenden Rammblechen, bunten Lämpchen und Airbrushbildern brüsteten. Autos und Lastwagen waren immer auf Hochglanz gewienert, schmutzige Fahrzeuge seltene Ausnahmen. Die Markise an unserem Camper war imponierend und die Konstruktion zwar sehr umständlich zu bedienen, aber mit mächtigen Stützen wie für die Ewigkeit gebaut. Die hätte auch dann noch gehalten, wenn das Auto längst verschrottet gewesen wäre. Ähnlich verhielt es sich mit den klappbaren Campingstühlen. Im Vergleich zu unseren filigranen europäischen Produkten waren sie solide wie Clubsessel und wie geschaffen für übergewichtige Aussie-Camper, die in unsere heimischen Klappstühlchen gar nicht erst hineingepasst hätten. Dafür waren sie schwer zusammenzuklappen, und dass mir die Markise ab und zu einen Stromstoß verpasste, nahm ich ihr nicht krumm. No worries.

Die kleinen Ortschaften in der Provinz erinnerten genauso an die USA. Sie waren einfach entzückend: Eine Straßenkreuzung, auf der einen Ecke ein „General Store", in dem man selbstverständlich auch allerlei Essbares bekam, auf der anderen Seite ein zweigeschossiges Hotel mit uriger Kneipe und „Bottleshop", die dritte Ecke wurde von einer Tankstelle mit Landmaschinenhandel und Reifendienst beansprucht, in der das gleiche Essen wie in den beiden anderen Etablissements feilgeboten wurde, und – glaubt es oder nicht – die vierte schließlich beherbergte den unvermeidlichen Immobilienmakler. Und gerade in solchen Dörfern gilt: Wer bisher glaubte, die kontaktfreudigsten Menschen seien in Kölner Eckkneipen anzutreffen, der kennt eben die Australier nicht.

Fidschi – Singende Riesen

Zurück ins Jahr 1996 und nach Neuseeland: In Christchurch (eine Stadt, die mir in etwa so metropolitan wie – sagen wir – Bergheim an der Erft erschien), studierten wir wieder die Flughafen-Abflugtafel. Die Neuseeländer sind unsere Antipoden, d. h., dass man von unserer Heimat einfach nicht weiter wegreisen kann. Wohin man sich auch wendet, wie weit auch immer, es führt einen immer nur näher an Zuhause heran. Wohin also jetzt?

Um 14:50 Uhr hatte eine Maschine Plätze nach Suva auf Fidschi frei. Gute Idee, wir sind schließlich Kölner und da weiß man, dass eine der populärsten (und fülligsten) Kölner Volksschauspielerinnen und Sängerinnen, Trude Herr (die übrigens zu den intimsten Kennerinnen der Sahara gehörte), auf Fidschi mit einem dicken Häuptling ihre letzten Jahre verbracht hat. Also nichts wie hin.

Suva ist eine freundliche, erstaunlich moderne und – wie wir fanden – enttäuschend unsüdseehafte Stadt, wenn man vom mordstropischen Klima mal absieht, vor allem aber gibt es das zuverlässigste Postamt der ganzen Welt. Man ging da rein in einer Art Dritte-Welt-Erwartung und fand das vor, was unsere Post-AG erst 15 Jahre später fertigbrachte, nämlich einen perfekten Postkaufladen. Außer Joghurt und Bahnfahrkarten (es gab weder Joghurt noch eine Bahn auf Fidschi) wurde praktisch alles zum Kauf angeboten. Wir verschickten ein dickes Paket mit Reiseerwerbungen nach Deutschland, das vier (!) Tage später dort unbeschädigt ankam.

Aber uns war nach mehr Südsee pur zumute, und so beschlossen wir, eine der vielen Inseln zu erkunden. Castaway Island klang vielversprechend, also bestiegen wir ein Schiff dorthin. Kaum hatte es abgelegt, begann eine wilde Schaukelei, was immer ein Anlass ist, diskret nach Sicherheitseinrichtungen zu schielen (man will ja nicht ängstlich erscheinen). Zunächst fiel der Rost auf, mit dem das Schiff überzogen war, das hatte im Hafen noch ganz anders ausgesehen. Ich beäugte die Rettungsboote, zwei an der Zahl, was bei – laut Werftplakette – immerhin 650 zugelassenen Passagieren nicht übertrieben anmutete. Deren Davits (Aufhängevorrichtungen) und Winschen (Kurbelgetriebe) waren wiederum über die Jahrzehnte derart mit Farbschichten zugekleistert, dass an irgendeine Möglichkeit des Zuwasserlassens nicht zu denken war. Ein Seitenblick auf Ulrike verriet mir, dass sie die Seefahrt genoss und sich keinen Deut um meine Hasenfüßigkeit scherte.

Auf See kann ein Mann sehr einsam sein. Dann fiel mein inzwischen unsteter Blick auf große Panzerklappen, die rund ums Schiff an den Innenbordseiten angeordnet waren. Sie waren unzweideutig und mit großen Buchstaben mit dem Wort LIFEVESTS beschriftet. Na also. Das mussten hunderte von Rettungswesten sein. Im Falle des Kenterns in diesen warmen Gewässern ist man natürlich mit so einer Rettungsweste viel schneller vom sinkenden Schiff als mit einem festlackierten Rettungsboot.

Jetzt war der Punkt erreicht, an dem der Gedanke an Haie nahe gelegen hätte, aber da marschierten just vier Besatzungsmitglieder auf, die zunächst durch ihr Äußeres von düsteren Visionen ablenkten: riesenhaft, außergewöhnlich dick und überaus fröhlich. Sie knufften sich in die Seiten, stießen hell kreischende Laute aus und riefen einander tiefdröhnende Sätze zu. Dann öffneten sie die Lifevest-Klappen. Dahinter gab es ersichtlich Bongos und Gitarren in großer Zahl, aber keine Rettungswesten. Dann stimmten die Herren einen vierstimmigen Gesang an und das war so schön, dass wir alles andere vergaßen. Ich musste an Odysseus und die Sirenen denken und mir wurde klar, warum die Besatzung der „Bounty" gemeutert hatte.

Ich finde es unglaublich, was die Südseevölker geleistet haben: Über Tausende von Kilometern – von den Maori in Neuseeland bis in ein Gebiet, das wir erst später kennenlernen würden – hatten sie mit lächerlich kleinen Booten die gesamte Südsee erobert und waren imstande, den überlegenen Waffen der englischen Eroberer lange Widerstand zu leisten.

Als das Schiff auf Castaway Island anlegte, wurden wir wieder mit vielstimmigen Gesängen empfangen, die diesmal den Goldkehlen von etwa 30 Riesen und Riesinnen entstammten – wie sich herausstellte, war das die halbe Servicemannschaft des Resorts, die abwechselnd jeweils Neuankömmlinge anzusingen hatte, denn im Grunde ist die kleine Insel nichts als ein sündhaft teurer und auf amerikanische bzw.

australische Bedürfnisse zugeschnittener Ferienklub mit luxuriös ausgestatteten Bambushütten. Sicherlich sind diese auf jene Art primitiv, dass jemand aus – sagen wir Denver oder Adelaide – Daheimgebliebenen schaudernd von der fehlenden Klimaanlage erzählen könnte und davon, dass die Fenster nicht einmal verglast seien – ganz zu schweigen vom nicht vorhandenen Whirlpool, ein Aufenthalt in lebensfeindlicher Wildnis also, aber es gibt TV-Geräte mit allen angelsächsischen Kanälen, rollstuhlgerechte Zugänge und Telefone an den King- und Queensizebetten, die auf einfachen Tastendruck den Roomservice, das Frühstück oder den englischsprechenden Kardiologen erscheinen lassen. Moskitos oder Schlangen sind der Insel fremd. Für uns also genau das Richtige.

Es sei aber nicht verschwiegen, dass das Klima das Vergnügen etwas beeinträchtigte: 39 Grad im Schatten hört sich nicht weiter schlimm an, aber bei einer Luftfeuchtigkeit von 95 Prozent läuft von Sonnenauf- bis -untergang der Schweiß über Stirn, Gesicht und Augen, und zwar derart, dass man den dringenden Wunsch verspürt, den zentralgelegenen Postkartenkiosk aufzusuchen, der als einziges Gebäude der Anlage klimatisiert ist. So standen wir also mehrmals täglich im Kiosk und studierten mit unermüdlicher Ausdauer Ansichtskarten. Spätestens eine halbe Stunde vor der Dinnertime um 18 Uhr pflegte man sich in eine Warteschlange einzureihen, um einen der begehrten Tische unter den Deckenventilatoren zu ergattern, die den Schweiß von der Stirn trockneten, bevor er auf die Vorspeise tropfen konnte.

Schön war es aber auch, das muss gesagt sein. Abends saß man ums Feuer, während mit viel zeremoniellem Brimborium Kava herumgereicht wurde, eine Brühe, die eine einheimische Droge sein soll, in Wahrheit aber nur die Zunge taub macht, was eindeutig das Zigarettenrauchen beeinträchtigte. Tagsüber konnte man am Strand dösen – gut, das hätte man auch in Wyk auf Föhr tun können – und kostenlos einen Katamaran segeln, was ich ebenso ausgiebig nutzte wie Ulrike die Strand-Döse-Option. Träge blinzelnd verfolgte sie meine Törns, die hin und her zwischen Strand und einer kleinen Insel führten. Ihr war aufgefallen, dass das Boot sich niemals auf die Seite legte, sondern stets aufrecht segelte. Sie öffnete ihr zweites Auge, was höchstes Interesse signalisierte, und ließ mich wissen, dass so ein steiles Segelboot sie nicht ganz kalt ließe, falls mir nach einer Einladung zumute sei.

Natürlich kenne ich ihr berechtigtes Misstrauen gegenüber kleinen Booten in offenen Gewässern und fühlte mich sehr geschmeichelt. Galanter hätte meine Einladung nicht einmal Casanova hingekriegt. Mit spitzen Zehen stieg Ulrike auf das Boot und ließ sich vorsichtig auf das Netz zwischen den Schwimmkufen gleiten. Ich segelte los, und während sie wohlig im Netz räkelnd das Großsegel betrachtete, fragte sie beiläufig, wie tief das Wasser hier wohl sei. Verflucht sei mein unüberwindlicher Zwang zur Wahrheit! „Na ja, der Marianengraben ist nicht weit, schätze zwischen vier- und sechstausend Meter", brummte ich, nicht ahnend, wo sich der Marianengraben wirklich befand und wie tief der war, Hauptsache, es hörte sich gescheit an. Das war's dann: „Ich will auf der Stelle an Land!" Letzte gemeinsame Törns können ungeheuer endgültig sein, es sei denn, man vertraut sich dem schnellsten Daycruiser der Südsee oder einem Semisubmarine an. Beide waren zufällig auf Fidschi beheimatet, und uns gelüstete, sie auszuprobieren, denn der Aufenthalt in einem Luxusresort kann auch ganz schön langweilig sein.

Der Daycruiser war ein langes, hinten offenes Schnellboot und mit zwei Außenbordmotoren bestückt. Jeder leistete sage und schreibe 300 PS, was dem Boot die Geschwindigkeit eines Rennwagens verlieh. Mal donnernd durch die Südsee zu pflügen, erschien uns genau richtig, und so schifften wir uns ein. Von wegen pflügen! Das Ding jagte wie ein Jet durch die Luft und berührte nur schrecklich krachend die höheren Wellenkämme. Bandscheibenvorfälle dürften zu den häufigsten Folgen dieser Art von Seefahrt gehören. Wir waren damit beschäftigt, uns irgendwo festzukrallen und zu sehen gab es nichts, weil wir nur durch eine Wand aus Gischt knallten, während der Fahrtwind uns die Wangen hinter die Ohren blies und unsere Gesichter zu grotesken Fratzen verzerrte.

Ruhiger ging es da schon auf dem Semisubmarine zu. Semisubmarine heißt wörtlich „Halbunterseeboot" und ist nichts Halbes und nichts Ganzes. Heutzutage sind diese knallgelben Gefährte an jedem dritten Ferienstrand zu sehen und meist gelb gefärbt, vermutlich in Anspielung auf den Beatles-Song „Yellow Submarine". Offenbar erwarten die Leute deshalb, dass U-Boote gelb zu sein haben. Damals war es eine einzigartige Attraktion, die wir keinesfalls verpassen durften. Im Grunde handelte es sich um eine Weiterentwicklung der Glasbodenboote und wurde für Menschen gebaut, die zum Tauchen zu feige sind – einer Zielgruppe mithin, der ich mich leidenschaftlich verbunden fühle. Man stand auf dem gelben Deck herum, bis von einer kreischenden Alarmhupe, die man aus amerikanischen Marinekriegsfilmen schon kannte, zum „Tauchgang" gequäkt wurde. Sodann begab man sich unter Deck in eine finstere Röhre mit Sitzplätzen, die unter der Wasserlinie angeordnet und mit runden Bullaugen versehen waren. Man blickte fasziniert in die von starken Scheinwerfern erhellte Unterwasserwelt und war froh, da draußen nicht herumtauchen zu müssen. Auf Fidschi immerhin schien sich der U-Bootschwindel herumgesprochen zu haben, denn wir beide waren die einzigen Passagiere auf unserer Fahrt. Die Mannschaft bestand aus nur einem beleibten Riesen, der Kapitän, Rudergänger, Fahrkartenabreißer und Matrose in einer Person war. Außerdem kommentierte er in wenig verständlichem Englisch über eine Verstärkeranlage das, was man unter Wasser anzuschauen hatte, und im Hintergrund wurden U-Bootgeräusche eingespielt. Wie er das anstellte, war mir ein Rätsel, denn wie konnte er wissen, was da unter Wasser vor sich ging, wenn er oben das Boot steuerte?

Nach einer knappen Stunde schien er die Lust an seinem sportreporterartigen Gerede verloren zu haben und verstummte. Wir wollten uns gerade über die Ruhe freuen, da schreckten wir auf: Unmittelbar vor unserem Bullauge erschien plötzlich ein Gesicht mit einer großen Taucherbrille. Es gehörte dem Riesen, der ins Wasser gesprungen war, um zu unserer Erbauung aus einem an seinem Gürtel befindlichen Beutel Fische zu füttern. Wir waren nur mäßig begeistert, denn uns war klar: Wir steckten im Inneren eines U-Bootes, dessen Kapitän und einziges Besatzungsmitglied soeben über Bord gegangen war.

Ich hoffe inständig, dass es noch Südseeinseln gibt, die – anders als Fidschi – ihre Ursprünglichkeit wenigstens in Teilen bewahrt haben. Sie müssen ja nicht gleich so daher kommen, wie James Cook sie einst vorfand. Ich weiß auch nicht, ob ich dann dahin reisen würde, denn jenseits aller Legendenbildung über die paradiesischen Zustände dort, zu der auch der Maler Paul Gaugin – allerdings auf Haiti in der Karibik – beigetragen hatte, dürfte für die Ureinwohner das Leben dort ziemlich brutal und blutig gewesen sein. Wir fanden jedenfalls andere Bereiche des Tropengürtels in Mittelamerika, Afrika und Asien weitaus interessanter und beschlossen, weiter zu ziehen.

Inzwischen hatte ich mir angewöhnt, monatlich in seitenlangen Briefen Reiseberichte an Frauke, die ältere meiner Töchter, zu verfassen – eine mühselige und zeitraubende Sache, denn ich wollte so leserlich wie möglich schreiben. Dahinter verbarg sich eine gewisse Verzweiflung: Ich fühlte mich abgeschnitten von allem, was man als heimische Infrastruktur der Beziehungen umschreiben könnte. Die engsten Freunde, aber auch entferntere Bekannte, deren Zuneigung oder Sympathie mir wichtig waren, und die Kontakt zu meiner Lebensgemeinschaft hatten, waren nun – so befürchtete ich in einer leicht paranoiden Anwandlung – ausschließlich der Meinungsbildung durch die von mir Verlassenen ausgesetzt, ohne dass ich auch nur den geringsten Einfluss hätte nehmen können. Das beunruhigte mich außerordentlich, war ich doch fest davon überzeugt, dass mich nun alle meine Freunde, Verwandten und Bekannten für einen rechten Schuft halten müssten. So schrieb ich halt Briefe an meine Tochter, von der ich wusste, dass sie zu mir hielt.

Hongkong – 19 Köstlichkeiten

Bevor ich Hongkong kennengelernt hatte, hielt ich unter allen Weltmetropolen eindeutig New York für die attraktivste. Nun aber hatte Hongkong, damals noch als Kronkolonie Ihrer britischen Majestät, gute Chancen, zur Favoritin aufzusteigen.

Wer dort mitternächtlich über Märkte geschlendert ist, das Gewusel auf den Gewässern beobachten durfte, auf einem Sampan geschaukelt ist und eine Besichtigungstour durch die Insel im Obergeschoß der Doppeldeckerstraßenbahn unternommen hat, weiß, wie es uns dort erging. Und wer könnte je den Anblick der Insel vergessen, der sich von der Cocktailbar im obersten Geschoss des Peninsula-Hotels in Kowloon im Abendrot bietet?

Das „Regent of Fidji" – ein angenehmes, aber unprätentiöses Hotel – hatte uns in Suva beherbergt und so hatte ich schon dort das „Regent of Hongkong" gebucht. Der kleine indische Hotelmanager in Suva erzählte stolz, das „Regent of Hongkong" sei das Flaggschiff der Hotelgruppe. Am Flughafen überraschte uns ein livrierter Chauffeur, der ein Pappschild mit unseren reichlich unkorrekt geschriebenen Namen trug. Hoppla, was für ein Empfang! Er schnappte sich unsere Rollköfferchen und wir folgten ihm zu einer mächtigen Limousine. Erst als die Köfferchen im Auto verschwunden und wir auf die Rückbank komplimentiert worden waren, wagte ich, den ersten Gedanken zu fassen.

Wir saßen in einem Rolls Royce, der geräuschlos kraftvoll anfuhr und wir schauten uns beklommen an. Verdammt, das war wohl ein Fehler, hier das „Regent" zu buchen. Es war in der Tat ein Fehler, der schleunigst korrigiert wurden musste. Zwar schien mir in Hongkong ungefähr jedes zwanzigste Auto ein Rolls Royce zu sein, aber eben nur jedes zwanzigste. Der Wagen hielt vor einem Palast, der direkt auf einer Landzunge gelegen, den prominentesten Platz von ganz Kowloon beanspruchte. An der Rezeption belehrte mich ein Blick auf die Preistafel, dass wir unversehens in einem Hotel der Aga-Khan-Kategorie gestrandet waren, das es auf der Stelle zu verlassen galt. Wir tauschten einen Blick, rafften unsere Rollköfferchen und türmten. Während wir ziellos durch die Straßen liefen und uns ab und an mit gehetzten Schulterblicken vergewisserten, nicht etwa von einem Rolls Royce verfolgt zu werden, stießen wir auf ein eingerüstetes und etwas schäbiges „Holiday Inn", das uns entschieden standesgemäßer vorkam. Es stellte sich als freundlicher und durchaus bezahlbarer Laden heraus. Allerdings pflegte auch dieses Hotel wieder eine Unart, die nach meinem Eindruck weltweit verbreitet war: Überall fanden sich in den Badezimmern offensichtlich verheuchelte Hinweise, die ungefähr so lauteten: „Lieber Gast, bitte bedenken Sie, wie viele Tenside und andere Schadstoffe täglich in unser Trinkwasser eingebracht werden, weil weltweit Millionen von Handtüchern in Hotels gewaschen werden. Wenn Sie das nicht wollen, dann hängen Sie ihr Handtuch auf, das bedeutet: „Ich benutze es weiter." Im anderen Fall werfen Sie es auf den Boden, dann erhalten Sie ein frisches." Ich verdächtige die Hotelmanager, dabei weniger die Umwelt als die Kostenersparnis im Blick zu haben. Dennoch hängten wir stets unsere Handtücher zur Umweltpflege entschlossen wieder auf die Stange. Und was passierte? Nur dreimal in all den Jahren war es geschehen, dass die Handtücher nicht ausgewechselt wurden, ein echtes Mysterium.

Das Gerüst um das Hotel hatte es mir angetan. Es bestand wie alle Hochhausgerüste in ganz China aus zusammengebundenen Bambusstangen und sah schrecklich windschief aus. Auf diesen Stangen balancierten Myriaden von Handwerkern, die eifrig malten, kachelten und klopften. Ich fotografierte all diese Gerüste immer wieder, um sie daheim der Bauaufsicht, diversen Berufsgenossenschaften und dem TÜV unter die Nase halten zu können (was natürlich nie geschehen ist), die einer Jahrtausende alten Kultur mit so laxen Sicherheitsvorschriften wohl kein halbes Jahr gegeben hätten.

Wir kriegten nicht genug von dieser Stadt und nahmen uns vor, sie immer mal wieder zu besuchen. Tagelang schlenderten wir durch die Straßenschluchten mit ihren vielgestaltigen Wolkenkratzern, zu deren Erdgeschossen das Menschengewimmel, die Verkaufsstände und Garküchen ein Kontrastbild wie aus dem China des 19. Jahrhunderts bildeten. Und selbst an den Wolkenkratzern war das alte China nicht spurlos vorbeigezogen, denn viele waren von eigenartigem Aussehen, das an traditionelle Bauformen und herkömmliche

Formensprache erinnerte. Hieß das Architekturgesetz der klassischen Moderne im Westen „Form Follows Function", so galt hier „Form Follows Feng Shui". Selbst der mächtigste Investor – wollte er nicht scheitern – konnte es sich nicht leisten, in Hongkong ein Gebäude zu errichten, ohne zuvor einen Feng-Shui-Meister zu Rate zu ziehen, denn alle Nutzer hätten sich geweigert, es zu betreten, wenn es etwa „auf der Nase des Drachen" erbaut worden wäre. So kam es vor, dass in einem Hochhaus auf luftiger Höhe ein gewaltiges Loch offen gelassen wurde, um den freien Blick des Drachen auf die Bucht von Kowloon nicht zu versperren.

Eines Nachmittags fassten wir den Entschluss, einen Ausflug in die New Territories und an die Grenze der Volksrepublik zu unternehmen, und ich bat den Portier, uns ein Taxi zu rufen. Sofort fuhr ein dunkler Wagen vor, dessen Türen mit „Holiday Inn" beschriftet waren. Wir stiegen ein und seufzten. Das Auto war ein Mercedes 600 mit zwölf Zylindern. Es ging hier wohl nicht anders.

Die Stadt war voller außergewöhnlicher kulinarischer Angebote, die es zu probieren galt. Eine echte Pekingente in einem erstklassigen Restaurant (nicht das erbärmliche Geflügel, das außerhalb Chinas unter dieser Bezeichnung verhökert wird) sollte den Anfang machen. Wir hatten von der aufwändigen Zubereitung dieser Speise gelesen (so wird beispielsweise Luft zwischen die Haut und das Fleisch gepumpt, um beides voneinander zu trennen) und suhlten uns in wohliger Erwartung dieser Kostbarkeit, die natürlich ihren Preis haben musste. Nach allerlei Vorspeisen und Leckereien, deren Ursprung für uns dunkel blieb, wurde von zwei Kellnern auf einem mächtigen Silbertablett die Ente aufgetragen und zur Begutachtung präsentiert. Ein prächtiger Vogel. Sodann säbelten sie mit großen, offenbar sehr scharfen Messern in kleinen Schnitzeln rundum die Haut herunter, die sie auf ein weiteres Silbertablett drapierten. Sodann wurde ein dampfendes Bastkörbchen wie ein Kronjuwel aufgetragen und die gehäutete Ente mit vielen Verbeugungen und guten Wünschen weggebracht. Nanu? Wir blickten ratlos unserer Ente hinterher. Vorsichtig lupfte ich den Bastkörbchendeckel. Dort stapelten sich weißliche handtellergroße und sehr dünne Pfannküchlein oder Blinis, soweit wir erkennen konnten.

Was nun? Der Oberkellner stürzte herbei und zeigte uns, was zu tun war: Man hatte ein Hautstückchen auf ein Küchlein zu applizieren, dieses dann zu falten oder einzurollen (mit Stäbchen!) und – auch dieses wurde mimisch vorgeführt – mit entzückt verdrehten Augen und begeisterten Grunzlauten in den Mund zu schieben. Er zeigte uns sogar, wie man kaut.

Genau so machten wir's – und auf der Stelle wurde uns schlecht. Die ungesalzenen Blinis schmeckten nach absolut gar nichts, die Entenhaut hingegen verströmte einen tranigen Geruch, ihre Konsistenz gemahnte an schlecht zubereiteten knorpelartigen Tintenfisch und der Geschmack war so übel, dass wir nacheinander zu den Toiletten verschwanden, um auszuspucken. Der Oberkellner zeigte sich untröstlich und verschlang prüfungshalber etliche Portiönchen, nicht ohne die Augen wie bereits vorgeführt zu verdrehen und zu grunzen. Ihm schmeckte es und er fand nichts auszusetzen. Wir glaubten ihm gerne und erklärten mit großer Geste, dass dieses ohne Zweifel unvergleichliche Gericht dem Olymp chinesischer Kochkunst entstamme, unsere kulturlosen Gaumen und nichtsnutzigen europäischen Mägen seiner indes bedauerlicherweise unwürdig seien und bestellten, um etwas gegen den schlimmsten Hunger zu unternehmen, zwei Frühlingsrollen, die uns mit undurchdringlicher Miene aufgetragen wurden, und die zwar auch anders als erwartet schmeckten, aber immerhin ihrer Bestimmung gerecht wurden. So schnell aber geben Globetrotter nicht auf.

Entweder schaffte die chinesische Küche uns, oder wir schafften die chinesische Küche. Damals wussten wir noch nicht, dass es eine einheitliche chinesische Küche ebenso wenig wie eine einheitliche italienische, französische oder deutsche gibt und dass die in Hongkong durchaus eigenständig ist und meist nicht ganz korrekt als kantonesisch bezeichnet wird. Für den nächsten Anlauf wählten wir ein noch exklusiveres und – kaum vorstellbar – teureres Etablissement und scheiterten bereits an der Speisekarte: Gebackenes Schweineblut im Dumpling – der chinesischen Antwort auf den italienischen Tortellino – als Vorspeise erschien uns zwar vorstellbar, aber gedämpfter Hirschpenis? Gesalzener Krötenlaich süß-sauer? Hundehoden auf Kantonart? Familienglück aus Entenfüßen? 19 Köstlichkeiten im eingelegten Ziegenuterus? Wir wissen, wann wir uns geschlagen zu geben haben und begossen unsere Niederlage mit einem wirklich köstlichen Schnaps mit eingelegten Salamanderschwänzen.

Hongkong war zumindest damals die Drehscheibe für die weltweit billigsten Flugtickets überall hin, und da wir ohnehin beschlossen hatten, öfter mal wiederzukommen, wollten wir jetzt erst einmal das nächste Ziel ansteuern.

Fliegen ist eine merkwürdige Sache. Es ermöglicht einerseits, in schwindelerregend kurzer Zeit selbst die entferntesten Orte zu erreichen, aber andererseits führt es zu einer Lebenszeitverschwendung, die ihresgleichen sucht. Ich habe nicht gezählt, wie viele hundert Stunden ich wartend auf Flugverbindungen verbracht habe, es müssen viele sein. Das Groteske entsteht aus dem abrupten Wechsel zwischen absolut inhaltsleerem Stillstand und unfassbarer Geschwindigkeit. Während der endlosen Warterei in einem Umfeld totaler Aktivität drängen sich Betrachtungen über die Fragwürdigkeit des Fortschritts-Positivismus auf: Wäre es nicht schöner, an Deck eines Schiffes, das vier Tage von Hamburg nach New York fährt, auf das Meer oder in den Sternhimmel zu schauen und dabei allerlei philosophische Betrachtungen anzustellen, als hier in der Abflughalle einen Cappuccino nach dem anderen zu trinken, ohne sich auf das Lesen eines Buches einlassen zu können, aus Furcht davor, eine Änderung des Flugplans auf den Bildschirmen zu verpassen?

Indonesien – Kota von Kuta

Eigentlich wären wir nun gern in die Volksrepublik China weitergereist, aber das Wetter dort war schlecht, sodass wir beschlossen, erst mal abzuwarten. Stattdessen kauften wir Tickets nach Jakarta, mit denen man angeblich ein halbes Jahr lang kostenlos in ganz Indonesien herumfliegen konnte. Aber diese Tickets hatten zwei Nachteile: Erstens lauteten sie auf die Philippine-Airlines und diese Fluglinie war zu der Zeit das Allerletzte. Unglaublich verdreckt, lausiger Service und stets verspätet, falls sie überhaupt flog. Man wusste nie, ob der Flugkapitän Lust hatte oder ob das Flugzeug – wie uns mehrfach geschehen – stundenlang vollbesetzt am Boden gehalten wurde, weil sich irgendein philippinisches hohes Tier verspätet hatte und auf diese Weise seine Machtfülle kundtat. Die Airline war zu der Zeit in ganz Asien dafür berüchtigt. Die kostenlose Herumfliegerei in Indonesien war zudem Schwindel, weil die Gesellschaft in Indonesien nur Jakarta anflog und sonst nichts.

Zweitens wurde man bei jedem Flug zu einem mindestens eintägigen Stopp in Manila gezwungen. Erfahrene Asienreisende rieten uns, den Flughafen in Manila am besten gar nicht erst zu verlassen. Natürlich haben wir diesen Rat missachtet und es gründlich bereut. Es war sicher tragisch, dass die Philippinen (benannt nach Philipp II. von Spanien) zu dieser Zeit das Armenhaus Asiens waren. Dazu war die Bevölkerung zu 80 Prozent katholisch (die Päpste reisen gern und oft dahin) und kam größtenteils eher mürrisch daher. Schon bei den flugreisenden Philippinos erlebten wir eine profunde Ellbogen-Rücksichtslosigkeit auf Kosten anderer. Abstecher ins Land verstärkten diesen Eindruck derart, dass uns jede Lust, dieses Land näher kennenzulernen, abhandenkam. Wir waren offenkundig unwillkommen und hatten auch keine Lust mehr, uns dort weiter umzusehen. Wahrscheinlich hatten wir nur Pech, aber ich nehme mir die Freiheit, meine Eindrücke wiederzugeben.

Jakarta war anders – jedenfalls auf den zweiten Blick. Zunächst mal war der Altstadtkern (das ehemals niederländisch-calvinistisch geprägte Batavia) alles andere als einladend: ein städtebaulicher Sündenpfuhl mit lieblos hingeknallten Betonbauten in unterschiedlichsten Stadien der Vernachlässigung, dazwischen und darüber vielfältig und verwirrend geführte aufgestelzte Hochstraßen, ein grauenhafter ungeregelter Fahrzeugverkehr und allenthalben Gestank. Die von den Holländern angelegten Grachten waren wohl einstmals malerisch, aber nun wurden sie von den Anwohnern als Müllkippen missbraucht, die darin enthaltene Flüssigkeit glich einer pechschwarzen, öligen Masse, die gärend, blubbernd und schwärend einen unbeschreiblichen Gestank verbreitete. Der ganze Stadtteil war zudem nachts nur beängstigend sparsam beleuchtet. Einzelne noch vorhandene Bauten aus der Kolonialzeit wurden überwiegend dem Verfall oder einer Art Restnutzung überlassen und dennoch wirkten sie in dieser Umgebung wie Orchideen auf einer Asphaltfläche. Sehenswert war allenfalls der alte Hafen mit seinen hölzernen Lastenseglern, deren Ladung immer noch von balancierenden Schauerleuten über schmale Planken gelöscht wurde, und aus der Ferne auch der Anblick des Fischmarktviertels. Wir wunderten uns unentwegt, wie die Menschen es hier angesichts all des Schmutzes fertigbrachten, gutgelaunt blütenweiße Kleidung zu tragen – sahen doch unsere Jeans schon nach ein paar Schritten wie nach einem Schlammbad aus. Wer allerdings jemals in Jakarta mit Genuss Fisch verspeisen will (dessen Zubereitungen allesamt köstlich sind), dem sei von einem Besuch dieses Marktes dringend abgeraten.

Inmitten dieses unerfreulichen Altstadtambientes erschien uns das Omni-Batavia-Hotel wie ein strahlendes Kleinod. Im neokolonialen Stil errichtet, stand es weiß und leuchtend und unwiderstehlich da. Freundliche Zimmer führten zu kleinen Gärten oder auf tropisch bepflanzte Terrassen hinaus und die großzügige Halle beherbergte inselartig angelegte kleine Restaurants und eine gemütliche Bar. Das Personal war aufmerksam, aber unaufdringlich. Im Grunde handelte es sich um ein Mittelklassehotel, aber angesichts der Umgebung kam es uns vor wie das Waldorf Astoria, dessen Toiletten wir bei anderer Gelegenheit mal bestaunt hatten, denn weiter waren wir in den Luxustempel nicht eingedrungen. Es war einfach alles wunderbar.

Wir freuten uns auf unsere erste indonesische Mahlzeit, die allerdings im Omni-Batavia mit Bitterballen begann, mit Varkenshaasje in brauner Tunke, Gemüse und Pommes frites fortgesetzt und mit buntem Zuckerhagel auf Schokovla beendet wurde. Satt und nicht unzufrieden fanden wir, es sei nun an der Zeit für einen ersten Erkundungsstreifzug in die Umgebung. Der Portier hielt uns höflich mit einer Hand die Tür auf und winkte mit der anderen nach einem Taxi. „Nein, danke, wir werden zu Fuß gehen." „????!" Er war perplex und zweifelte offenbar, uns richtig verstanden zu haben. Na schön, Gäste des Omni-Batavia scheinen nicht gern zu laufen, dachten wir und marschierten los. Seltsam, hier lief ja wirklich niemand zu Fuß, das hätte uns warnen müssen, und im nächsten Augenblick entdeckten wir auch den Grund dafür. Während unseres Mahles war einer dieser häufigen Tropenschauer niedergegangen, auf den Fahrbahnen floss das Wasser in Strömen und der Verkehr erzeugte lustige Fontänen. Nach 100 Metern hörte der Gehweg einfach auf und es war absolut unmöglich, die Straßenseite zu wechseln. Jakarta ist keine Stadt für Fußgänger. Reumütig standen wir wieder vor dem Portier und ließen ihn das Taxi herbeiwinken. War da ein unterdrücktes Lächeln auf seiner Miene zu ahnen? „Downtown!" sagte ich dem Chauffeur, eine idiotische Anweisung angesichts der Tatsache, dass wir uns mitten im Zentrum befanden. Dennoch hatte er offenbar begriffen und setzte uns ein paar hundert Meter weiter an einer hell und bunt erleuchteten Hauptgeschäftsstraße ab. Überall moderne Malls, Kinopaläste, Restaurants und ein Hard-Rock-Café, man ging sogar zu Fuß. Zufrieden schlenderten wir herum, freuten uns über die freundlichen Menschen und standen ein paar Blocks weiter unerwartet auf einem hübschen kolonialzeitlichen Platz mit ordentlich restaurierten Häusern. Eines davon beherbergte das herrliche Batavia-Café, das wir während unseres Jakarta-Aufenthalts von nun an täglich aufsuchten. Es war in einem alten Handelskontor mit großen Fenstern und edlen Hölzern untergebracht, bot eine erstklassige Küche und die Bar wurde von Newsweek als eine der zehn besten der Welt bewertet – dem alten Hemingway hätte sie mit Sicherheit auch gefallen.

Nun liest sich all das, als hätte sich ein Multimilliardär mit seiner Angebeteten auf einem Supertrip befunden, bei dem Geld keine Rolle spielte. Darf ich mal raten, verehrte Leserinnen und Leser, dass Sie nun von mir ein leidenschaftliches Dementi erwarten? Tatsächlich hat das Schicksal mich nie über den Status eines durchschnittlichen Mittelständlers mit einem sorgengebremsten Leben hinausgetragen, aber ich ergriff von Zeit zu Zeit die Chance, Auszeiten fürs Reisen zu nehmen und mein Geld lieber dafür auszugeben.

Wir wollten eigentlich mit dem Schiff nach Sumatra, aber die Pelni-Schiffe legten erst in vier Tagen ab und so lange wollten wir keinesfalls noch in dieser Stadt bleiben, also bestiegen wir den Nachmittagszug nach Yogyakarta, zweiter Klasse, versteht sich, denn nur in der zweiten Klasse spielt sich das wahre Leben ab. Erster Klasse reist man lediglich, das war zu wenig.

Die Fahrt war unterhaltsam. Wir saßen eng gedrängt zwischen den Einheimischen, die mit riesigem Gepäck, allerlei Körben, aus denen es gackerte oder fiepte, enormen Picknick-Rationen und meist zahlreichen Familienangehörigen unterwegs waren, und die uns unentwegt mit irgendwelchen Leckereien fütterten. Die Reise schien ihnen nicht weniger Freude zu bereiten als uns.

Am lustigsten ging es an den zahlreichen Haltepunkten zu: Menschenmassen verließen und bestiegen mit großem Getöse den Zug, auf den Bahnsteigen reichten fliegende Händlerinnen allerlei schwer einzuschätzende Speisen und Getränke durch die Fenster oder stürzten laut schreiend durch den Zug. Verkauft wurde alles, was sich nur denken lässt, dabei blieb die Geschäftstaktik im Dunkel: Man schlürfte eine Cola und wurde gefragt, ob man eine Cola möchte; ich trug einen Sonnenschutz auf dem Kopf und jemand versuchte, mir einen Sonnenschutz für den Kopf zu verkaufen. Ich habe schon erlebt, dass wir aus einem Taxi steigend gefragt wurden, ob wir ein Taxi möchten. Es war nicht ratsam, sich in einem der Bahnhöfe von seinem Sitzplatz zu erheben, denn dann wurde er sofort von jemand anderem besetzt. Touristen schienen sich hier nicht allzu oft in Züge zu verirren, zumindest nicht in die zweite Klasse, denn wir wurden ordentlich beäugt und ausgefragt. Nur wenige sprachen Englisch oder das, was sie dafür hielten, also musste Zeichensprache her, die zu kollektiven Kicheranfällen führte.

Da wir wussten, dass der Zug erst gegen Mitternacht seinen Zielbahnhof erreichen würde, hatte ich mir im Omni-Batavia ein Hotel in Yogyakarta empfehlen lassen. Als wir den Bahnhof verließen, standen wir in einer stockdunklen Stadt, nur wenige schwache Laternen geizten mit gelblichem Licht. Dem Taxifahrer nannte ich den Namen des Hotels mit einem Gestus, der verraten sollte, dass wir fast täglich diese Tour zu machen pflegten, und zu meinem Erstaunen fuhr er los. Ich hatte eigentlich erwartet, dass er mit einem Schwall von Beschimpfungen über die von uns gewählte verdreckte und überteuerte Absteige herfallen und uns das gemütliche, besser gelegene, saubere und wesentlich preisgünstigere Hotel seines Schwippschwagers anpreisen würde, denn so hatte es ausnahmslos jeder Taxifahrer auf früheren Asienreisen gemacht. Aber nein, er nicht. Wahrscheinlich hatte mein selbstsicheres Auftreten Eindruck gemacht. Immer wieder wanderte mein Blick misstrauisch zum Fahrpreiszähler. Entspannt ließen wir uns durch die immer noch recht belebte Dunkelheit fahren. Ganz so zentral, wie uns versprochen, schien unser Hotel denn nun doch nicht zu liegen. Wir wurden korrekt vor dem Hotel abgesetzt und der Fahrer erhielt ein wirklich großes Trinkgeld. Ehrlichkeit musste belohnt sein und diese Leute sollten lernen, dass sie sich eher auszahlt als die häufig vorkommenden Betrügereien. Mit vielen Verbeugungen bedankte er sich stammelnd. Ein bescheidener Mann.

Das Hotel war über jeden Zweifel erhaben, man hielt trotz der fortgeschrittenen Zeit sogar noch einen Imbiss und einen Schluck Wein für uns bereit. Todmüde ließen wir uns in die bequemen Betten sinken und schliefen tief, aber nicht sonderlich lange. Gegen halb acht wurden wir durch vielstimmiges Kreischen, Rufen und Lachen geweckt, es hörte sich an wie auf einem Schulhof. Verstimmt schauten wir auf den Flur hinaus. Luxus hat eben immer seinen Preis: Das Hotel verfügte über eine enorm große Schwimmhalle, deren Zugang sich direkt neben unserem Zimmer befand und die keineswegs nur die Gäste zu schätzen wussten. Offenbar wurde sie auch für den Schwimmunterricht irgendeiner Schule genutzt, und zwar jeden Morgen in der ersten Stunde. Na super, an diesem Abend würden wir wohl früher zu Bett gehen. Von dem original englischen Frühstück halbwegs besänftigt, beschlossen wir, nunmehr zur Eroberung der Stadt aufzubrechen. Draußen schweiften unsere Blicke nach rechts und nach links. In welche Straßenrichtung sollten wir uns wenden, um ins Zentrum zu gelangen? Dann erstarrten wir: Keine 70 Meter links von uns sahen wir die Eingangshalle des Bahnhofs.

Auf unseren Wanderungen durch die Stadt hörten wir plötzlich ein sehr lautes, auf- und abschwellendes Geräusch, das uns bekannt und unbekannt zugleich erschien. Aus Neugier lenkten wir unsere Schritte in diese Richtung und erreichten einen großen Platz, um den herum hunderte Moped- und Rollerfahrer mit fahnenschwenkenden Beifahrern auf den Gepäckträgern immer im Kreis fuhren. Es waren so viele, die in Vierer- und Fünferreihen fuhren, dass sie einen geschlossenen, sich schnell drehenden Kreisel um den Platz bildeten. Das Seltsamste aber war, dass die Fahrer ihre Motoren rhythmisch und in perfektem Gleichklang laut aufheulen ließen. Es handelte sich um eine politische Demonstration, von der keinerlei physische Gewalt ausging, und die vielen herumstehenden Polizisten machten einen sehr entspannten Eindruck. Das rhythmische Aufheulen der vielen Motoren aber erzeugte eine akustische Gewalt, deren Bedrohung das Blut in den Adern gefrieren ließ. Dasselbe erlebt man bei einer Wanderung frühmorgens im Urwald von Tikal in Guatemala, wenn die akustischen Attacken der ansonsten völlig harmlosen Brüllaffen das nackte Entsetzen hervorrufen.

Yogyakarta ist sehr zu empfehlen. Fußgängerfreundlich, überschaubar, einladend. Es gibt einen wunderbaren Lebensmittelmarkt, Paläste, Puppen- und Schattenspiel-Aufführungen und Ausflüge zu den uralten Tempeln von Borobodur und Prambanan gehören ins Pflichtprogramm, wir fühlten uns insoweit wie Teilnehmer einer Pauschalreise, aber sechs Monate sind endlich und wir wollten weiter. Wir begannen – ohne es uns einzugestehen – aufs Tempo zu drücken. Nach vier Wochen Indonesien rückte das Ende der Reise unmerklich in meinen Blick und die Gier, mehr zu sehen und weiterzukommen, beschleunigte meinen Puls und verstärkte den Wunsch, Ulrike so viel wie möglich von der Welt zu zeigen, denn inzwischen waren wir mit unserem Schwindel aufgeflogen. Meine Lieben daheim hatten herausgefunden, wo ich mich herumtrieb und vor allem, mit wem. Sie waren verständlicherweise verletzt und stinksauer. Sie verlangten meine unverzügliche Rückkehr, die ich jedoch verweigerte und wir tauschten handschriftliche giftige Faxe aus. Meine dräuend beschattete Unbeschwertheit war einer trotzigen Da-musst-du-jetzt-durch-Haltung gewichen. Möglichst wenig davon versuchte ich Ulrike, die völlig unschuldig an meinem Dilemma war, spüren zu lassen.

Der Flug nach Bali dauert nur eine Stunde, aber es gibt obendrein eine Stunde Zeitverschiebung zwischen den Inseln, was mich etwas verwirrte. Bali ist nicht sonderlich groß und so hatten wir uns für drei Tage ein Auto gemietet. Tatsächlich ist die Insel noch viel kleiner als erwartet, sie ist mühelos an einem Tag zu durchqueren, wenn man denn will. Aber sie ist so voll gestopft mit Sehenswürdigkeiten, dass in Wahrheit drei Tage viel zu knapp sind. Eine dieser Sehenswürdigkeiten sind ohne Frage die Affen. Es gibt kleine possierliche Affen, die einem auf den Arm springen und betteln oder blitzschnell irgendwas aus den Taschen klauen und reichlich große – weniger freundlich erscheinende – Affen, die all das in der Regel nicht tun. In der Regel. Bei mir allerdings machten sie eine Ausnahme. Unversehens sprang mir einer von ihnen auf den Rücken und während ich noch furchtbar erschrocken unter seinem Gewicht taumelte, langte er mit langen Armen über meine Schultern und räumte Zigaretten, Feuerzeug und Kugelschreiber aus meinen Hemdtaschen, während Ulrike sich vor Lachen wegschmiss und fotografierte, statt mich zu retten. Es gibt Verhaltensweisen in einer Beziehung, die wirklich nachhaltig kränken.

Der zu Recht meistfotografierte Tempel der Welt heißt Tanah Lot und liegt direkt am Strand. Auch wir haben ihn natürlich fotografiert. Der Tempel von Kapal wiederum gehört laut Reiseführer zu den sieben Weltwundern, was – wenngleich er es verdient hätte – Blödsinn ist, denn die antiken Weltwunder standen allesamt um das Mittelmeer herum. Aber wenn es nach den Balinesen geht, dann beherbergt die Insel mindestens 30 Weltwunder. Abgesehen von den grauenhaften Beach-Resorts fanden wir zu unserer Überraschung praktisch keine Hotels vor, und da es bald dunkel wurde (es wird verdammt schnell dunkel in diesen Breiten und es ist keinesfalls ratsam, auf Bali in der Dunkelheit herumzufahren), blieb uns nichts anderes übrig, als nach Kuta, einer dieser Touristenhöllen zu fahren. Bali ist vollkommen übervölkert und das gilt auch für die Straßen, die meist unbeschildert sind. Zu fast jeder Tages- und Nachtzeit wimmelt es auch auf

Landstraßen außerhalb der Orte von Fußgängern. Umso dankbarer fanden wir ein Schild nach Kota. Wir folgten ihm und weiteren Schildern und stellten fest, dass immerhin die Touristenhochburgen exzellent ausgeschildert waren. Nur kam uns der Weg merkwürdig lang vor und als wir uns nach einer Strecke, mit der wir gut und gerne die ganze Insel hätten umrunden können, an der Stelle unseres Starts wiederfanden, fragte ich kleinlaut einen Einheimischen. Wenn es nach Ulrike gegangen wäre, hätten wir das schon vor zwei Stunden getan, was ich jedoch unter Hinweis auf die unzweideutigen Schilder als zimperlichen Unfug abtat.

Schließlich war ich der Fahrer und mit mir kommt man immer ans Ziel. Diese Fahrt war auch nicht gerade Balsam für unsere noch affengeschädigte Beziehung und ich verkneife mir die Beschreibung ihrer Miene, mit der sie stumm neben mir saß. Man will es ja nicht noch schlimmer machen. Machen wir's kurz: Kota heißt Zentrum und hat absolut nichts mit Kuta, dem Touristenparadies zu tun. Sei's drum.

Unbedingt sehenswert waren die Feste, die fast täglich an irgendeinem Ort stattfanden und meist mehrere Tage dauerten, denn sie alle wurden angeblich nur alle 50 oder 100 Jahre gefeiert. Wie machen die das?

Die Welt ist – so, wie ich sie kennenlernte – nicht besonders komisch. Dennoch begegnen mir auf Schritt und Tritt Absurditäten, die mich zum Lachen reizen. Komische Eindrücke entstehen mental als Antwort auf meine vergeblichen Versuche, eigene Unzulänglichkeiten und Schwächen im Umgang miteinander oder mit der Welt, die ich vorfinde, anderen oder der Welt in die Schuhe zu schieben. Ein gutes Beispiel für diese Vorgehensweise ist der Begriff der „Tücke des Objekts": Das leblose Objekt in der gewünschten Weise zu beeinflussen, misslingt, und prompt wird ihm von uns eine Seele eingehaucht, die schuldfähig, widerspenstig oder 82 eben tückisch ist. Aus demselben Grund wurde im Mittelalter ein Schwein wegen Fehlverhaltens ernsthaft vor Gericht gestellt und verurteilt. Das von mir Gewünschte oder Erwartete und das faktisch Bestehende oder Geschehende bilden einen Kontrast, auf den man nicht vorbereitet ist, und Komik ist ebenso wie Lachen eine Kontrastwirkung. So sind das Empfinden von Komik und das Lachen darüber letztlich auch Ausdruck von Ratlosigkeit.

Eine nahe Verwandte der Komik ist auch die Vereinnahmung des Menschen durch scheinbar Übersinnliches und Zauberei, und das sollten wir reichlich auf Borneo oder Kalimantan, wie der indonesische Teil der Insel heißt, erfahren.

Eigentlich wären wir lieber nach Papua-Neuguinea geflogen, schon wegen der interessanten Penishülsen und der Schoßhund-Minischweinchen, mit denen viele Ureinwohner umherlaufen, aber das erwies sich als undurchführbar. Zum einen gab es zu der Zeit dort Unruhen und Entführungen, zum anderen hätte die Reise dorthin trotz der kurzen Entfernung wegen der vielen wirklich teuren Umwegflüge mit winzigen Flugzeugen fast zwölf Stunden gedauert. Nichtraucherflüge!

Stattdessen flogen wir also nach Balikpapan, der drittgrößten Stadt auf Kalimantan. Am Flugplatz sollten wir abgeholt und zum nahegelegenen Tenggarong gebracht werden, einer gottverlassenen Kleinstadt am Mahakam-Fluss, auf den wir es abgesehen hatten. Der Mahakam ist ein Dschungelstrom mit vielen Nebengewässern, der tief ins Landesinnere bis zu den Kopfjägerstämmen reicht, und war so recht nach unserem Geschmack. Wir hatten gelesen, dass man ihn mit gemieteten Booten befahren kann und buchten daher ein Boot. Nachdem sich die wenigen Fluggäste mit ihrem Gepäck verkrümelt hatten, standen wir einsam und ratlos herum. Niemand da. Was jetzt? Dann entdeckten wir einen Schicksalsgenossen, ebenso einsam und ratlos wie wir. Ein auffallend großer und kräftiger junger Mann, der ein Papptäfelchen trug. Ich schlenderte diskret an ihm vorbei und warf einen Blick auf das Täfelchen. „ETRÄNGRK". Hm, was das wohl sein mochte. Ob er wohl auf jemanden mit diesem Namen wartete? Seltsam, viele Buchstaben, die in unseren eigenen Namen auch vorkommen. Und wieso stand da der deutsche Umlaut „ä"? Wir begannen zu ahnen: Das Schild galt uns. Die Sache klärte sich schnell auf. Der Ärmste hatte aus Bali ein total verstümmeltes Fax erhalten, von meinem wohlbeleumundeten Namen waren nur noch vier Buchstaben übrig gewesen, die hatte er aufgeschrieben und den Rest dazu erfunden. In Tenggarong gab es keinen Hafen, sondern eine lange Holzmole, an der die Mietboote dümpelten. Wir stellten fest, dass dort absolut nichts los war, und mich beschlich der Verdacht, dass das

Ganze vielleicht ein Irrtum war, denn es schien nicht gerade Hochsaison zu sein. Aber nein, wir wurden in eines dieser Boote verladen und staunten nicht schlecht.

Man stelle sich die „African Queen" aus dem gleichnamigen Film mit Humphrey Bogart und Katharine Hepburn vor, allerdings leicht abgewandelt: ein etwa 20 Meter langes Holzboot, nicht von einer Dampfmaschine, sondern einem Diesel angetrieben. Es verfügte über zwei Decks, das untere war bis auf eine kleine Heckkajüte, die neben dem über dem offenen Wasser angeordneten Plumpsklo noch die Kombüse und eine Leiter zum Oberdeck beherbergte, rundum offen und mit einem zirka acht Meter langen Tisch mit 16 Stühlen ausgestattet. Im Bug befand sich der Ruderstand. Das Oberdeck ruhte auf Stahlpfeilern und war bis auf den Bugbereich geschlossen, hatte unverglaste Fenster und Klappläden, der lange Raum war mit an durchhängenden Bindfäden befestigten fadenscheinigen Vorhängen in sieben kleine Abteilungen gegliedert, auf dem Plankenboden befanden sich jeweils zwei bis drei Matratzen, über denen großlöchrige Moskitonetze baumelten. Uns dämmerte: Das waren also die Kabinen für die Kreuzfahrtpassagiere. Kreuzfahrt hatte ich mir irgendwie anders ausgemalt. Im Bugbereich gab es einen kleinen Balkon mit Holzbänkchen und Tisch, da konnte man unter einem Dächlein im Freien sitzen und in Fahrtrichtung gucken. Jetzt mussten wir also nur noch auf die Ankunft der übrigen Passagiere warten, dann konnte es losgehen. Immerhin nutzten wir als die ersten Ankömmlinge unsere Chance, uns im vordersten Vorhangabschnitt heimisch zu machen, unsere eigenen intakten Moskitonetze anzubringen (es wimmelte hier vor Malariamücken, und da wir Prophylaxe ablehnten, nahmen wir uns höllisch in Acht und rieben uns gründlich mit Autan ein, denn unser homöopathisches Schutzmittel, von einer weisen Freundin uns zum Abschied geschenkt, wurde von den Insekten als Götterspeise akzeptiert und gierig abgeleckt), unsere eigenen sauberen Seidenschlafsacküberzüge auf die Matratzen zu spannen und unser Gepäck zu verteilen. Unser Claim war damit abgesteckt, sollten sie doch kommen, die anderen. Die aber kamen erst gar nicht – was wir jedoch erst erkannten, als das Boot ablegte und wir zum Dinner gerufen wurden. Die Mannschaft hatte auf jedes Ende des endlos langen

Tisches ein Gedeck drapiert und wir ließen uns ein wenig beklommen wie in einem britischen Schloss nieder. Was dann kam, war einfach umwerfend. Wir haben bis heute nicht verstanden, wie jemand auf so einem Kahn mit dessen erbärmlichen Möglichkeiten so köstliche Gerichte zubereiten konnte. Die Mannschaft stand während unserer Mahlzeit um uns herum und schaute gespannt auf jeden Bissen, den wir einnahmen und jeden Schluck, den wir tranken – ein ziemlich starkes Bier übrigens. Das alles war nicht sonderlich geeignet, unsere schweigende Befangenheit zu mildern, aber Schlückchen für Schlückchen wurde mir klarer, dass die Wesensverwandtschaft zwischen mir und Humphrey Bogart faszinierend und – soweit ich wusste – bisher niemandem groß aufgefallen war. Nur Ulrikes Doppelbild am fernen Tischende wollte mit der Kurzfrisur noch nicht so recht zu Katharine Hepburn passen.

Die Mannschaft übrigens war überschaubar: eine Köchin, ein Matrose (dessen Aufgabenbereich uns während der ganzen Fahrt rätselhaft blieb), der Kapitän, der das Boot steuerte (nahezu 24 Stunden täglich, wie uns schien) und unser imposanter Führer, der uns am Flugplatz erwartet hatte.

Mittlerweile war es Nacht geworden, Petroleumlampen warfen blakende Lichtflecken und wir verfügten uns mit gnädigem Dank fürs köstliche Mahl unter Beifall der Mannschaft mit würdigem Gehabe in unsere Oberdeckgemächer, wobei ich mir wohl die größte Mühe gab, heil dort anzukommen. Dort fingerten wir unsere Whiskyflasche aus dem Rollköfferchen, nahmen aneinandergeschmiegt auf dem Holzbänkchen Platz und blickten ergriffen auf den schwarzen Fluss, der unter uns von unserem Schiff zerteilt wurde. Dem Schiff von Humphrey und Katharine.

Ab und zu schaltete der Kapitän einen starken Scheinwerfer ein, um den Fluss nach treibenden Baumstämmen abzusuchen. Die waren riesig, entastet und geschält, hier wurde offenbar geflößt. Wehe, wenn das Boot von solch einem Brocken getroffen worden wäre! Am Morgen wuschen wir uns und bürsteten die Zähne mit Flusswasser, demselben Wasser, mit dem gekocht, gespült und in dem die Toilette entleert wurde und längst nicht die einzige Toilette, wie wir noch sehen würden. Ich war sehr zufrieden mit unserer Mannschaft, denn die war quietschvergnügt, sang viel und wurde immer zutraulicher. Die Nacht hatte sie übrigens zusammengerollt unter dem Tisch verbracht. Am zweiten Tag legten wir in Muara Muntai an, einer Siedlung, die gänzlich auf Pfählen errichtet im Wasser stand. Jedes Haus besaß zur offenen Flussseite hin ein Klohäuschen, ebenfalls auf Pfählen im Wasser. Das Besondere: Schon bei der Annäherung an den Ort sah man, dass hier die Toiletten mit gewaltigen Ziffern nummeriert waren, jedes Haus hatte also eine eigene Klonummer. Sie diente dem Briefträger, der die Post per Boot austrägt, als Orientierung, es handelte sich bei den Klonummern also im Wortsinn um Postleitzahlen. Die endlos lange, massiv holzbeplankte Hauptstraße stand natürlich ebenfalls auf dicken Pfählen und ich bemerkte entgeistert, dass hier jedes Haus, jedes Boot, jedes Brett und jeder Zahnstocher aus edelsten Tropenhölzern bestand, Mahagoni und Teak, natürlich auch die Hauptstraße und alle Pfähle. Während Ulrike mit Jägerblick durchs Dorf pirschte und alles prüfte, was als Souvenir hätte dienen können, stierte ich wie angewurzelt auf die Hauptstraße vor und unter mir und versuchte, grob den Außenhandelswert allein der Straße zu überschlagen. Junge, Junge, für das Ding hätte ich glatt jeden Vier-Tonnen-Gold-Buddha in Bangkok als Schmiergeld hergegeben.

Wir stiegen in einen wackligen Einbaum mit Flachwasser-Antrieb und fuhren stundenlang auf winzigen, durch den Dschungel mäandernden Wasserläufen, pausierten in Jantur, einem auf einem See buchstäblich schwimmenden Fischerdorf und erreichten Mancong. Nun hatten wir endgültig die Grenzen unserer Gegenwartskultur verlassen und erreichten das Reich der Dajak, eines Kopfjägervolkes. Natürlich hat die Zentralregierung den Dajak bereits vor 70 Jahren den Spaß an der Kopfjägerei verdorben, aber es wird gemunkelt, dass in abgelegenen Bergregionen weiter flussaufwärts ab und zu diesem Brauch immer noch gehuldigt wird, wenn die Regierung mal wegschaut.

Die Dajak sind klein, sehr dunkelhäutig, haben breite Nasen und sind ziemlich spärlich bekleidet. Penishülsen waren allerdings nicht zu sehen. Aber immerhin gehen sie immer noch mit zwei Meter langen Blasrohren auf die Jagd, aus denen sie noch auf 25 Meter mit ihren Giftpfeilen treffen. Sie leben sippenweise in Langhäusern, die –

natürlich – auf Pfählen stehen und in der Tat sehr lang sind. Ihre Toten begraben sie nicht, sie legen sie in hölzerne (Teak!) Schreine, die – natürlich – auf Pfählen stehen und einmal jährlich geöffnet werden. Dann holen sie die Knochen der teuren Verblichenen heraus, putzen sie blitzblank und legen sie wieder zurück. Außerdem sind sie Meister im Schnitzen von gewaltigen Totempfählen. Ein ehemaliges Langhaus war zu einem Touristenbasar umfunktioniert worden und nun saßen 20 bis 30 Dajak nebeneinander, vor sich je ein Häuflein Schnitzereien und anderes Kunsthandwerk und warteten geduldig, auf welches Häuflein unsere Wahl fallen wurde. Uns tat aufrichtig leid, dass wir nur zu zweit waren und natürlich die meisten der bescheidenen Händler enttäuschen mussten. Die Angebote unterschieden sich kaum voneinander, und so wanderten wir herum und kauften hier und da eine Figur oder einen Reislöffel. Zu gern hätte ich eines der langen Blasrohre erworben, aber der Gedanke an den Tumult beim Versuch, mit so einem Ding ein Flugzeug zu besteigen, hielt mich davon ab. Ich kaufte stattdessen einen verzierten Köcher mit Giftpfeilen, der war unauffälliger, wenn auch weit gefährlicher.

Ab jetzt fuhren wir tagelang flussaufwärts, ohne einer Menschenseele ansichtig zu werden. Jede Zivilisation und Ansiedlung lag weit hinter uns, die Flussufer kamen näher, der Himmel hatte sich dunkel bewölkt und eine seltsam drückende Stille umgab uns. Wenn Stille laut sein kann, dann war sie es jetzt. Die gute Laune unserer Besatzung war wie weggeblasen, sie schwatzten und scherzten nicht mehr und mit irritierendem Gebrüll trieb der Diesel das Boot durch die Schwärze. Immer wieder blickten unsere Begleiter scheu zum einen oder anderen Ufer, tauschten Blicke und flüsterten miteinander. Sie hatten Angst, kein Zweifel. Fürchteten sie etwa Blasrohrangriffe? Das konnte ja heiter werden. Selbst unser pfundiger Reiseleiter hockte mit bedrückter Miene hasenfüßig herum. Rundheraus sprach ich ihn auf die Sache an und er knetete die Hände. „Wir fahren jetzt durch das Reich des Bösen, denn das Böse braucht Ruhe und Einsamkeit und es wohnt hier", druckste er. „Ab hier und weiter flussaufwärts", erklärte er, „sind die Dajak noch nicht befriedet." Hier hatten ihre Zauberer und Medizinmänner noch ungebrochene Macht über die geheimsten Unergründlichkeiten der Natur und der Geisterwelt. Und vor allem über euch, dachte ich. Unsere Mannschaft glaubte fest an die animistischen Fähigkeiten der Dajakpriester, denen man zutraute, jeden lebenslang zu verzaubern und ihm Krankheiten anzuhexen. Der Bann ließ sich nur brechen, wenn man einen anderen Medizinmann fand, der ihn gegen hohe Bezahlung aufhob. Wie Voodoopriester konnten sie einen selbst auf größte Entfernung töten. Na, wenigstens keine Giftpfeile, dachte ich. Nach dem Dinner (ich hatte inzwischen zum Missvergnügen der Köchin durchgesetzt, dass wir am Tisch direkt beieinander sitzen durften) zogen wir uns in unsere Oberdeckfreiluftwhiskybar (welches Wort hätte es eher verdient, in Stein gemeißelt zu werden?) zurück und gaben uns schweigenden Betrachtungen hin. Hm, schon alles ein wenig unheimlich, was wussten wir mit unserer materialistischen Rationalität schon groß von dem, was hier so alles abging? Am Ende war noch was dran an der Geschichte, es gibt ja auch bei uns Sachen, die rational nicht einfach zu erklären sind, die Homöopathie zum Beispiel. Obwohl – die Mücken hier glaubten nicht an Homöopathie, wie die homöopathische Antimückentinktur unserer Freundin bewiesen hatte. Verflixt, man wusste überhaupt nicht mehr, an was man noch glauben sollte!

Der folgende Tag brachte uns nach Long Bagun, einem kleinen Dorf der Dajak, das am Oberlauf des Mahakam lag, der ab hier wegen der Stromschnellen nicht mehr schiffbar war. Wir waren jetzt 350 Kilometer stromaufwärts gefahren. Als erstes stand eine Dschungelwanderung auf dem Programm, eine traurige Angelegenheit, denn zunächst mussten wir die Brandrodungen der Dajak durchqueren. In jedem Jahr werden neue Gebiete des Urwaldes angezündet, um Äcker zu bewirtschaften, die schon ein bis zwei Jahre später nichts mehr hergeben, sodass neue Waldstücke abgefackelt werden. Schwarze Riesen, die zwar den Brand nicht überlebten, aber dennoch stehen geblieben waren, zeugten von der unsinnigen Vernichtung. Regenwald hat kaum fruchtbare Krume und seine Zerstörung ist nicht mehr umkehrbar. Noch schlimmer sieht es im noch intakt erscheinenden Dschungel aus: Gigantische Edelholzbäume mit Stammumfängen von zwölf Metern und mehr, oft über tausend Jahre alt, werden von den Timber-Companys gefällt und abtransportiert, um den Welthunger nach Teak und Mahagoni illegal zu stillen. Die Dajak verdingen sich für Hungerlöhne bei den Baumfällern und vergiften sich an den Chemikalien, die bei der Rohholzverarbeitung zum Einsatz kommen. Wir hatten todkranke junge Männer gesehen, deren schwarze Haut bis auf einige verbliebene Flecken weiß gebleicht war. (Das war 1996, ich wage nicht daran zu denken, was heute überhaupt noch von den Dschungeln Borneos übrig ist und von den Dajak, immerhin haben inzwischen chinesische Geschäftsleute die „Waldbewirtschaftung" übernommen und das verheißt finalen ökologischen Untergang.)

Die Ansiedlung bestand jedenfalls aus einem einzigen Langhaus, in dem 32 Familien wohnten – ein ganzer Stamm – und ein paar Nebengebäuden. Das Langhaus erkletterte man über einen angelegten Baumstamm, in den stufenartige Kerben eingeschlagen waren. Aber bevor wir hinaufklettern durften, mussten wir eine Zeremonie über uns ergehen lassen, die mich außerordentlich verdutzte: Die Dajak waren, was ihren Körperbau betrifft, das Gegenteil von den vierschrötigen Riesen der Südsee, aber ihr Empfangsritual war fast deckungsgleich mit dem der Südseevölker und den über 4500 Seemeilen entfernten Maori Neuseelands. Aggressiv dreinblickende Krieger (die hier allerdings nicht die Zungen herausstreckten) hielten die Ankömmlinge auf, die mit einem Satz in der Einheimischensprache aufzuwarten hatten, der „wir kommen in Frieden" oder so ähnlich lautete, dann durfte man ein Band zerschneiden und eintreten. Wir stotterten den Satz und ich hoffte, dass er wirklich „wir kommen in Frieden" hieß und nicht etwa „wir sind die Touristenärsche, auf die ihr so lange warten musstet", jedenfalls machte mich die schlagartige Heiterkeit unter den Kriegern stutzig. Die Besiedlung der Südseeinseln durch die polynesischen Völker wurde stets als ein geografisches Dreieck im Pazifik beschrieben. Borneo kam da nicht vor. Wie aber war es möglich, dort Rituale vorzufinden, die nahezu exakt denen der Polynesier und Maori entsprachen?

Wir wurden vom Ältesten willkommen geheißen und dann sogleich in den Stamm aufgenommen. Dazu mussten wir das Langhaus erklettern, in dem der Stamm mit Mann und Maus um uns herumtanzte. Häuptling und Medizinmann voran, dann die Krieger, die alten Männer, die Frauen, dann die kleinen Jungen, die kleinen Mädchen – bis hin zu den Dreijährigen tanzten sie alle eine Art Polonaise, während wir sturzverlegen herumstanden. Anschließend wurde zur Feier der beiden bleichen Neumitglieder ordentlich aufgetragen, es gab ein eigenartiges Buffet und gottlob auch selbstgebackene Kekse und Tee, denn ich hatte mich vor selbstgekautem Bier und in Ameisen eingelegtem Affenfleisch gefürchtet.

Ich ahnte noch nichts vom Höhepunkt der Zeremonie, aber schon ging's los: Der ganze Verein sang Lieder für uns und auch die erinnerten in ihrer vielstimmigen Raffinesse und Schönheit wieder an die Südseevölker. Dann verstummte der Chor, der Häuptling sprach feierlich in die Stille und alle Augen richteten sich auf uns. Unser Reiseleiter übersetzte in mein Ohr, dass nun die neuen hochgeschätzten Clanmitglieder für den Stamm singen sollten. Wir erbleichten und ich dachte an die schrecklichen Zauberkräfte des Medizinmannes. Singen! Ausgerechnet! Hätte man mich nicht lieber bitten können, einen Wasserfall hinunter zu springen? Mein Adrenalinspiegel flutete das Langhaus. Welches Lied und welchen Text kann ich denn überhaupt? Und was kann Ulrike? Ein Seitenblick auf ihre versteinerte Gestalt verriet, dass auch sie nicht in der Stimmung war, uns die Nachtigall zu geben. Und doch, gerade in aussichtslosen Augenblicken funktioniert das Hirn wie ein Computer, und Not gebiert Großes. Ein kurzes, verständiges Nicken und furchtlos schmetterten wir los: „Mier sinn kölsche Mädscher, hann Schpitzebötzje aan, mer losse uns nit dran fummele, mer losse kejne draan...!" Dazu schunkelten wir wie ein ganzer Elferrat. Frenetischer Beifall toste auf. Das ganze Auditorium ahmte Schunkelbewegungen nach und kriegte sich gar nicht mehr ein. Wir waren die Shootingstars von Zentral-Kalimantan. So etwas beflügelt auch bescheiden zurückhaltende Temperamente wie mich, und ich beschloss, den guten Leuten eine Zugabe zu gönnen, nämlich den Aschetrick. Er besteht darin, aus einem Aschefleck in einer Faust einen zweiten Aschefleck in die andere geschlossene Faust des Probanden zu zaubern, ohne die Fäuste zu berühren. Das ist wirklich verblüffend und der Knüller auf jedem Kindergeburtstag. Ich bat also einen Krieger zu mir und schaute ihm – Ablenkung ist der halbe Zaubertrick – hypnotisch in die Augen. Das Langhaus hielt den Atem an und hätte es Stecknadeln gegeben, ihr Fallen wäre donnernd gewesen. Mitten in meinen Hokuspokus hinein hörte ich Ulrike auf unnatürliche Weise husten. Sie hustete und hüstelte und hörte nicht mehr auf, sich zu räuspern. Ärgerlich über diese Taktlosigkeit blickte ich auf und erstarrte. Um mich herum finstere Gesichter, die Krieger hatten zu ihren Waffen gegriffen und der Medizinmann verschoss Blicke unverhohlenen Hasses. Ich Vollidiot! Das sind Animisten! Die glauben den Quatsch! Stärk, was machst du da gerade!

Blitzschnell brach ich die Nummer ab und zeigte, wie der Trick funktioniert. Nach einer Sekunde der Verblüffung brach ein Riesengelächter aus und der Häuptling klatschte sich tränend auf die Knie. Puh, gerettet, so etwas würde ich nie wieder tun, versprochen. Wir wurden herzlichst verabschiedet, nur der Medizinmann schaute noch voll nachdenklicher Tücke hinter mir her, das spürte ich schmerzhaft in meinem linken Schulterblatt. Zwei Jahre später würde ich einen Herzanfall erleiden.

Natürlich ist mir jeder Aberglaube fremd. Auf Reisen – und wirklich nur, wenn ich auf Reisen bin – trage ich ein Amulett. Es ist ein Anhänger aus einem hübsch geschnitzten Knochenstück in gefälliger Form, das ich um den Hals trage und das jeder Neuseelandreisende sofort als Maori-Souvenir erkennt. Es wird zahllos an Touristen verkauft, absolut nichts Besonderes, und ich weiß nicht einmal, welche Bedeutung die Maori dem Amulett einst zuwiesen. Weit entfernt davon, mich von dem lächerlichen kleinen Schmuckstück etwa beschützt zu fühlen, achte ich peinlich darauf, es stets auf immer dieselbe Weise umzuhängen, denn es umgedreht auf der Brust zu tragen, verursacht mir Unbehagen. Einmal habe ich es zu Hause vergessen und habe keine Ruhe gelassen und allerlei verzwickte Arrangements organisiert, damit eine unserer Besucherinnen es mir von daheim mitbringen konnte. Dazu passte natürlich, dass ich als Atheist bereits in meiner Jugend aus der Kirche ausgetreten war.

Am Nachmittag trat unser Boot die schnelle Heimreise an und nach zwei Tagen passierten wir die vertrauten nummerierten Klohäuschen.

Indien – 007 im Maharadschapalast

Von Jakarta führte uns das Flugzeug zu unserer Ticketbörse Hongkong zurück. Nun wollten wir endlich nach China, doch daraus wurde wieder nichts. Diesmal war nicht das Wetter schuld, sondern eines der großen Welträtsel: Wie kann es sein, dass die – nach Bevölkerungszahl – größte Zivilisation der Welt, in der alle möglichen Religionen neben dem Buddhismus bestenfalls geduldet werden, ausgerechnet auf den größten Feiertag des ansonsten in China fast einflusslosen Christentums verrückt ist? Zu Ostern durch China zu reisen, sei fast unmöglich, belehrte uns die Reisebürofrau (zierlich, blondgefärbt, chinesisch, dunkelblaues apartes Kostümchen), denn alle Flüge, Schiffe, Züge und Hotels seien dann ausgebucht und zwar tagelang. Also erstanden wir ein absurdes, aber unwiderstehlich billiges Ticket Bangkok – Delhi – Bangkok – Muscat/Oman – Nairobi und zurück in der Hoffnung, dass sich wenigstens an einem dieser Orte der Schokohasen- und Eierunfug in Grenzen hielte.

In Delhi stiegen wir aus und begaben uns zur Altstadt mit ihrem Gewimmel von Menschen, Rikschas, allen möglichen motorisierten Fahrzeugen, gelangweilt blickenden höckerigen Kühen, unternehmungslustigen Ziegen und halb verhungerten eingeschüchterten Hunden. Die Gerüche dieses Ortes bestanden aus einem ständig seine Farben wechselnden Cocktail aus Holz- und Rinderdungfeuern, starken, mir fremden Gewürzen, Fahrzeugabgasen und tierischen und menschlichen Exkrementen. Diese Geruchskulisse und das Lärmprofil aus Händlergeschrei, den Rufen der Karrenzieher, Gehupe, Gebell, Rikschaklingeln, Motorenlärm und islamischen Gebetsrufen wirkte berauschend auf mich, ich wusste jetzt wieder, wo ich mich befand. Von früher kannte ich ein kleines, wirklich indisches Hotel, das jedoch nicht mehr existierte. Indische Hotels erfüllten in perfekter Weise meine Erwartungen an eine Herberge: Sie verzichteten auf all den Schnickschnack, den man anderswo mitbezahlte, wie Pool, Fitnessraum, Klimaanlage, Roomservice oder täglich gewechselte Handtücher. Die Zimmer waren klein und karg möbliert, die sauberen Betten behaglich und die Wände angenehm unbebildert. Gleich nebenan fanden wir ein anderes Hotel, das indisch bis in die Knochen war, ein entzückendes Restaurant führte und – sehr indisch – „Broadway" hieß. Es war schon dunkel und wir mussten in den Arkaden vor dem „Broadway" über viele Menschen steigen, die sich dort zur Nacht niedergelegt hatten. Seit meinem ersten Besuch auf dem Halbkontinent war viel Zeit vergangen und der Begriff „Schwellenland" erfunden worden. Dass sogar in der Hauptstadt noch so viele Menschen *vor* den Türschwellen leben, hatte ich nicht erwartet. Es war heiß, aber nach den Tropen erschien uns diese trockene Hitze angenehm. Das Fenster unseres Zimmers führte auf einen kleinen Platz hinaus und erwies sich als Logenplatz im riesigen Theater Old Delhi. Zwischen abgehängten roten Vorhängen war ein breites Holzpodest errichtet, und drei alte Männer, vier Ziegen und ein paar Schafe stritten sich unentwegt um die besten Plätze auf dem Podest. Ziegen, Schafe und Männer gingen durchaus liebevoll miteinander um, aber auch sehr hartnäckig; es entwickelte sich ein sanfter Nervenkrieg. Bald wurde der Platz für ein Fest geschmückt und mit Teppichen ausgelegt, auf denen „Allah" eingewebt war, was aber weder die Mopedfahrer davon abhielt, darüber zu knattern, noch die vier Ziegen, darauf zu kacken und auf die Festtische zu klettern. Gastgeber und Festgäste störte weder das eine noch das andere. Geduldig begleiteten sie die Ziegen wieder nach draußen – immer wieder, denn sofort kamen die Viecher wieder zurück. Eine erste Kostprobe der einzigartigen Sanftmut und unerschöpflichen Geduld der Inder, die in der Vergangenheit schon so jäh in Fanatismus, grenzenlose Gewalt und Pogrome umgeschlagen ist.

Für den nächsten Morgen hatten wir ein festes Ziel: Wir ließen uns von einem Bajaj, einer Motorrikscha, nach Neu-Delhi zur urindischen Firma Mackinnon, Mackenzie & Compagnie bringen. Mackinnon, Mackenzie & Compagnie war das beste Reisebüro, das ich je kennengelernt habe, nur die französische Schreibweise von Company kam mir etwas manieriert vor. Es ging dort zu wie in einem Handelskontor vor hundert Jahren: unzählige Schreibtische mit jeweils drei bis vier alten Wählscheibentelefonen, deren Leitungen wie wirre Spinnennetze überall herumhingen, und alles wurde mit der Hand geschrieben, auch Flug- und Bahntickets. Jeder Geschäftsvorgang wurde zusätzlich in dicke Hauptbücher eingetragen, wenn auch nicht mehr mit Tinte wie bei meinen früheren Besuchen. Überall lagen dicke Folianten, Listen und Aktenordner herum, Schreibmaschinen oder gar Computer suchte man vergebens. Die zahlreichen Angestellten waren überwiegend schneeweiß gekleidete Sikhs mit mächtigen Turbanen und Bärten, zuvorkommend, aber auf jene Weise stifflipped, wie man es nur britischer Upperclass abgucken konnte („Sie wünschen, Sir?" - „Well, Rangar, ich gedenke, mit einer Sojus auf die ISS zu fliegen und anschließend weiter mit einem Atom-U-Boot unter dem Nordpol durchzutauchen." - „Gute Idee, Sir. Darf ich fragen, wann, und eventuell mit wem, Sir?"). Die Beratung war einzigartig. Sie verkauften keine Reisen, sie organisierten sie. Ich verlangte eine Reise durch den ganzen Subkontinent mit allen möglichen Extras und wechselnden Verkehrsmitteln und das war verdammt kompliziert, denn mal war zum richtigen Zeitpunkt gerade ein Hotel ausgebucht, mal ein Flugzeug usw. Am Ende standen vier Leute an unserem Schreibtisch, studierten Listen, telefonierten und berieten sich, tüftelten. Nach über einer Stunde war unsere Reise perfekt und alles würde klappen wie auch schon früher, da war ich mir sicher. Na ja, nicht wirklich alles, wie wir noch erfahren würden, aber daran trug das Büro keine Schuld. Bezahlt wurde übrigens weder mit Schecks noch mit Kreditkarten, sondern selbst große Beträge waren in bar zu entrichten. Die Geldbündel wurden mit angefeuchtetem Daumen blitzschnell durchgezählt. Der Ruf des Büros war in ganz Indien so legendär, dass man hin und wieder eigentlich Unmögliches erreichte, wenn man sich nur auf Mackinnon, Mackenzie & Compagnie berief. Ein Beispiel: Auf einer früheren Indienreise hatte es mich auch nach Udaipur in Radjastan verschlagen. Dort hatte ein verrückter Radscha mitten in einer Steppe von tausenden Arbeitern ein riesiges Loch graben und es mit Wasser füllen lassen. Inmitten dieses Sees hatte er dann auf einer Insel einen marmornen Palast errichtet, der alles erfüllte, was man sich so unter dem Luxus und dem märchenhaften Reichtum der Maharadschas vorstellt. Vor ein paar Jahrzehnten hat dann ein Nachfolger eines der luxuriösesten Hotels Indiens daraus gemacht, das „Lake Palace". Seit dann auch noch Roger Moore dort als 007 in „Octopussy" mal wieder die Welt gerettet hatte, war das

Lake Palace mindestens ein Jahr im Voraus komplett ausgebucht. Da konnte uns nicht einmal Mackinnon, Mackenzie & Compagnie weiterhelfen. Umso größer brannte am Seeufer, den Blick auf den Märchenpalast gerichtet, die Sehnsucht in meiner Brust. Nun, man könnte ja wenigstens mal da drüben dinieren. Am Ufer lag eine baldachingeschmückte kitschige kleine Fähre, die von einem streng blickenden Sikh bedient wurde (irgendwie gucken Sikhs immer streng, finde ich) und der fragte „arrre you rrresidents, Sir?" Ich stotterte irgendwas herum und wir mussten das Boot wieder verlassen. Welch eine Schmach! Das übertrieben gerollte „R" musste der Kerl auch wieder von den Briten kopiert haben. Grollend holten wir in unserem Hotel die Rollköfferchen ab, bestiegen eines der größeren Taxis und ließen uns wieder an der Fähre absetzen. „Arrre you rrresidents, Sir?" – „Yes, of course!" Schon die Rezeption war beeindruckend. Hinter dem Tresen standen wieder diese höflichen, aber blasierten Angestellten mit jenem Butlerausdruck, dem zwar nichts Menschliches fremd war, der aber zugleich immer etwas Missbilligendes hatte. Ich versuchte mitzuhalten, klopfte auf die flache Klingel (absolut unnötig) und schnarrte „mein Doppelzimmer für zwei Nächte, bitte." „Sie haben eine Reservierung, Sir?" - „Selbstverständlich", log ich. Langes Papiergeraschel, ein Telefonat, nochmals Geraschel. „Untröstlich, Sir, uns liegt keine Reservierung vor." „Sie haben keine Reservierung? Dann haben Sie wohl ein Problem." Erneutes Telefonieren und Papiergeraschel, der Geschäftsführer erschien. „Darf ich fragen, Mr. Stark, wo Sie Ihre Reservierung getätigt haben?" Aha, ich wurde mit Namen angesprochen, ein Zeichen von Verunsicherung, jetzt galt es, alles auf eine Karte zu setzen und ich donnerte: „Mackinnon, Mackenzie & Company!" (die französische Ausspracheversion ließ ich weg). Die Butlerblasiertheit hinter dem Tresen wich einer ganz und gar unbritischen Aufregung. Ich hatte das „M"-Wort benutzt. „Das Haus ist untröstlich, Mr. Stark und beeilt sich, Ihnen die Hochzeitssuite anzubieten, das einzige, was heute zufällig frei ist, Sir. Selbstverständlich zu einem reduzierten Preis, Sir." Das Haus, soso. Reduziert, aha. Wenn du jetzt den Fehler machst, nach dem Preis zu fragen, bist du erledigt, sagte ich mir und zeigte mich halbwegs versöhnlich. Der Preis würde mich zweifellos für eine Weile ruinieren, was er auch tat. Aber ich habe nichts bereut, immerhin war allein der Ankleideraum in der Suite fast so groß wie die Pianobar im Kölner Maritim.

Obwohl ich mir geschworen habe, niemals die Reiseerzählung zu verlassen und stattdessen eine Orts-, Länder- oder Objektbeschreibung zu geben, die den Reiseführern vorbehalten sein soll, muss ich hin und wieder Ausnahmen machen: zum Beispiel beim Grabmal der Mumtaz Mahal, der Lieblingsfrau des größten aller Großmoguln, die aus dem Norden den Islam nach Indien brachten. Das Grab ist als Taj Mahal bekannt und liegt in der Stadt Agra. Die Reiseführer verwenden zu Recht große Mühe darauf, seine unaussprechliche Schönheit und die unvorstellbaren Anstrengungen seiner Erbauung zu beschreiben. Aber die meisten vernachlässigen eine Besonderheit, die ich für einzigartig halte: Es geht um die perspektivische Zauberformel des Grabmals. Jeder Berg, jede Landschaft, jeder Baum und jedes Gebäude verändert sein Erscheinungsbild, wenn man es aus unterschiedlichen Entfernungen betrachtet. Das liegt natürlich daran, dass die sich verändernde Perspektive die Proportionen verändert. Architektur lebt von den richtigen Proportionen und nur das Verhältnis der Linien zueinander bedient die Ästhetik. Dieses Verhältnis aber verschiebt sich dummerweise, je nachdem, ob der Betrachter sich nähert oder entfernt (das maßstäblich korrekte Empire-State-Building sieht grässlich aus, wenn man es von unten fotografiert und der Kölner Dom, von dem man nie weit genug wegkommt, auch). Nur das verflixte Taj Mahal ändert scheinbar seine Proportionen nicht, daran hat man lange herumgerätselt.

Die Lösung besteht in den minarettähnlichen Ecktürmen, deren Spitzen exakt den Kuppelscheitel des Hauptgebäudes erreichen. Das erzeugt ein Augenverwirrspiel, ein „Trompe l'Œil", wie aus den Zeichnungen von M. C. Escher bekannt. Das innere Auge erzeugt unbewusst ein Gitterwerk zwischen Turmspitzen und -basen und legt dieses auf das Hauptgebäude, so, wie die Barockmaler bei der Entdeckung der Perspektive ein Gitternetz benutzten. Die Wirkung ist umwerfend, solange man sich nicht zwischen die Türme begibt. Dazu passt, dass das Auge auf Anhieb auch nicht unterscheiden kann, ob die Türme um das Gebäude herum oder alle vier vorn in seiner Flucht stehen (außer auf Fotos oder im Film). Man denke sich die Türme weg und das Wunder zerplatzt: Man hat es nur noch mit einer bombastischen Kuppel zu tun, wie dem Petersdom etwa. Bis heute hoffe ich, dass diese Sache eher zufällig zustande gekommen ist, denn wäre sie von dem Architekten tatsächlich beabsichtigt, dann wäre seine Genialität erdrückend.

Wir bewundern auf Reisen die Einheimischen und die Einheimischen bewundern uns, so ist das nun mal, und dies ist ein Zweck des Reisens. Wir staunten zum Beispiel über die Kleidung der Inder: Die Männer trugen kunstvoll geschwungene Turbane, die zum Teil aus meterlangen Stoffbahnen bestanden, meist knielange weiße Gewänder über weißen Röhrenhosen und darüber nicht selten ein Jackett; eine eigenartige Stilmischung, fanden wir. Frauen trugen Saris in allen Farben, manche waren aus einfachem Tuch, andere goldgewirkt, reich verziert und kostbar. Sie alle ließen einen Blick auf einen nackten Teil der Taille frei und das für uns Rätselhafte: ihre Trägerinnen erschienen darin unerhört elegant, und zwar ganz gleichgültig, ob sie jung oder alt, schlank oder dick waren. Vielleicht lag es an der selbstverständlichen Anmut, mit der sie sich bewegten. Äußerstes Interesse der Einheimischen erregte in der Regel Ulrikes Kurzhaarfrisur, die jene im Verein mit ihrer dunklen Stimme zweifeln ließ, ob es sich bei ihr überhaupt um eine Frau handelte. Um der Sache auf den Grund zu gehen, half andernorts nur scheues Begrapschen durch andere Frauen. Die gewonnene Erkenntnis wurde sodann mit verlegenem Gekicher quittiert. Nicht so in Indien: Das Begrapschen fand wie eine bewundernde Verehrung statt und gekichert wurde auch nicht, was nun wiederum uns verwunderte. Des Rätsels Lösung: Die Frauen vermuteten, dass Ulrike ihre prächtige hüftlange Haarpracht in irgendeinem Tempel einer Gottheit geopfert hatte – ein religiöser Brauch, der weltweit eine lukrative Haarverlängerungsindustrie befeuert.

Fadenwunder

Nahe bei Agra steht auf dem Berg Fahtepur Sikri ein verlassener großer Palast aus rotem Stein. Im weiten Innenhof findet man ein wie ein Pavillon gestaltetes Grabmal, dem Wunderkraft zugesprochen wird und das als großes Heiligtum gilt. Bei meiner ersten Indienreise wollte ich den Wundern auf den Zahn fühlen und betrat das hübsche kleine Mausoleum. Drinnen gab es einen grellbunten Altar mit Kerzen und Räucherstäbchen, um den einige safrangelbe Mönche mit abwesenden Blicken hockten und Mantras leierten. Das mit den Wundern funktioniert so: Man kauft den Mönchen einen gefärbten Wollfaden ab – man darf zwischen sechs verschiedenen Farben wählen –, nestelt diesen sodann an eines der Alabastergitter der Außenwand und wünscht sich was dabei. Schafft man es, die Klappe zu halten und niemandem den Wunsch zu verraten, dann wird er erfüllt, ganz einfach. Und jetzt kommt's: Nachdem das Wunder gewirkt hat, muss man zeitnah wieder an den Ort zurück und den Faden wieder abnehmen, anderenfalls droht schreckliches Ungemach. Eine prima Geschäftsidee, denn der Faden war nicht unter 50 Rupien zu haben und die Wände hingen voll davon. Aber das war es mir wert, schließlich entzünde ich auch ab und zu mal Kerzen in Kirchen. Ich tat wie geheißen, wünschte mir was ziemlich Unbescheidenes und vergaß die Sache schnell wieder. Nach geraumer Zeit – ich war längst wieder daheim – wurde mein Wunsch Wirklichkeit. Chapeau!, dachte ich, die Jungs haben wirklich was drauf. Wiederum nach einer Weile ereilte mich ein übler Tiefschlag. Ich hatte glatt den zweiten Teil des Wunderkleingedruckten vergessen, ich hätte den Faden abnehmen müssen! Aber wer zum Teufel bucht schon extra einen Flug von Köln nach Agra, um einen Wollfaden zu holen!

Nun waren wir aber mal in Agra und ehe mir am Ende noch weitere Unheilvollstreckung ins Haus stand, ließ ich mich lieber mal im Heiligtum blicken. Die Mönche zeigten sich zunächst verdrossen, weil ich keinen neuen Faden kaufen wollte, der Preis war übrigens auf 120 Rupien gestiegen. Sie waren jedoch entgeistert, als sie meinen Wunsch zur Fadenentfernung hörten. Aha, das schien nicht gerade häufig zu geschehen – keine sehr überzeugende Werbung, fand ich. Doch ich unterschätzte die Burschen schon wieder, denn sie hatten auf der Stelle das enorme PR-Potenzial meines Anliegens erkannt. Ich wurde mit Weihrauch zugeblasen, man machte ein Mordsaufhebens und ich wurde feierlich zur Fadenentfernung begleitet. Verflixt, wo hatte ich den nur hingehängt und welche Farbe hatte er? Egal, the show must go on. Ich nahm irgendeinen Faden ab, dafür wollten sie nochmal 120 Rupien, ich konnte sie aber auf 50 herunterhandeln, wenn sie ihn behalten dürften. Sie hingen ihn in eine kleine Glasvitrine am Altar. Also wundern Sie sich nicht, wenn Sie mal nach Agra kommen und einen grünen Faden am Altar sehen. Es ist meiner.

Khajuraho

Asien ist voller bewundernswerter Tempel. Ihre Schönheit, Ausdehnung, Alter, Architektur und die Kunstfertigkeit der Bildhauer machen sie zu Magneten für Forscher, Historiker, Theologen und vor allem für Touristen. Indien rühmt sich zu Recht, besonders reich an solchen Weltkulturgütern zu sein. Im Bundesstaat Madhya Pradesh allerdings steht eine Tempelanlage, die einzigartig sein dürfte. Sie übt eine Wirkung aus, die Bewunderung, Neugier, Ehrfurcht oder Andacht um ein weiteres Phänomen bereichert, nämlich die Offenbarung psychologischer Abgründe ihrer Betrachter. Dazu allerdings muss man die Betrachter betrachten. Die Tempelanlage befindet sich in einem großen, aber ziemlich unbedeutenden Dorf namens Khajuraho und wurde seit ihrer Entdeckung durch die prüden englischen Kolonialherren zunächst von den ansonsten recht ausführlichen Indien-Reiseführern verschwiegen. In neuerer Zeit fand sie zwar Erwähnung, aber über ihre Besonderheit wurde kein Wort verloren, und das war beileibe nicht nur in England so. In Deutschland erschien erstmals eine genaue Darstellung 1968, und die wurde als „Sonderausgabe für Wissenschaftler und Forscher" verbrämt. Heute besuchen jährlich Millionen die Anlage. Der verklemmte Umgang mit diesen Tempeln hat ziemlich handfeste Gründe:

Sie sind wirklich sehr groß und ihre Außen- und Innenwände haben enorm viel Platz für Figuren-Ornamentik, und diese Figuren kopulieren allesamt auf Teufel komm raus, und zwar zu Tausenden. Wenn sie sich wenigstens auf schlichten Geschlechtsverkehr beschränken würden! Aber nein, sie haben Gruppensex, lassen sich koitale Stellungen einfallen, die anatomisch ohne die Hilfe von Assistent(inn)en undenkbar wären, schrecken nicht einmal vor Zoophilie zurück und haben vor allem ersichtlich Spaß daran.

Vor tausend Jahren hatte die Chandella-Dynastie das Land in eine wirtschaftliche und kulturelle Blüte geführt, die enormer Lebensfreude Raum bot und zeitlich zusammentraf mit der Hochzeit des Tantrismus. Diese Besonderheit im Hinduismus versucht – stark vereinfacht – die Meditation um die Elemente Weiblich und Männlich zu erweitern und folglich den Geschlechtsakt zum meditativen Mittel zu erheben. Die figürlichen Darstellungen wurden daher keineswegs als anstößig oder gar pornografisch verstanden, sondern als Ausdruck einer sehr speziellen Spiritualität. Teile der Hippiebewegung versuchten in den sechziger Jahren des letzten Jahrhunderts etwas Ähnliches wieder aufleben zu lassen, aber im besten Fall endete das nach Kurzem in Beziehungstumult oder im schlechtesten Fall in der Mördersekte eines Charles Manson. Den heutigen Betrachtern und auch mir erscheint das Treiben in Khajuraho jedenfalls befremdlich und löst allerlei komische Reaktionen aus.

Die einen stieren konsterniert auf Einzelheiten, wenden sich ungläubig um und stieren erneut, sammeln anschließend ihre Gesichtszüge ein, um mit in Beton gegossener Miene die Besichtigung hinter sich zu bringen. Das sind die einzelgängerischen, lustfeindlichen Wertemoralisten, denen zwar nach Bilderstürmen zumute ist, die sich aber anders als die Taliban nicht trauen, zur Tat zu schreiten. Die anderen glotzen und glotzen und kriegen gar nicht genug, ziehen Ferngläser vor die Augen, stellen ihre Teleobjektive scharf und ergehen sich gegenüber ihren Mitreisenden und Begleiterinnen lauthals in zotigen Hinweisen und absolut respektlosen Anspielungen auf ihre eigenen einschlägigen Erfahrungen. Bei ihren Begleiterinnen führt das je nach psychischer Prägung entweder zu hysterischem Lachen oder zu still leidendem In-den-Boden-Versinken. Das sind Menschen – so stelle ich mir vor – deren sexuelle Gewohnheiten drastisch, aber erotikfern genannt werden dürfen. Wieder andere nehmen eine sachkundig-nüchterne Betrachterhaltung ein wie die des Kunstkenners, dem zwar kein Sujet fremd ist, der sich aber nur für den Wert des Ausdrucks im kunstgeschichtlichen Zusammenhang interessiert. Diese Spezies ist verzweifelt bemüht, sich ihrer Umgebung als jemanden zu präsentieren, der auf übergeordnete Kategorien fokussiert und Allzumenschliches mit einem Handwischen übergeht. Sex ist – das soll angedeutet werden – nur ein plebejisches Verlangen, das künstlerischer Sublimierung bedarf. Es finden sich wieder andere, die Hochleistungskameras unendlich viele Fotos im Millisekundentakt schießen lassen, um sich die gesammelten „Sauereien" dann zu Hause in Ruhe und einsam gründlich vorzunehmen. Ja, und dann gibt es natürlich auch noch die Leute, zu denen ich mich zähle. Die gucken sich alles ausgiebig an und staunen über die durchaus anregende Phantasie der Darstellungen; sie versuchen, sich selbst in die lüsternen Szenen hinein zu projizieren, nicht ohne Bedauern darüber, das Eine oder Andere wohl nie selbst erleben zu dürfen. Letztlich jedoch verhielt ich mich genauso verdruckst wie alle: die eigene Partnerin musste ja nicht unbedingt mitkriegen, was einem da so alles durch den Kopf ging. So verließ ich das Weltkulturerbe wie jemand, der, selbst von Tageshelligkeit geblendet, vollkommen schutzlos ein Pornokino verlässt, und draußen freundlich von seinem zufällig vorbeikommenden Vorgesetzten begrüßt wird.

Wüstentravestie

In dem nordindischen Bundesstaat Rajasthan sind Dromedare zwar als Arbeitstiere verbreitet, aber sie tragen nichts und werden auch nicht geritten, vielmehr ziehen sie große zweirädrige Karren. Man könnte meinen, dass ihnen das ziemlich peinlich ist, denn sie tun allesamt so, als hätten sie mit den Karren hinter ihnen nichts zu schaffen. Umso erstaunter stellten wir fest, dass man in Jaisalmer (ein Wüstenjuwel, das kein Indienreisender verpassen sollte) auf Dromedaren in die Thar-Wüste reiten kann. Das wollten wir uns nicht entgehen lassen. Schon auf dem Weg boten uns Dutzende ihre Dromedare an. Die Preise purzelten mit jedem Meter, der uns der Kamelausreitstelle näher brachte. Von 200 Rupien sanken sie zuletzt bis auf sieben ab. Die offizielle staatlich kontrollierte Stelle verlangte 70 Rupien. Ich legte mit pfiffigem Gesichtsausdruck den Zeigefinger an die Nase und dozierte: „Pass auf, Schatz, wir werden weder was Teures nehmen noch werden wir diese offizielle Mafia unterstützen, die garantiert die Kamelbesitzer gnadenlos ausbeutet. Wir werden einem der armen Kerle einen ordentlichen Verdienst gönnen." So klingen Worte eines Wohltäters. Nach halbherzigem Gefeilsche einigten wir uns auf 50 Rupien pro Kamel und es konnte losgehen. Mein Dromedar wendete den Kopf und warf mir unter buschigen Wimpern einen mürrischen Blick zu. Die Wanderung war angenehm, das Tier lief nicht, es befleißigte sich einer würdevollen Gangart und ich fand, dass der Passgang wesentlich behaglicher war als das Gehopse auf einem Pferderücken oder gar das grauenerregende Geschaukel auf einem Elefanten. Der Kameleigner (jawohl: Eigner, denn ich sitze auf einem Wüstenschiff) wanderte vergnügt nebenher und trällerte ein etwas schräg klingendes Lied. So musste es John Wayne ergangen sein, wenn er auf seinem Kamel in die Abendsonne ritt. Das war schon ein paar Becquerel wert, denn wir waren vermutlich nicht allzu weit von der Stelle weg, an der die Inder ihre Atombombentests ausgeführt hatten – so sonderlich groß ist die Thar-Wüste ja gar nicht. Nach einer guten Stunde traten wir den Rückweg an, und nach zehn Minuten blieben unsere Dromedare stehen. Der Eigner zerrte an den Halftern – nichts zu machen, die

Biester waren wie in Blei gegossen. „Was haben sie denn?", wollte ich wissen. Vorgetäuschte Verlegenheit und Schulterzucken waren die Antworten. Dann rieb er Daumen und Zeigefinger aneinander, eine wahrhaft internationale Geste. „Geld? Wollen die Viecher etwa Geld?" Er nickte treuherzig auf indische Weise, indem er den Kopf kurz von einer Schulter zur anderen neigte. „Ich habe doch schon bezahlt!" Es half nichts, ich öffnete meine Börse, überreichte einen Geldschein und sofort setzte sich unsere Karawane wieder in Bewegung. Das Ganze wiederholte sich noch dreimal, sodass ich dem Gauner am Ende über 200 Rupien zahlte.

Hoch oben in Jaisalmer bewohnten wir eine großartige Herberge in einer ehemaligen Karawanserei, sie war geschmackvoll eingerichtet und erlaubte einen erhabenen Blick über die Stadt mit ihren Havelis – überreich geschmückten Prachthäusern der vormals wohlhabenden Karawanenhändler – und die Wüste. Abends wurde ein Dinner mit Unterhaltung angeboten. Die Unterhaltung bestand in einer Folklore-Tanzveranstaltung mit Musikern und war sehr indisch: es wurde Sitar gezupft und Tabla geschlagen. Der Tänzer sah aus wie Omar Sharif im Unterrock und die beiden verschleierten Tänzerinnen rangen so anmutig die Hände, dass es uns die Sinne raubte. Zum furiosen Finale flatterten die beiden Schönheiten in das Auditorium und eine von ihnen eilte zu unserem Tisch. Wegducken half nicht, mit rüdem Bass forderte die Fee mich zum Tanz auf, ein harter Griff riss mich am Handgelenk vom Stuhl, und – schwupps! – schwebten wir über die Dielen. Kein Zweifel, diese Augenweiden waren Kerle.

Später lernten wir, dass es sich bei den Tänzerinnen um Hijras handelte, das „Dritte Geschlecht". Diese Menschen sind in Indien seit alters her eine anerkannte und gefürchtete Volksgruppe. Gefürchtet, weil ihre Verwünschungen – sollte man sie erzürnt haben – ernst genommen werden. Sie leben gemeinsam wie in Familien mit einem Oberhaupt, das als Lehrer betrachtet wird. Sie sind keine Transsexuellen im Wortsinn, auch nicht unbedingt schwul und nicht lesbisch, sondern – obwohl weitestgehend von der Prostitution lebend – auf seltsame Weise geschlechtslos. Sie sind Hermaphroditen oder auch ursprünglich männliche Wesen, die – angeblich meist freiwillig – kastriert wurden und denen der Penis abgetrennt wurde. Es heißt, dass zwei Drittel aller indischen Freier zu den Hijras gehen, die außerdem von Tanz und Bettelei leben.

Unser Flug nach Udaipur ging recht spät los, denn die Binnenfluggesellschaft funktioniert nach dem Omnibusprinzip. Immer von Delhi ausgehend, fliegt sie in alle Richtungen des Subkontinents mit vielen Zwischenlandungen in kurzen Abständen, bei denen aus- und zugestiegen wird. Am Ende geht es auf derselben Route zurück. Das ist billig, effektiv und praktisch, aber es dauert. Diesmal war ich mit echten Reservierungen von Mackinnon, Mackenzie & Compagnie für das Lake Palace ausgestattet. Den Palast sollte Ulrike unbedingt erleben. Nach dem Start in Jodpur, der zweiten Zwischenlandung, machte der Pilot eine Durchsage in unverständlichem Englisch (die indische Variante dieses Idioms hat ihre Tücken, so bedeutet etwa „Romm Sorbess" Room-Service), kehrte um und landete wieder in Jodpur. Irgendwas war kaputt, so viel war klar. Wir würden die Nacht hier statt im Lake Palace verbringen müssen. Nun ist es eigentlich keine Strafe, in Jodpur zu weilen, es sei denn, Indian Air kümmert sich um die Gestrandeten. Wir wurden in einen abgewetzten qualmenden Bus verfrachtet und nach endloser Fahrt an irgendeiner erbärmlichen Absteige in der Pampa ausgesetzt. Das Zimmer war ein fensterloses Loch, Küche und Bar waren geschlossen und weit und breit gab es weder Restaurant noch Kneipe. Die Inder fügten sich stoisch und packten ihre Lunchpakete aus, Ulrike und ich randalierten (wobei ich mich eher hinter ihr hielt), woraufhin der unglückliche Nachtportier auf einen Getränkeautomaten wies und anbot, uns noch ein Omelett zu bereiten. Maulend zogen wir uns mit zwei Limonadenbüchsen in unser Loch zurück. Bald servierte der Portier unser Mahl und wir wunderten uns: das Omelett roch nach Fisch, schmeckte nach Fisch und hatte sogar Gräten. Ich dachte seufzend daran, dass ich den enormen Übernachtungspreis des Lake Palace im Voraus und in bar bezahlt hatte.

Ostafrika – Dreimal summen bedeutet Nashorn

In Nairobi mietete ich nach sorgfältiger Wahl zwischen Fahrzeugtypen und Verleihfirmen einen Geländewagen, der offensichtlich schon bessere Tage gesehen hatte, obwohl mir bei Vertragsabschluss ein neuwertiger Wagen versprochen wurde. Die Reifen waren nicht die besten und obwohl ich ermahnt wurde, ihn nur ja aufgetankt zurückzubringen, war der Tank fast leer. Und ausgerechnet dieser Gauner hatte mich vor den vielen anderen Autoverleihgaunern gewarnt. Die Karre sollte uns noch eine Menge Kummer bereiten.

Nairobi ist eine jener recht zahlreichen Hauptstädte, die wirklich abscheulich sind, dabei gehört diese Stadt zu den bedeutendsten in Ostafrika. Nahebei und drum herum allerdings gibt es einige Kleinode, die wirklich einen Besuch verdienen. Die ehemalige Kaffeefarm von Karen Blixen gehört dazu, deren Park den Betrachter in die britische Kolonialwelt des vorletzten Jahrhunderts versetzt. Auch die eigenartige Giraffenstation, in der diese eleganten Tiere das von den Besuchern angebotene Futter mit langen schleimigen Zungen von der Hand schlecken. Vor allem aber der Naivasha-See. Dort kann man ungefährdet auf einer Halbinsel zwischen allen denkbaren afrikanischen Wildtieren umher wandern, denn es fehlt an jeglichen dem Menschen gefährlichen Tieren, von einer Büffelherde mal abgesehen, die man besser nicht reizen sollte. Zur Halbinsel gehört eine Lodge mit vernachlässigten Unterkünften, allerdings werden dort wunderbare Buffets im Freien angerichtet.

Auch dieser Ort erinnerte wieder beklemmend an die Kolonialzeit. Auf der Hinfahrt kam ich fast von der Straße ab, weil Ulrike unvermittelt loskreischte und auf etwas zeigte. Ich fürchtete, ein Kind überfahren zu haben oder dergleichen, aber nein, sie hatte Zebras gesehen, irgendwo weit weg. Ich knirschte mit den Zähnen, denn sie würde noch Tausende von diesen Pyjamaträgern sehen, vorausgesetzt freilich, sie gewöhnte sich diesen Lärm ab.

Wir machten es uns in einem der kleinen Lodge-Bungalows gemütlich und genossen unsere unmittelbare Umgebung: Rotzfreche Affen tobten auf Bäumen, Dächern und unserer Terrasse herum.

Wehe dem, der im Freien ein Bier zu trinken versuchte, denn blitzschnell wurde das Getränk geklaut und mit hastigen Schlucken verzehrt, das hinterließ ein ziemlich perplexes Gefühl. Pferde rupften direkt vor dem Schlafzimmerfenster. Reiher mit einem Kopfputz wie brasilianische Sambatänzerinnen staksten schön und doof herum, es gab Papageienvögel und Puschelhühnchen und von den Bäumen blickten griesgrämig Marabus auf all das herab. Der Gipfel aber war ein Straußenpaar mit großen Augen und langen Wimpern. Die beiden schienen beim Laufen umständlich die Federröcke über ihre dicken nackten Schenkel zu raffen, waren sehr neugierig und ließen uns nicht aus den Augen. Der Straußenmann war ein recht seltsamer Bursche, denn wann immer er Ulrike erblickte, warf er sich zu Boden, breitete die Stummelflügel wie einen Schild vor sich und schlug den Kopf krachend mal rechts und mal links über die Schulter. Das erschien mir mehr als befremdlich und ich hielt dieses würdelose Verhalten für eine Art Balzgebaren, erinnerte es mich doch an gewisse eigene schwache Momente. Ein Kellner allerdings belehrte uns, dass der Vogel sich lediglich freue. Ich glaubte ihm kein Wort, doch Ulrike rührte und entzückte das dermaßen, dass sie fortan die meiste Zeit mit dem durchgeknallten Straußenmann verbrachte. Für mich war der Kerl glasklar pervers.

Wir beschlossen, zu einer Stelle namens Arche („The Ark") zu fahren. Die stundenlange Fahrt führte durch das Aberdare-Gebirge, vorbei am wolkenverhangenen Mount Kenya. An einer Tankstelle bekamen wir einen ersten Vorgeschmack auf den Einfallsreichtum einiger Ostafrikaner, wenn es darum geht, sich gegenseitig und Fremde übers Ohr zu hauen. Es begann mit dem Tankuhrentrick. Die Uhr stand schon auf umgerechnet 20 Euro, bevor das Einfüllen losging. An der nächsten Tankstelle stand die Uhr auf null, aber nach dem Befüllen wurde sie blitzschnell abgeschaltet und man verlangte 80 Euro von mir (offenbar die afrikanische Antwort auf einen beliebten Taxifahrertrick). Ich protestierte mit dem Argument, dass bei diesem Betrag der Tank größer sein müsste als das Auto. Das leuchtete ein und mit großem Gelächter und viel Schulterklopfen wurde mir der korrekte Betrag berechnet. Eine verbreitete Sitte bestand darin, beim Tankstopp heimlich ein wenig Altöl auf eines der heißen

Räder zu gießen. Das qualmte und stank bestürzend, und die angebliche Reparatur konnte leicht ein paar hundert Euro kosten. Vor diesen Kniffen wurde schon längst in jedem Reiseführer gewarnt, aber wie oft war ich betrogen worden, ohne es gemerkt zu haben?

Die Leute nahmen das alles sehr sportlich, und deckte man aufmerksam die Sache auf, wurde das mit fröhlicher Anerkennung quittiert. Das klingt ganz sympathisch, aber ich habe meine Bedenken: Das Fehlen von Unrechtsbewusstsein und jeglicher Konsequenzen lässt die Hemmschwelle zur Gewaltanwendung rapide sinken. Überfälle mit teils schrecklichen Folgen waren im einst sichersten Land Ostafrikas in bestimmten Stadtvierteln und Landstrichen schon immer an der Tagesordnung. Über die Jahre aber haben sie eine solche Verbreitung erfahren, dass immer größere Landesteile inzwischen nicht mehr ohne bewaffnete Begleitung oder große Gefahr zu bereisen sind. Selbst den Tsavo-Ost-Nationalpark mussten wir diesmal in Begleitung eines Bewaffneten durchqueren und ich bin mir keinesfalls sicher, wie der sich bei einem Überfall verhalten hätte. Der stets wohlfeile Hinweis auf Kolonialismus, zunehmende Ausbeutung und Tourismus als Verursachern reicht mir nicht aus. Das zu Recht schlechte Gewissen der Europäer, das häufig in eine groteske „Weg-mit-uns"-Mentalität mündet, löst nicht ein einziges Problem. Es stimmt: Die bisher gängige Entwicklungshilfe erschöpft sich noch immer weitgehend in versickernde Geldtransfers, für die heimische Wirtschaft tödlichen Bekleidungs- und Nahrungsmittellieferungen und in die eigene Export- und Geldwirtschaft fördernden Knebelverträgen. Sie ist nutzlos oder gar schädlich. Zum Standardrepertoire aufgeklärter Westeuropäer gehört es inzwischen, diese Binsenweisheit wie eine Schnapsfahne vor sich her zu tragen.

Aber zum einen findet die zunehmende Gewaltbereitschaft nicht einmal überwiegend gegen Touristen und Ex-Kolonialisten statt, sondern sie trifft in viel schlimmerer Weise die einheimische Bevölkerung. Zum anderen wird das für eine funktionierende Zivilgesellschaft unverzichtbare Gewaltmonopol des Staates durch reine Willkür der herrschenden Despoten ersetzt. Ein System hemmungsloser Korruption macht das Volk ärmer und ärmer. Eine unabhängige Gerichtsbarkeit ist inzwischen zum Fremdwort verkommen,

Rechtssicherheit verschwunden. Wie sollen da Hemmschwellen, die in gesellschaftlicher Übereinkunft wurzeln, standhalten? Dass afrikanische Kleptokratien vom Westen, von Russland, von China aus Gier nach Bodenschätzen und billigen Arbeitskräften hofiert werden, ist skandalös, aber nicht allein ursächlich. War das denn in Asien anders? Und warum hat sich da, wo den Despoten internationale Unterstützung entzogen wurde wie in Simbabwe, nichts geändert?

Interessant und untersuchenswert erscheint mir in diesem Zusammenhang die frappierende Immunität gegen diese Entwicklung bei Völkern wie den Samburu, den Massai oder Rendille: Diese haben sich den Regeln und Werten importierter „zivilisierter" Kodizes schlicht verweigert. Es sind Nomaden- und Kriegervölker, die sich nicht einmal von den Engländern domestizieren ließen. Fürchten Sie nie um Ihre Barschaft oder Ihr Leben, wenn Sie mit diesen Menschen zu tun haben! Es kann nicht Aufgabe dieses Reiseberichtes sein, letzte Ursachen für die traurige Entwicklung des größten Teils dieses Kontinents zu ergründen. Mein Misstrauen gegenüber ausschließlich selbstanklägerischen Begründungen Angehöriger der ehemaligen und gegenwärtigen Kolonialmächte möchte ich dennoch nicht verbergen. Ausgenommen sei hier China, dessen zur Zeit unserer Reise noch schamloseres Vorgehen in Afrika und anderswo unzeitgemäß und von keinerlei Skrupeln angekränkelt erschien.

Die Arche ist eine eigenartige Lodge mit eigenartigen Regeln. Niemand darf länger als eine Nacht dort verweilen, niemand darf seine Stimme dort erheben, Flüstern ist Pflicht und Kinder sind überhaupt erst ab einer festgelegten Altersgrenze zugelassen. Besucher erreichen die Einrichtung über einen langen hölzernen Steg und erhalten eine Blockhütten- Schlafstelle mit Etagenbetten zugewiesen. Grund für all diese Einschränkungen ist eine uralte Salzleckstelle. Salz ist überlebenswichtig und für die Wildtiere hier jedenfalls rar, und alle miteinander sind auf Gedeih und Verderb auf Salz angewiesen. Das hat unglaublicherweise zu einer Art stiller Übereinkunft unter den Tieren geführt: An der Leckstelle wird nicht gejagt und niemand frisst den anderen auf, auch Auflauern, Erschrecken und andere Gemeinheiten sind verboten. Nun fällt es einer Löwin oder Hyäne natürlich furchtbar schwer, nicht reinzubeißen, wenn direkt vor ihrer Nase ein Gnu, eine Impala-Antilope oder ein Dikdik Salz leckt. Um derartige seelische Grausamkeiten zu vermeiden, hat man sich also darauf verständigt, nach Gattungen getrennt zur Leckstelle zu schreiten. Schreiten ist richtig, denn alles vollzieht sich mit zeitlupenhafter Langsamkeit und unwirklich geräuschlos. Erst kommen die Büffel, lecken Salz und kacken dicke Haufen auf selbiges. Dann kommen die Elefanten, lecken um die Haufen herum und hinterlassen noch viel dickere Haufen für die Zebras. Danach die Giraffen, die Löwen, die Hyänen, die Rhinos und immer so weiter. Zum Schluss stehen die armen Dikdiks, eine wirklich sehr kleine Zwergantilopenart, kreuzunglücklich zwischen all den Haufen herum. Die Leckstelle ist nachts mit hellen Scheinwerfern erleuchtet, was die Tiere nicht im Mindesten stört.

Für all das gibt es natürlich keinen gedruckten Fahrplan, und deshalb ist in jedem Schlafgemach und im Speiseraum ein diskreter Summer installiert. Einmal Summen heißt Elefant, zweimal Löwe, dreimal Rhino usw., dann stürzen die Leute mit Kameras vom Essen weg oder aus dem Bett in Unterhosen in einen Beobachtungsbunker und lassen ihre Geräte surren, klackern und klicken – wortlos oder leise flüsternd, versteht sich. War unerwartet ein Film abgeknipst, was ein unüberhörbar pfeifendes Rückspulgeräusch auslöste, wurde der errötende Kamerabesitzer giftig angestarrt. Verschiedene Zufälle gestatteten uns, ausnahmsweise zwei Nächte in der Arche zu bleiben. In der Tageszeit zwischen Abreise und Neuankunft der Besucher, in der wir als einzige Fremde erfreulich unbeachtet blieben, staunten wir nicht schlecht: Es war gründlich Schluss mit der Leisetreterei, die Angestellten fuchtelten schreiend mit Feudeln und kreischenden Staubsaugern umher, bewegten krachend blecherne Mülleimer und drehten erleichtert ihre quadrolautsprecherischen Ghettoblaster auf Anschlag. Der Lärm war infernalisch, während draußen der geräuschlose Wechsel der salzleckenden Gattungen weiterging. Den Tieren war all das vollkommen egal. Die seltsame Arche stellt längst keine unmittelbare Gefahr mehr für sie dar (wenn sie sich da mal nicht täuschen!). Uns wurde klar, dass die Flüsternummer nichts anderes bedient als die Sehnsucht der hochmögenden Klientel, mal so richtig der Geheimnisse Afrikas teilhaftig geworden zu sein. Kaum waren sie weg, wurde aufgeräumt. Ganz anders die Samburu-Lodge. Ich kannte und liebte sie, weil ich vor Jahren in der Nähe eine Schlechtwetternotlandung erlebt hatte. Ich war auf dem Weg zum im Dschungel gelegenen Kitich-Camp als Passagier einer Boskovic-Cessna. Das Kitich-Camp befindet sich in einem Talkessel, der einem Vulkankrater mit nur einer seitlichen Öffnung gleicht. Der Pilot brauste hinein und sofort raubten uns Sturzregen und Wolken jegliche Sicht. Er flog auf der Stelle eine enge Kurve, und Gott weiß, wie er es schaffte, ohne Sicht die wieder hinausführende Öffnung zu finden, in der Luft geht alles furchtbar schnell. Er bat mich, eine Reliefkarte zu Rate zu ziehen, weil er in der Nähe einen Airstrip vermutete – das ist nichts anderes als ein kurzes gerades Stück Land ohne Hindernisse, auf dem ein kleines Flugzeug starten und landen kann. Den entdeckte ich schließlich, der Pilot kurvte ein paarmal drum herum, um die Windrichtung zu bestimmen und landete rüttelnd auf der Buschpiste. Ich fand alles ziemlich aufregend. Über Bordfunk auf dem Umweg über Nairobi rief der Pilot Hilfe herbei. Das sollte man sich nicht einfach vorstellen, denn im Rift Valley werden meist Funkstationen mit Autobatterien betrieben und deshalb nur ein oder zwei Stunden täglich eingeschaltet. Schließlich holte uns nach Stunden ein großer Geländewagen ab und brachte uns in die Samburu-Lodge. Es war eine mehrstündige Querfeldeinfahrt mit steilen Uferböschungen und Flussdurchquerungen, die uns zum Aussteigen in brenzligen Raubtierrevieren zwangen. In all der Aufregung war uns das Ankunftsdatum außer Sicht geraten, wir hatten den 31. Dezember, Silvester also. Ziemlich verdreckt und nicht ganz geruchsfrei (unsere mitfliegenden Kinder hatten ordentlich die Kabine vollgekotzt) fanden wir uns mit unserer zweckmäßigen, aber unprätentiösen Kleidung von Lodgegästen umgeben, die sich in Schale geworfen hatten: Die einen staksten im Smoking einher, die anderen hatten sich in „Out-of-Africa"-Kluft gewandet und versuchten, wie Klaus Maria Brandauer drein zu schauen. Alle hielten Champagnergläser in den Händen und wir fühlten uns ein wenig fehl am Platz. Die Samburu-Lodge liegt an einem kleinen beängstigend krokodilverseuchten Fluss, wird von Pavianhorden beherrscht, die den Gang zur Schlafhütte nur nach Steinwürfen freigeben, und frühmorgens ziehen große Elefantenherden durch. Zur Feier des Jahreswechsels gab es ein großes Barbecue mit mächtigen Fleischbrocken von allem denkbaren Tierfleisch. Unmittelbar neben dem Grill lag ein riesiges graugrün bemaltes Holzkrokodil von etwa zweieinhalb Metern Länge, was ich sehr passend fand. Es wurde herumgeknallt, der Jahreswechsel begrüßt, Vorsätze wurden gefasst, Beziehungskrisen vertieft und getanzt wurde natürlich auch. Am folgenden Morgen war alles ordentlich aufgeräumt und auch das Krokodil war weg, was ich angesichts des von mir vermuteten Gewichts bemerkenswert fand. Ich fragte einen der Bediensteten nach dessen Verbleib. Er gab mir vielbeschäftigt eine flüchtige Antwort über die Schulter. Ach ja, das Krokodil, das komme schon seit Jahren immer beim Barbecue und verschwinde dann wieder, wenn es die Reste aufgefressen habe. Meine Güte, ich hatte sogar Antilopenfleisch kauend einen Fuß auf das Biest gesetzt!

Jetzt waren wir also wieder da und verjagten abermals die Paviane mit Steinwürfen; oft reicht es, sich zu bücken und so zu tun, als ob man einen Stein aufhebt. Ein vielleicht siebzehnjähriger Samburu-Krieger begleitete uns auf einen Ausflug mit unserem Auto in die nähere Umgebung, und als wir uns einer Gruppe dösender Löwinnen näherten, passierte es: Der Wagen fuhr sich in einer Sandkuhle fest. Ich schaltete den Allradantrieb zu und der Motor heulte im Leerlauf. Das Getriebe war in Zwischenstellung gerutscht, der Hebel saß fest und das Auto war antriebslos. Was jetzt? Wir hatten kein Wasser mehr und es wurde heißer und heißer. Wir warteten. Die Löwinnen warteten auch und hatten die besseren Nerven. Nach zwei Stunden war es unser Samburu leid. Er stieg aus und rannte im Laufschritt – nur mit Speer und Keule bewaffnet – zur Lodge zurück. Die Löwinnen würdigten ihn keines Blickes. Puh, der Mann hatte Mut. Ein Geländewagen schleppte uns zurück und am übernächsten Tag erschien der von mir telefonisch beschimpfte Autoverleiher mit einem Mechaniker. Er lieh sich erst mal Benzin- und Verpflegungsgeld von mir, das ich ihm zähneknirschend bewilligte, denn er hatte uns in der Hand. Tatsächlich schafften sie es, das Auto wieder fahrbereit zu machen, allerdings nur im Zweiradantrieb, was uns später in der Massai Mara in eine verteufelte Situation bringen sollte.

Man hatte uns gesagt, die Strecke sei schlecht, und wenn Kenianer so etwas sagen, dann hat man es mit einer steilen Herausforderung zu tun. Es fing ziemlich harmlos an, aber ab Ntulele ging's los. Pisten sind unasphaltierte Straßen, die mal besser und mal schlechter und mal auch miserabel sein können, besonders, wenn es geregnet hat. Das Schlimmste aber sind zerschlissene ehemals asphaltierte Straßen; die sind einfach unpassierbar. Die einstmals erstklassigen Fernstraßen sind inzwischen derart vernachlässigt, dass jede Verkehrsinfrastruktur des Landes nahezu zusammengebrochen ist. Es bleibt nur, nebenher irgendeine Spur zu finden, die von den Lastwagen in das Gelände gewalzt wurde. Doch nun begann es zu regnen und die verbliebenen Fahrspuren lösten sich in Morast auf. Die Lastwagen fuhren also tiefe Furchen in den Schlamm und es galt, auf den Kämmen dieser Furchen zu bleiben, sonst würde das Auto auf ewig feststecken. Das war ziemlich aufregend und wir rutschten verzweifelt konzentriert über die Furchenkämme. Unser Ziel war das Mara Sarova Camp, aber nun war es schon 17:30 Uhr, gleich sollte es schlagartig dunkel werden – und dann sollte man in Kenia nicht mehr unterwegs sein. Als nächstes folgte eine Pfütze, die sich zum See erweitert hatte, Weiterfahrt war sinnlos. Wir hatten vor einer Viertelstunde einen Hinweis auf eine „Siana Lodge" gesehen. Ich wendete den Wagen, denn wir wollten verdammt nochmal keinesfalls die Nacht in diesem Nationalpark ohne Wasser- und Nahrungsvorrat im Auto verbringen. Etliche Male hatten wir schon festgesteckt und uns mit schnellem Hin- und Herschalten zwischen Vorwärts- und Rückwärtsgang wieder herausgeschaukelt. Oh Gott, hätten wir doch bloß Allradantrieb gehabt! Dann sah Ulrike Lichter in der Ferne, das musste die Siana-Lodge sein, vielleicht zwei Kilometer entfernt. Bloß nicht anhalten, in Schwung bleiben, Vollgas! Schließlich standen wir vor einem Gewässer, das quer über die Piste floss, höchstens einen knappen Meter breit, das Tageslicht war weg. Die Lodge war nur noch 500 Meter weit weg, aber zu Fuß unerreichbar, falls wir uns nicht in Lebensgefahr begeben wollten. Abenteuer zu erleben, kann im Nachhinein eine schöne Erfahrung sein, ist aber im Augenblick des Geschehens absolut nichts Wünschenswertes. Wir beschlossen, die Sache zu Ende zu bringen und den Graben zu überspringen, falls unsere Scheißkarre das noch mitmachen würde. Ich fuhr den getriebelahmen Wagen 50 Meter zurück und ach, jetzt könnten ein paar Mantras nicht schaden. Vollgas, der Wagen sprang tatsächlich über den Graben, ich stieß hart mit dem Kopf an den Rahmen, der Beifahrersitz brach unter Ulrike zusammen und – wir waren in der Siana-Lodge! Zwei Helfer rissen uns das Gepäck aus der Hand und brachten es in unser Zelt, wir blieben gleich in der Bar am Eingang und leisteten uns den ersten Gin Tonic; was für eine Fahrt! Ein Feuer wurde entzündet, wir nahmen den zweiten Drink, während die Küche zum Leben erwachte. Kleine dicke Felltiere – von den Einheimischen „Baumelefanten" genannt – stritten sich in den Bäumen und purzelten wie Clowns aus den Ästen herunter und wir waren glücklich. Zum Essen erlaubten wir uns einen anständigen Weißwein, es wurde spät und um 13 Uhr des Folgetages weckte uns brütende Hitze in unserem Zelt.

Sansibar – Seeräuber-Jenny

Sansibar sollte auf unserer Tour nicht fehlen, aber erst einmal galt es, hinzukommen. Das Wetter war schlecht und hielt uns in Daressalam fest. Das gab uns Gelegenheit, ein paar Produkte des genialen Improvisationstalents der Ostafrikaner als Andenken zu kaufen. Es handelte sich um Kinderspielzeug, das aus verfremdeten Wegwerfprodukten gefertigt worden war: Aus Getränkedosen wurden mit Hilfe einer Blechschere Lastwagen und andere Autos. Aus mit Stoffresten umwickeltem Draht entstand ein Radfahrer, der – wenn man ihn am langen Drahtgriff über den Boden schob – eilig in die Pedale trat. Aus ein paar bemalten Hölzchen, Bindfäden und einem in Stanniol gewickelten Stein als Pendel war ein pickender Vogel kreiert worden. Die Fülle der Ideen war nahezu unerschöpflich und das galt beileibe nicht nur für Spielzeug. Afrika schien die effizienteste Recyclingwirtschaft der Welt zu besitzen.

Irgendwann hieß es, dass nun ein Flugzeug nach Sansibar starten würde. Am Flughafen herrschten Regen und Nebel. Dennoch wurden wir abgefertigt, was uns zugleich beunruhigte und erfreute. Wir waren die einzigen Fluggäste. Zudem wurden wir auch noch zu einer winzigen einmotorigen Propellermaschine geführt, die meiner Einschätzung nach als Kleinod eines Luftfahrtmuseums getaugt hätte. Es gab insgesamt acht Sitze und wir schnallten uns direkt hinter den Piloten an. Während die Maschine stark vibrierend und dröhnend auf das Rollfeld fuhr, stand der zweite Pilot auf, wandte sich zu uns und begann blicklos das, was gemeinhin als Stewardessenballett bezeichnet wird: Zu einer durch den Motorlärm kaum hörbaren Tonbanddurchsage gestikulierte er mit Schwimmweste und Gurtschnalle und wies mit operettenhaftem Gestus auf den Notausstieg, der der einzige Ausgang überhaupt war. Uns wurde klar, dass diese Gesellschaft Mitglied der IATA war und somit auch die üblichen internationalen Auflagen einzuhalten hatte, daher auch der zweite Pilot. Nach dem Start erhob sich der Co-Pilot erneut und reichte uns auf einem kleinen Tablett Kekse, der Service stimmte schon mal. Der Floh flog nicht hoch und kam gar nicht erst aus den Wolken heraus – mit sichtlosen Flügen hatte ich so meine Erfahrungen – und hopste lustig durch die Turbulenzen. Ich überschlug die Kosten dieses Fluges mit zwei Piloten und zwei Fluggästen einschließlich Keksverbrauch und kam zu dem Schluss, dass die Gesellschaft dabei ordentlich draufzahlte, auch wenn der Flug recht kurz war. Die Maschine senkte die Nase, wir gerieten schüttelnd und schwankend unter die Wolkendecke und durch das regennasse Fenster war verschwommen eine Landebahn zu erkennen. Es regnete in Strömen und ich bewunderte den Piloten, weil er überhaupt den Mut hatte, zu starten, das Geschick, hierher zu finden und dann auch noch so wunderbar zu landen.

Das Flughafengebäude war eine kleine hölzerne Baracke, in der sich nebeneinander ein paar schäbige Schalter mit darüber genagelten Schildern befanden. Auf dem ersten stand „Health Control", auf dem zweiten „Immigration", auf dem dritten „Visas" (ich bemerkte das pleonastische Plural-S) und auf dem letzten „Customs". Eine recht beleibte Frau um die Dreißig in Uniformjacke und Schirmmütze stand hinter „Health Control", blickte uns gleichgültig an, verlangte unsere Impfpässe und gab uns ein Formular, das wir ausfüllen sollten. Wir versicherten darin, dass wir weder Aids noch offene Tuberkulose hatten und auch keine Syphilis. Und auch, dass wir nicht gaga seien („Psychical Disease"). Ich überlegte, was wohl die Unterschrift von jemandem wert sein mochte, der sich selbst als durchgeknallt bezeichnet. Währenddessen nahm die Frau hinter dem zweiten Schalter Platz, setzte eine andere Mütze auf und überreichte Einreiseformulare. Wir füllten wieder aus und übergaben die Pässe. Mit scharfem Blick überprüfte die Beamtin Ulrikes Passfoto mit meinem Gesicht und mein Gesicht mit Ulrikes Passfoto, und ich hörte Ulrikes Kiefer malmen. Wir wurden nach unseren Tansania-Visa gefragt und ich protestierte. Schließlich kamen wir aus Daressalam, dies hier war ein Inlandsflug und man hatte uns ohne Visa nach Tansania einreisen lassen. Falsch, belehrte sie uns, das gelte nur für die Hauptstadt, keinesfalls aber für Sansibar, sprang unter den „Visas"-Schalter und überreichte nach erneutem Mützenwechsel Antragsformulare. Diese wurden – peng, peng, peng – gestempelt, machte 60 Dollar, offenbar zwanzig für jedes Peng. Hinter dem vierten Schalter fragte sie treuherzig, ob wir etwas zu verzollen hätten. Nachdem wir verneint hatten, breitete sie die Arme aus und dröhnte mit dem warmherzigsten und breitesten Lächeln Afrikas: „Willkommen auf Sansibar, der schönsten Insel der Welt!" Ich blickte in den pladdernden Regen hinaus. Jetzt übertreibt sie aber wirklich, dachte ich.

Draußen gab es eine mit „Tourist" beschriftete Bude, die den Direktor des Verkehrsamtes von Sansibar beherbergte, der gleichzeitig Taxifahrer war. Eine gelungene Kombination, fanden wir. Ich fragte ihn, ob es hier immer so regnet. Er strahlte (jeder strahlt auf Sansibar) und versicherte, das gehe schon seit drei Wochen so. Er legte uns etwa fünfzig hochglänzende Hotelprospekte vor, alle diese Hotels waren sonnenbeschienen. Ich zeigte auf das mit der meisten Sonne: „Das da." Er nickte. „Das kostet 300 Dollar pro Nacht." 300 Dollar pro Nacht waren uns zu viel. Macht nichts, strahlte er, es sei sowieso geschlossen, „low season", erklärte er. Ungefähr 70 Prozent aller Hotels waren geschlossen. Uns wurde klar: Hotels geschlossen = Tiefsaison, Tiefsaison = Regen. Wir landeten im „Timbo" mitten in der Stadt, einem dieser Sansibarpaläste mit Terrasse zum Hafen und antik ausgestattet. Unsere Betten waren originale Sansibarmöbel aus dem vorletzten Jahrhundert mit moskitonetzbespanntem schwarzhölzernen Himmel und so hochbeinig, dass man eigentlich auf einen Stuhl steigen musste, um hinein zu klettern; hinaus führte nur ein Sprung in die Tiefe. An der Innenseite der Zimmertür war ein Anschlag befestigt mit der Botschaft, dass Alkoholkonsum in diesem Hotel und auch auf den Zimmern streng verboten sei, und – wir staunten – die Einhaltung dieser Vorschrift überwacht würde. Oho! Als erstes wurde Aufklärung nötig, wir mussten hier raus und uns im alkoholfeindlichen Inselumfeld umsehen, um Schwachstellen zu finden. Inzwischen hatte der Sturzregen eine Atempause eingelegt, die Straßen dampften. Die Stadt Sansibar ist noch viel malerischer, als wir ohnehin erwartet hatten. Die Häuser und deren Türen sind zu Recht weltberühmt für ihre Schnitzereien, es gibt spektakuläre Innenhöfe, Balustraden, Erker, Kolonnaden, Gauben und Treppen, Paläste, Moscheen, verlockende Basare, Sklavenmärkte und – na, bitte schön – die „Stanley and Livingstone Bar". Der Barbesitzer ist Norweger und verdrehte die Augen, weil ich mich mit „Mister Livingstone, I presume?" interessant zu machen versuchte. Den ranzigen Scherz machte hier wohl jeder, und jeder fand das außerordentlich geistreich.

Ein Gläschen trockenen, kühlen Weißweins veranlasste uns, den Alkohol-Notfall abzublasen, wir würden einfach das Hotel wechseln. Auf dem Heimweg bemerkten wir, dass fast direkt gegenüber dem „Timbo" aus einem ziemlich verfallenen Bau mit der Aufschrift „Snackbar" anziehender Lärm und große Rauchschwaden drangen. Eindeutig Musikbox und Zigarettenqualm, ein gutes Zeichen. Wir betraten eine Bar, wie ich sie nie wieder gesehen habe: eine Mischung aus Bertold Brechts Seeräuberhafenbar, „Rick's American Cafe" aus „Casablanca" und der Kneipe aus „Lohn der Angst". Der vermutlich heißeste Laden südlich des Äquators. Klein und brechend voll von Sansibaris, so abgerissen und verwegen aussehend wie ihre Piraten-Vorväter, ein paar wirklich wie Komparsen von „Lohn der Angst" wirkenden (den Film sollten Sie sich ansehen!) Ausländern und einheimischen Prostituierten, von denen sofort eine mit Ulrike anbändelte. Eine Welle von Glückshormonen überrollte uns und Ulrike fühlte sich wie die Seeräuber-Jenny.

Dennoch wechselten wir nach zwei Tagen das Hotel. Das „Reef" liegt in einer Bucht im nordöstlichen Inselteil und ist der Traum jeder Reisebroschüre: sauber natürlich, und eine atemraubend schöne schwarze Rezeptionistin sprach sogar Deutsch, was allein schon Grund genug ist, stolz auf diese Sprache zu sein. Es gab einen knüppelbewehrten Wächter des weißen Strandes und einen Pavillon, in dem eine Band zum abendlichen Tanz aufspielte. Palmenrauschen und Urwaldgeräusche lullten uns ein, die Luft roch tropisch und seltsam, es schien kaum Moskitos zu geben. Gut, die Küche ließ zu wünschen übrig und dem Personal könnte ein Motivationstraining nicht schaden. Eigentlich war es egal, welches Gericht wir bestellten, es wurde – falls überhaupt – sowieso was anderes aufgetischt. Die Kellner oder Kellnerinnen hatten stets einen Schreibblock dabei, in den sie jede Bestellung eintrugen. Sodann lasen sie alles nochmals vor, damit nur ja nichts schiefging. Dennoch bekamen wir fast nie das Richtige. Natürlich machten wir beim ersten Mal den Fehler, zu reklamieren – mit der Folge, eine Stunde länger warten zu müssen. Wir bekamen dann zwar was anderes, aber immer noch nicht das, was wir eigentlich bestellt hatten. So hatten wir uns angewöhnt, auf irgendetwas in der Karte zu tippen und dann das Überraschungsmenü zu vertilgen, das verlieh unseren Abendessen eine erheiternde Spannung. Das Personal gehörte zu den strahlendsten, freundlichsten und hilfsbereitesten Menschen, die man sich denken kann, aber es war begriffsstutzig wie Wasserbüffel und hatte biblische Zeitbegriffe. Wein bestellte man am besten eine Stunde vor dem Essen, sonst gab's ihn zum Nachtisch. Anfangs waren wir verblüfft, denn der Wein wurde zwar stets zeitig gebracht, aber auf einer Anrichte abgestellt. Zwar glaubten wir nicht, dass der Flascheninhalt irgendetwas mit dem von uns gewünschten Wein zu tun hatte, aber dass nun weiter so gar nichts geschah, machte stutzig. Nach einiger Zeit wurde ein Korkenzieher herbeigetragen und neben der Flasche abgelegt, und dabei blieb es erst mal. Schließlich – unsere Mahlzeit war verputzt – erschienen auf einem Tablett zwei Weingläser und es konnte losgehen. Der Kellner hatte einfach geduldig auf Korkenzieher und Gläser gewartet. Den Gipfel der Dusseligkeit erlebten wir an einem sehr windstillen, schwülen Abend. Sofort waren die Malariamücken wieder da und besonders stechlustig, und wir beschlossen, doch lieber das Innere des Restaurants aufzusuchen. Also erhoben wir uns von unserem überdachten Terrassenplatz. Da wir das Finger-auf-die-Karte-Bestellroulette bereits zelebriert hatten, fragte der Kellner besorgt nach dem Grund, den wir gerne erklärten. Er lachte kopfschüttelnd und versicherte uns, wir könnten ganz beruhigt auf der Terrasse sitzen bleiben und wies mit dem Zeigefinger nach oben: „Unter den Dingern halten sich die Mücken fern." Unsere Blicke folgten seinem Fingerzeig, der den großen Deckenventilatoren galt. Sie waren gar nicht eingeschaltet.

Fragen über Fragen

Mir scheint es jetzt an der Zeit für ein paar Betrachtungen, über die Ulrike und ich von Anfang an gestritten haben. Das beweist, dass wir eine harmonische Beziehung pflegen, denn nichts wirkt verbindender als grundlegende Meinungsverschiedenheiten.

Sind Fernreisen zur eigenen Erbauung per Flugzeug ökologisch vertretbar? Sind Reisen in Länder, die Demokratie und Menschenrechte mit Füßen treten, moralisch zu rechtfertigen? Ist ein Reiseboykott solcher Länder nicht politisch geboten? Solche Fragen mag jeder für sich selbst beantworten. Bevor jedoch jemand mir vorhält, dass ich unsere Reisen gedankenlos ausschließlich als Slapstick-Episoden aneinander reihe, möchte ich dann doch unsere (jawohl unsere, denn wir hatten uns doch fast geeinigt) eigenen Antworten geben.

Also, da ist zuerst die Ökologie. Kommt eben sehr darauf an, wie genau ich es mit ihr nehme. Wohnen und arbeiten räumlich möglichst nicht mehr zu trennen, ist zur Verkehrsvermeidung zweifellos sinnvoll. Dabei so weit zu gehen wie die Schwärmer des schweizerischen Bolo-Modells, erscheint mir hingegen als Unfug. Sie verdammen jegliche Reise, die nicht mit dem Fahrrad unternommen wird. Solche Maximalprinzipien missachten einen überlebenswichtigen Instinkt, der nicht nur uns Menschen innewohnt, sondern auch Tieren: die Neugier. Manche unternehmen ja löblicherweise Weltumrundungen mit dem Fahrrad, aber die haben weder mein Alter noch meinen Hintern und meinen Hund Vasco schon gar nicht. Ich hingegen lasse meiner Neugier auf meine Art freien Lauf und wähle meine Möglichkeiten, nämlich Fernreisen mit dem Flugzeug zu unternehmen und kürzere Reisen mit Auto, Bahn oder – wenn denn Hunde auch mitdürfen – per Schiff. Dass Flüge innerhalb Europas vielfach billiger als Bahnfahrten sind, ist der Skandal und nicht, dass ich ein Flugzeug nach Nairobi besteige. Natürlich hätten wir statt des kurzen Fluges von Daressalam nach Sansibar ein Schiff nehmen können, aber das hätte eine Woche Warten bedeutet. Und ehe ich auf innerindische Flüge verzichte, verkneife ich mir lieber den Kauf von Blumen oder Früchten, die mit dem Flugzeug um die halbe Welt transportiert wurden. Überdies weiß kaum jemand, dass ein voll besetztes Flugzeug pro Kopf weniger CO_2 produziert als eine dieser allradgetriebenen Protzschüsseln, die als Zweitwagen dazu dienen, die Kleinen aus dem Kindergarten abzuholen. Mit dem viel gelobten Schiff wiederum lässt sich auch nicht viel Staat machen, denn wem ist schon klar, dass der weltweite Schiffsverkehr mehr CO_2 verbläst als der gesamte Flugverkehr?

Von Kreuzfahrtschiffen ganz zu schweigen, von denen jedes so viel Energie verschlingt wie eine ganze Kleinstadt. Natürlich dient die absolute Mobilität auch der weltweiten Verbreitung von Handels- und Kulturgütern, aber wer erklärt mir den Sinngehalt zahlloser Schiffsladungen voller Bier, die von Europa auf den amerikanischen Kontinent gelangen, während gleichzeitig in etwa die gleiche Biermenge den umgekehrten Weg nimmt? Das alles ändert allerdings nichts daran, dass ich mit meinen Reisen aus reiner Neugier an der Umweltschädigung teilnehme, aber vor dem Kontext des Vorgesagten erlaube ich mir das einfach. Also kommen Sie mir ruhig mit der Ökofrevlerattitüde, das halte ich aus.

Ein bisschen schwerer tun wir uns schon mit der moralischen Rechtfertigung von Reisen in Länder, die weder Demokratie noch Menschenrechte für unantastbar halten, denn das waren wohl mindestens 70 Prozent aller unserer Reiseziele. Zunächst: Wie weit darf denn ein Land bzw. sein Regime gegen unsere Wertvorstellungen verstoßen, bevor wir auf seinen Besuch verzichten? Darf ich – sagen wir mal – trotz praktizierter Todesstrafe, Guantanamo und kaum verhohlenem Rassismus (ja, doch: man vergleiche nur mal das Zahlenverhältnis von Schwarzen und Weißen in den Gefängnissen) in die USA fliegen? Darf ich nach Kuba oder Nicaragua? Mich ärgert außerdem, wenn dieselben Leute, die aus moralischen Gründen Diktaturen meiden, solche gerne besuchen, sobald diese sich sozialistisch nennen. Ist die Reise zum EU-Aspiranten Türkei erlaubt? Sind Geschäftsreisen nach Syrien moralisch vertretbarer als Privatreisen? Fragen über Fragen. Alexander von Humboldt war seinem Zeitgenossen Hegel in herzlicher Abneigung verbunden und zankte sich mit ihm herum, weil der die Welt vom Schreibtisch aus erklären wollte. Genervt hielt er Hegel entgegen: „Ich misstraue den Weltanschauungen jener, die die Welt nicht angeschaut haben." Die Intensität eigener Reiseeindrücke ist durch kein TV-Feature, keinen Zeitungsartikel und kein Buch zu ersetzen, so viel steht fest. Die Moral derjenigen, die diese Freiheit einschränken wollen, ist nicht die meine.

Bleibt der Boykott als politisches Druckmittel. Natürlich sollte nichts unversucht bleiben, um demokratische und menschenrechtliche Defizite eines Landes auch von außen zu ändern. Den diplomatischen Hinweis auf die „inneren Angelegenheiten" eines Landes lasse ich nicht gelten, schon um der Unterdrückten willen. Krieg hat sich als Fortsetzung der Politik mit anderen Mitteln nicht sonderlich bewährt, wie alle außer den in Afghanistan (wenn schon mit UN-Mandat) und Irak kriegführenden Regierungen wissen müssten, also muss der Boykott her. Schon der Nutzen von Handelsboykott, Geldtransfersperren und dergleichen ist reichlich umstritten. So heißt es, Kuba etwa sei durch die jahrzehntelange Blockade der Amerikaner praktisch in die Knie gezwungen, was weder praktisch noch theoretisch stimmt. Der Westen droht, den Iran wegen seiner Atompolitik mit solchen Maßnahmen gefügig zu machen, was gar nicht gelingen kann, weil alle Boykottaufrufe stets daran scheitern, dass einige Länder nicht mitmachen. Würden aber tatsächlich alle mitmachen, so ergäbe sich am Ende das, was in den Nachrichten gern als humanitäre Katastrophe bezeichnet wird. Es ist erwiesen, dass unter dem Boykott des Saddam-Regimes in Irak die Bevölkerung erbärmlich gelitten hat, nicht jedoch die herrschende Oberschicht. Die Verletzung patriotischen Stolzes hat Saddam sogar zu mehr Rückhalt bei den Irakern verholfen. In Kuba war es nicht anders. Und was haben die Israelis vom Abriegeln des Gazastreifens? Noch mehr Hamas-Anhänger, so viel ist klar. Das ist der Versuch, sich Terroristen mit Mitteln vom Hals zu halten, die für deren Verzehnfachung sorgen. Für mich steht fest, dass derartige Boykottmaßnahmen politischer Unfug sind. Sie stärken die Angegriffenen und schwächen die, denen man helfen will oder zu helfen vorgibt, nämlich den weitaus größten Teil des Volkes. Ich kann mir nicht vorstellen, dass Clausewitz auf so eine hirnverbrannte Idee gekommen wäre. Zudem verdächtige ich den Boykottgedanken, dem Geistesgut von Leuten zu entstammen, die einem typisch westlichen Überlegenheitsfimmel huldigen. Es ist immer der wirklich oder eingebildet Überlegenere, der dem Schwächeren mit Boykott droht, oder ist es vorstellbar, dass jemanden gelüstet, Russland, China oder den USA damit zu drohen? Ist ein Reise- oder Tourismusboykott anders zu beurteilen? Fest steht, dass er allenfalls dann infrage käme, wenn der Tourismus eine überragende wirtschaftliche Bedeutung für das Land hat. Dann aber dampft sich Reiseboykott auf Wirtschaftsboykott ein und es bleibt das oben Gesagte.

Manche Boykottgegner behaupten wiederum, die Reiserei gebe der Völkerverständigung Auftrieb und ermutige die Unterdrückten zum Widerstand. Der Tourismus mildere ihre durch die Diktatur verhängte informelle und kulturelle Isolation. Angesichts von Touristenghettos in der Dritten Welt habe ich da so meine Zweifel und erhoffe mir in dem Punkt mehr vom World Wide Web. Interessant wäre es allerdings, sich mal im eigenen Glashaus umzuschauen. Klar, wir leben in einem Rechtsstaat und sollten auch mal dankbar dafür sein, denn der ist sauer von früheren Generationen erkämpft worden, wenn auch nicht immer von den eigenen (zuletzt 1945 von den Alliierten). Mit der Demokratie läuft's immerhin so lala und die Menschenrechte werden eingehalten, jedenfalls innerhalb der eigenen Grenzen. Wie aber sieht es mit der Ausplünderung der Dritten Welt durch uns aus? Warum lassen wir Flüchtlinge von Italienern, Spaniern, Griechen und Marokkanern in unserem Mitauftrag in absaufenden Booten auf See zurück schicken oder in der Sahara aussetzen? Was zum Teufel haben wir bei einem Angriffskrieg in Afghanistan zu suchen, einem Land, das uns nichts getan hat? Und seit wann steht ein UN-Mandat über dem eigenen Grundgesetz, das uns Angriffskriege (oder Teilnahme daran) ausdrücklich verbietet? Es lässt nur den „Verteidigungsfall" zu. Stattdessen wird von der Verteidigung der eigenen Freiheit am Hindukusch geschwafelt (ha!, das schaffen wir doch kaum gegen unsere eigenen Innenminister). Wie moralisch und politisch vertretbar ist es im Übrigen, dass Deutschland inzwischen weltweit auf die Nummer drei der waffenexportierenden Länder in Krisengebiete – hauptsächlich U-Boote und Kriegsschiffe – vorgerückt ist? Soll man also das eigene Land boykottieren, etwa qua Auswanderung? Manche machen das. Ja, aber wohin? Wer als Boykottfreund wirklich konsequente Maßstäbe anlegt, der würde als Reisender von Köln aus nicht weit über Traben-Trarbach hinauskommen. In meinen jungen Jahren war ich anderer Ansicht. Da habe ich jahrelang mein geliebtes Griechenland wegen der abscheulichen Obristen gemieden, ich wollte nicht „neben KZ baden". Ich habe meine Meinung geändert, denn die Griechen haben sich gänzlich ohne meine Hilfe ihrer Diktatur entledigt.

Omanischer Stierkampf

Auf einem der Fernflüge im Jahr 2012 hatten wir eine Zwischenlandung in Muscat. Wir unterbrachen hier für einige Zeit, um uns mal umzuschauen. Ist von der Arabischen Halbinsel die Rede, so denkt man an endlose Sandwüsten und wilde Gesetze, die für Diebstahl Handabhacken und für Ehebruch Steinigung vorsehen. Das stimmt eingeschränkt nur für die bigotte wahabitische Prinzokratie der Saudis. Dort dürfen zwar Frauen nicht Auto fahren, unsere Regierung aber darf Leo-2-Panzer dahin liefern, obwohl es sich unzweideutig um ein Spannungsgebiet handelt. Dabei gibt es viel interessantere große Länder auf der Halbinsel: den Jemen zum Beispiel mit seinen unendlichen jahrhundertealten Feldterrassen im Westen, dem wilden Bergland des Hadramaut im Osten, der staubigen Ebene bei Ma'rib, wo die Palastreste der Königin von Saba zu bewundern sind und wo die aufmüpfigen Stämme sich immer mal wieder ein Zubrot mit unblutigen Entführungen verdienen (so lange sich die Regierung heraushält). In Saana und anderen Städten mit ihren vielgeschossigen wunderschön bemalten Lehmhäusern wähnt man sich ins Mittelalter zurückversetzt.

Mit Entsetzen schaue ich jetzt zu, wie dort Saudis, Amerikaner und der Iran einen fürchterlichen Stellvertreter-Krieg gegeneinander führen und das Verhungern der Bevölkerung schulterzuckend als Kollateralschaden abtun. Und ich weine bei dem Gedanken an die endgültige Zerstörung einzigartiger Gebäude und Kulturgüter. Weiter östlich bis zum Persischen Golf erstreckt sich der Oman. Der Westen ist eine wenig einladende Ödnis. Dann aber beginnt eine fruchtbare wasserreiche Bergwelt mit Wäldern und schwierigen Pisten. In der Hauptstadt Muscat residiert Sultan Qabus, ein blendend aussehender Bursche mit gestutztem Graubart. Trüge er nicht einen prächtigen farbigen Turban, würde man ihn glatt für Sean Connery halten. Ähnlich wie vormals Muammar al-Gaddafi in Libyen blickt er von unzähligen Großplakaten herab. Anders als Gaddafi aber lächelt er dabei.

Der Oman hat eine lange und aus heutiger Sicht wenig schmeichelhafte Geschichte: Die Omanis waren geschickte Seefahrer und mutige Krieger. Sie eroberten vor langer Zeit weite Landstriche an der ostafrikanischen Küste, Mombasa etwa ist eine omanische Gründung und das ist dort noch heute allerorten sichtbar. Lange vor den europäischen Kolonialmächten drangen sie tief ins Land ein und betrieben Sklavenhandel, mit dem sie den gesamten Nahen Osten bedienten. Sie ernteten Sklaven mit dem Schwert wie Bauern den Hafer mit der Sense.

Fährt man jedoch durch Muscat, so ist fast nichts vom Mittelalter übrig geblieben. Wir hatten ein Hotel im Zentrum und einen Geländewagen gebucht, den man in diesem Land unbedingt braucht, wenn man in die Berge oder in die Sandwüste will. Vor dem Hoteleingang staunten wir. Um uns herum nur protzige Bürotürme mit schäbigen Lagerhallen, öden Brachen und ins Nirgendwo führenden Sackgassen. Vor uns jagte in aberwitzigem Tempo der Verkehr über die Autobahn. Das konnte doch nicht das Zentrum sein! War es aber, denn ein Zentrum gab es im Grunde gar nicht. Die Stadt wand sich über fast 20 Kilometer schmal an den enormen Stränden entlang und war völlig gesichtslos. Sie war durch zwei fast parallele autobahngleiche Achsen erschlossen. Das alles war offenbar planlos und in kurzer Zeit entstanden, wirkliche Architektur suchte man vergeblich, obwohl überall neue Hochhäuser entstanden. Wir waren enttäuscht. Am südöstlichen Ende dieser monströsen Betonwüste befand sich ein Hafen. Von dessen Pier warf ein gigantisches Kreuzfahrtschiff der Costa-Linie seinen Schatten auf etwas, das man als den ehemaligen Stadtkern hätte erahnen können. Ein großer Markt, der allerlei Souvenirs feilbot, war von älteren, eher kolonial wirkenden Häusern gesäumt, die wenigstens Stil hatten.

Dahinter befand sich ein Bereich, den unser Reiseführer als „Altstadt" auswies. Na also, dachten wir und liefen hin. Tatsächlich befanden sich an einer malerischen kleinen Bucht zwei schmucke alte Festungen. Ansonsten hatte Sultan Qabus die Altstadt wohl abreißen lassen und sie durch seinen bombastischen Palast ersetzt, der an Unmaßstäblichkeit und Geschmacklosigkeit seines Gleichen sucht. Plumpe grellbunte Säulen tragen ein lächerlich mageres Dach, das wie eine aufgenagelte Schreibtischplatte wirkt. Die Achse vor dem Portal bildet einen über hundert Meter langen Boulevard, zu beiden

Seiten von im neo-arabischen Stil verschnörkelten Marmorarkaden mit verwaisten Läden begleitet. Offenbar hatte er sich vorgestellt, dass dort sein Volk einmal flanierte und stolz seinen Palast bewunderte. Das Ganze wirkte indes einschüchternd, daher wurde es von allen gemieden. Hier und da kümmerten sich Gärtner um die prachtvollen bewässerten Blumenbeete und zwei Leute fegten und sammelten jedes Krümelchen ein. So stellte ich mir Pjöngjang vor.

Einige Kilometer zurück fand sich direkt am Strand ein vornehmes Villenviertel mit einer ansprechenden Promenade, das Diplomaten und Botschaften beheimatete. Mittendrin thronte das Hyatt-Hotel, enorm groß natürlich. Fassungslos bemerkten wir, dass sich die gesamte Anlage als zentralafrikanische Safarilodge ausgab. Was erwarteten die Hyatt-Gäste eigentlich? Unten am Strand duckte sich eine Bretterbude, die offenbar durch einen Erweiterungsbau aufgewertet werden sollte. Sie verfügt über eine schattige Terrasse, die von den Hyatt-Safaribesuchern gemieden wurde. Dort zu sitzen war nicht nur für uns ein Vergnügen, sondern auch für die Omanis. Die waren in weiße Dischdaschs – der landesüblichen fußlangen Männerkleidung – gewandet und schauten sich Wasserpfeife schmauchend die Bikinimädchen aus dem Hyatt an, die gedankenlos aufreizend den Strand zur Bühne erkoren. Ich verfolgte fasziniert die gemächlichen Bauarbeiten an der Bude. Monier-Eisen wurden auf verrückte Weise mit Drähten verbunden. Sodann wurde so lange Putz dagegen geworfen, bis eine Säulenreihe mit Bogenfenstern entstand. Wer zur Toilette wollte, musste darunter her und kriegte garantiert ein Schäufelchen frischen Putz ab. Das löste allgemein große Heiterkeit aus, auch bei den Betroffenen.

Unerwartet wurden wir Zeugen eines erstaunlichen Ereignisses: das Fischen mit Landrovern. Aus dem Augenwinkel hatten wir zwei offene Boote mit Außenbordmotoren verfolgt, die im rechten Winkel in einem Abstand von etwa 200 Metern vom Strand weg strebten, und weit draußen waren die Mannschaften mit etwas Unerkennbarem beschäftigt. Am Strand waren derweil einige alte verbeulte Landrover geparkt. Träge unsere Schinken-Käse-Toasts kauend, bemerkten wir die Rückkehr der Boote. Deren Motoren jaulten in Höchstleistung, doch die Boote kamen kaum voran. Offensichtlich hielt sie irgendetwas sehr Schweres zurück. Endlich am Strand angelangt, wurde ein jedes von etlichen Fischern umringt. Aber es war kein Fang zu sehen. Als dann noch die Landrover über den Strand zu den Booten jagten, war unsere Aufmerksamkeit geweckt. An die Fahrzeuge wurde irgendetwas angebunden und heulend ackerten sie den Strand hinauf. Oben machten sie kehrt, fuhren zurück und erneut wurde ein Seil angebunden. Der Vorgang wiederholte sich immer wieder aufs Neue. Schließlich bemerkten wir draußen auf dem Meer eine Bewegung und der Fall wurde klar: Die Landrover zogen ein riesiges Netz zwischen sich an Land, das von den Booten ausgebracht worden war. Doch es schien ein schlechter Fang zu sein; was wir vom Netz bisher sahen, war leer. Schon bedauerten wir die armen Fischer, die so viel Aufwand für nichts betrieben hatten, bis ein Schwarm Möwen aufgeregt kreischend zwischen den Fahrzeugen auftauchte. Das Ende des Netzes war prall mit Meerestieren aller Art gefüllt. Große Rochen kämpften mit gewaltigen Flossenschlägen um ihr Leben, von den Fischern nur mühsam gebändigt. Große Fische wurden mit Knüppeln erschlagen, kleine freigelassen. Unpassenderweise erschienen mir die Fischer, die ich soeben noch bedauert hatte, wie im Blutrausch. Aufgeregt und jubelnd waren inzwischen ihre Angehörigen aufgetaucht und beteiligten sich an der Schlachterei. Der Fang verschwand in großen eisgefüllten Styroporkisten auf immer mehr Landrovern.

Die Bergpisten verlangten viel von unseren Nerven und dem Auto. Wir konnten kaum glauben, uns im Herzen Arabiens zu befinden: angenehmes Klima, Wälder und Bachläufe, die sich immer wieder zu einladenden kleinen Seen stauten, in denen die Omanis angekleidet badeten und planschten. Manche saßen am Ufer und ließen die Beine ins Wasser, um sich von kleinen Fischen die Schwielen von den Füßen knabbern zu lassen. Ulrike tat es ihnen gleich und kicherte: „Huch, das kitzelt!"

In einem Nebensatz deutete unser kleiner Reiseführer Bullenkämpfe als unblutige Volksbelustigung an. Schien ein Geheimtipp zu sein, den ich mir nicht entgehen lassen wollte. Ulrike war eher zurückhaltend, sie dachte an Stierkämpfe und hasst es ohnehin, wenn Tiere zu Belustigungen missbraucht werden. Der Hinweis „unblutig" ließ mich nicht ruhen, doch mehrfache Erkundigungen lösten nur

Achselzucken der Befragten aus. Meine Bullenkampfneugier wuchs sich zur Sucht aus, ich wollte unbedingt einen Bullenkampf sehen! In Barka schließlich fand ich doch noch heraus, dass sonntags in einer außerhalb liegenden Arena das ersehnte Ereignis stattfinden sollte. Heute war Sonntag, also nichts wie hin. Die Arena war ein großer staubiger Platz, an einer Seite dienten verputzte Stufen als Tribüne, wir fanden gerade noch Platz für uns. Es war mächtig was los. Menschen standen dicht gedrängt um den Platz herum, hinter der Tribüne machte ein Getränkehändler blendende Geschäfte, der große Platz nebenan war mit geparkten Autos überfüllt. Kolonnen von schweren Geländewagen mit Tieranhängern und Kleintransporter mit Bullen auf der Ladefläche rollten in die Arena und parkten am Rand.

Wir schauten angestrengt in die Runde. Unter den Hunderten von Menschen erblickten wir keinen einzigen Touristen. Erst jetzt wurde uns bewusst, dass Ulrike die einzige Frau hier war. Bullenkampf schien eine reine Männerveranstaltung zu sein, niemand aber störte sich an Ulrikes Anwesenheit. Die Stimmung erinnerte mich an amerikanische Rodeos, obwohl es keine Pferde, keine Musik und keine Show-Einlagen gab, nur ein Stadionsprecher schrie in ein total überfordertes Megafon. Jetzt wurden von entgegengesetzten Seiten zwei mächtige Tiere wie Hunde an einer Leine aufeinander zugeleitet. An einem ihrer Hinterbeine war ein langes Seil befestigt, das locker von vielen jungen Männern gehalten wurde. Uns schien, dass die beiden Bullen sich recht friedfertig in die Augen schauten. Urplötzlich senkte einer den Kopf und – rumms! – krachten die Hörner aufeinander. Das machten sie zwei- oder dreimal, dann wurden sie von den Männern an den Hinterbeinseilen wieder auseinandergezogen und heimgeführt. Die Sprecherstimme überschlug sich zwar, aber uns schien kein Kampf stattgefunden zu haben, allenfalls eine kleine Rempelei. Trotzdem wurde heftig Beifall geklatscht.

Und schon waren wieder neue Bullen auf dem Platz und die Szene wiederholte sich. Immer und immer wieder. Es kam nicht selten vor, dass ein oder gar beide Tiere keine Lust hatten, sich anzupöbeln, dann wurden sie einfach wieder zurückgebracht, ebenfalls unter Beifall. Sie sprangen dann brav auf die Ladeflächen ihrer Transporter hinauf. Aufregend fanden wir nur das Verhalten der zahllosen mutigen

Zuschauer jeden Alters, die sich in einem engen Ring um den Kampfplatz auf den Boden gesetzt hatten. Manchmal war ein Bulle stärker als seine Seilmannschaft und jagte in den Ring der Sitzenden hinein. Die sprangen dann auf, um sich in Sicherheit zu bringen und das sah wirklich lebensgefährlich aus. Schließlich fanden wir jemanden, der Englisch sprach und uns die Regeln dieser seltsamen Veranstaltung erklärte. Dennoch verstanden wir sie ebenso wenig, wie wir jemals Cricket- oder Baseballregeln verstehen werden.

Abu Dhabi, Dubai – Brüchige Zukunftsplanung

Nie hatten wir vor, uns die Emirate anzuschauen, aber da sie direkt an den Oman grenzen, war jetzt ein Besuch fällig. Das Bild, das wir uns bisher von diesen vereinigten Kleinstaaten aus Veröffentlichungen gemacht hatten, erschien uns wenig anziehend: Ihr auf Öl gründender Reichtum ist legendär. Sie werden feudal regiert und sind stockkonservativ. Sie liegen am Persischen Golf und sind damit Nachbarn und Todfeinde des Iran der Mullahs. Ihre Herrscher sind weise genug, die Endlichkeit ihrer Ölschätze zu erkennen. Deshalb versuchen sie rechtzeitig, die Wirtschaft ihrer Länder auf die öllose Zukunft einzustellen. Sie investieren in internationale Firmenbeteiligungen und setzen auf exklusiven Tourismus, der die Reichen und Schönen der Welt anziehen soll. Man sagte uns: „In die Emirate fliegst du, um zu shoppen." So weit das, was wir wussten.

Nun waren wir in Abu Dhabi. Um uns einen Überblick zu verschaffen, fuhren wir erst mal kreuz und quer herum. Die Stadt erinnerte uns an Muscat, denn auch sie zieht sich in einem dünnen Streifen auf etwa 20 Kilometern am Meer entlang. Sie war offenbar ebenfalls aus dem Boden gestampft worden und bestand überwiegend aus Hochhäusern. Aber hier gab es wenigstens so etwas wie ein Zentrum. Die Hochhäuser waren noch höher hier und vor vielen „Malls" lagen riesige Parkplätze mit Parkautomaten, die nicht funktionierten und Schranken, die immer offen standen. Es gab zwar viel Autoverkehr, aber kaum Menschen auf den Straßen. Straßencafés waren praktisch nicht zu finden. Hier zu laufen war ermüdend und langweilig. Zur Seeseite zog sich eine endlose, „Corniche" genannte Seepromenade mit sorgfältig bewässerten Parkanlagen. Wir schlenderten an ihr entlang. Diese Anlage musste tatsächlich eine Menge Geld gekostet haben, es war viel kostbarer Naturbaustoff verarbeitet worden und die Konstruktionen der schattenspendenden Zeltpavillons waren aus Edelstahl. Aber seltsam: Die Schrauben, die sie zusammen hielten, rosteten, und der Plattenbelag begann, sich aufzulösen. Nach wirklicher Vernachlässigung sah das nicht aus; eher nach Schlamperei beim hastigen Bau, und nach unmöglicher Planung: Auf all den Kilometern der Corniche fand sich kein einziger Kiosk, kein Café und kein Restaurant, keine Stühle und keine Tische, die zum Verweilen und Schauen einluden.

Unser Hotel vermittelte eine Ahnung davon, wie sich die Emire die Zukunft ohne Öl vorstellen. Der Bau hatte nur sechs bis acht Geschosse, wand sich aber über mehr als 500 Meter am Strand entlang. Das Erdgeschoss war ausschließlich basarähnlichen Läden sowie dutzenden Restaurants, Bars und vier verschiedenen Rezeptionen in mächtigen Hallen vorbehalten. An der rückwärtigen, dem Meer zugewandten Seite wechselten sich lockende Terrassen mit blauschimmernd beleuchteten, auf den weißen Strand zulaufenden Pools ab. In diesem Geschoss war viel los, die Anlage schien ausgebucht zu sein. Es gab viele solcher streng bewachten Hotelanlagen, die von ihren Gästen außer zum Flughafentransfer während des gesamten Aufenthalts im Grunde nicht verlassen werden mussten. Für alle Bedürfnisse war gesorgt. Dabei waren die Preise keineswegs so hoch, wie ich erwartet hatte. Ein anderer dieser Hotelpaläste verfügte über eine Lobby, unter deren Decke die Kuppel des Petersdoms gepasst hätte, wie unser Reiseführer vermerkte.

Die Bauexplosion geht überall weiter. Ein paar Kilometer außerhalb der Stadt wurde an einem neuen Stadtteil gearbeitet, er sollte nach ökologischen Standards errichtet werden. Wir wunderten uns über den hiesigen Ökologiebegriff: Ist das Öl einmal versiegt, so will man es als Einnahmequelle durch den Tourismus ersetzen. Was dies für die Ökologie bedeutet, ist schon jetzt klar: Die Leute werden ausnahmslos eingeflogen, alles, was sie konsumieren, muss importiert werden. An der Küste waren in regelmäßigen Abständen ins Meer ragende gewaltige Anlagen zu sehen. Wir hatten sie zunächst wegen der vielen Hochspannungsleitungen für Kraftwerke gehalten. Es handelte sich jedoch um Meerwasser-Entsalzungsanlagen, die enorme Strommengen verschlangen. Und wo kam der Strom her? Richtig, aus Ölkraftwerken. Weder im Oman noch in den Emiraten sahen wir auch nur eine einzige Photovoltaikanlage. Es ist nicht zu fassen: Diese Länder könnten weit mehr Sonnenenergie in Strom und Wärme verwandeln, als sie jemals verbrauchen werden. Sie könnten Solarstrom exportieren! Was haben die Sultane und Emire nur für Berater? Und wo sind die Windräder in diesen ewig von Wind durchwehten Ländern?

Nun fuhren wir gespannt nach Dubai. Von weitem schon sahen wir die unzähligen Wolkenkratzer, eine aufregende Skyline. Viele der Gebäude standen schräg oder waren gekrümmt wie Bananen. Bereits in Abu Dhabi war nicht zu übersehen, dass die Araber hier eine Schwäche für krumme Hochhäuser und kokette Statik hatten. Ansonsten das gleiche Bild: Eine uns schon bekannt vorkommende Autobahn führte als Hauptachse und Prachtstraße durch eine Schlucht von Gebäuden, die allesamt von Stararchitekten aus aller Welt entworfen worden waren. Sie ahnen schon: Die Stadt zog sich über 30 Kilometer am Strand des Persischen Golfs entlang.

Und doch war es anders hier. Ein Fluss – nicht ganz passend „Creek" genannt – zog sich quer durch die Stadt, die Ufer wirkten attraktiv, luden zum Spaziergang ein. Viele Schiffe und schön anzuschauende Wassertaxis mit bunten hölzernen Aufbauten fuhren auf und ab. Manche waren als Partyboote gemietet, sie waren geschmückt und breiteten wie springende Fische Wellen von Frohsinn aus. Anders auch als im langweiligen Abu Dhabi gab es hier echte Sensationen:

Das berühmte Burj al Arab ist das Wahrzeichen der Stadt. Burj heißt Turm, aber das gewaltige Gebäude sieht nicht aus wie ein Turm, sondern wie ein Segel. Und es ist das wahrscheinlich teuerste Luxushotel der Welt. Abends leuchtete es in wechselnden Farben, das stellten wir uns schaurig schön vor, also fuhren wir am Abend zum Madinat Jumeirah hinunter. Madinat bedeutet Stadtviertel und Jumeirah liegt unter dem Burj al Arab. Dort fanden wir das Hotel Dar al Masyaf, es war ähnlich wie unser Hotel in Abu Dhabi, aber doppelt so groß, mithin fast einen Kilometer lang und von schrecklicher arabischer Retroarchitektur. Unter den unzähligen voll besetzten Restaurants wählten wir ein chinesisches aus, weil dort noch ein Tisch auf der Terrasse frei war. Laternengeschmückt glitten auf einem künstlichen Gewässer, das unter dem Gebäude hindurch mäandert, Miniaturnachbauten der Wassertaxis mit Hotelgästen vorbei.

Vor uns leuchtete das Farbenspiel des Burj al Arab und konkurrierte mit dem Vollmond, der nachsichtig daneben stand. Wären die Boote Nachbauten venezianischer Gondeln mit Mandolinenmusik, hätten wir uns wie in Las Vegas gefühlt. Ich seufzte und erzählte Ulrike, was ich kürzlich gelesen hatte: Falls das Burj Tag für Tag komplett ausgebucht wäre, so würde es dennoch 30 Jahre dauern, bis es in die Gewinnzone käme. Da konnte jemand nicht rechnen, oder er wollte um egal welchen Preis etwas Großartiges bauen.

Auch die nächste Sensation heißt Burj. Das Burj Khalifa ist das (noch) höchste Gebäude der Welt und rund 800 Meter hoch. Von der Aussichtsebene hatte man einen diesigen Blick auf die umliegende Wüste. Die Höhe war so unwirklich, dass man sie nicht mal als außergewöhnlich empfand. Man hätte genauso gut aus dem Fenster eines Flugzeugs schauen können. Immerhin erschien die Stadt von hier oben angesichts der schier unendlichen Wüste recht klein und zerbrechlich und vor allem oberflächlich.

Sensationell sind auch die vielen Malls, die sich an Gigantismus gegenseitig übertreffen. In diesen Konsumtempeln war es brechend voll, aber man musste erst mal hinein kommen. Wir erwanderten wie in jeder Stadt große Teile zu Fuß und wunderten uns wieder und wieder, wie wenig Menschen auf den Straßen zu sehen waren. Vor so einer Mall standen wir nun, aber wo war der Eingang? Es hätte angesichts der Größe des fensterlosen Komplexes eigentlich mehrere Eingänge geben müssen, aber wir fanden nichts. Es war heiß, und nachdem wir zwei Seiten abgeschritten hatten, schaute ich mich nach einem der seltenen Fußgänger um. „Da", sagte der und deutete auf die Einfahrt zur Tiefgarage. „Was, in der Garage?" – „Ja, wo denn sonst?" Wir hätten es uns denken können: In Dubai kommt kein Mensch auf die Idee, etwa in eine Mall zu gehen. Alle fahren mit dem Auto hinein, und da unten fanden wir mehrere prächtige Eingänge in den klimatisierten Einkaufshimmel. Über etliche Etagen waren zahllose Geschäfte und Boutiquen verteilt, dazwischen fanden sich gastronomische Angebote aus aller Welt. Vor allem teure Markenprodukte wurden feilgehalten und die Preise überraschten uns. Wir hatten angenommen, hier sei alles billiger als anderswo. Das Gegenteil war der Fall, aber es waren überwiegend spendable Saudis, die hier einkauften, sie haben es ja nicht weit. Entscheidend für den Erfolg einer Mall ist offenbar ihr Unterhaltungswert. Deshalb versuchen alle, etwas möglichst Interessantes zu bieten. So fand sich in der einen ein unglaublich großes Aquarium über drei Geschosse hinweg; es protzte mit einer Plakette des Guinness Book of Bullshit, die seiner Acrylglasscheibe bescheinigte, die größte der Welt zu sein.

In einer anderen war eine Skihalle zu bewundern mit Sessel-, Schlepp- und Kabinenliften und einer Rodelbahn. Man betrachtete das Geschehen durch eine Glasscheibe, die sich über alle Etagen erstreckte. Draußen herrschten Temperaturen bis zu 50 Grad und diese Zeppelinhalle mit ihrem Kunstschnee wurde auf Minustemperaturen gekühlt! Eine dritte wiederum bot auf ihrer Rückseite einen künstlichen See, der in den Creek mündete. Um die eine Hälfte des Sees erstreckte sich Terrasse an Terrasse mit Cafés und Cocktailbars, und alkoholische Getränke waren hier keineswegs verpönt. Es gab auch keine Bekleidungsvorschriften; nur die Saudi-Frauen trugen ausnahmslos schwarze Ganzkörperverhüllung, deshalb waren sie so leicht zu erkennen.

Wehe der Mall aber, die nicht gar so Aufregendes zu bieten hat! Dort verwaisen immer mehr Läden und Gaststätten, das Angebot wird ärmlicher und ihr Ende absehbar.

Erst beim Spaziergang durch die Straßenschluchten fiel uns auf, was wir aus dem Auto heraus übersehen hatten: Plakate, die vielfach Leerstände dokumentierten, Büroetagen oder auch Eigentumswohnungen, denn viele der Türme waren bewohnt. Ein Fassaden-Großplakat verkündete über vier Etagen hinweg „To rent or to buy" (zu mieten oder zu kaufen). Den Investoren musste der Schweiß über die Stirn rinnen vor Verzweiflung. Es scheint, als erfüllten diese Goldgräberstädte längst nicht alle Erwartungen. Es riecht nach Überhitzung und nach einer Wirtschafts- und Immobilienblase.

In den Emiraten fanden wir keine Hinweise auf die Herstellung irgendwelcher Produkte, fast alles wurde wohl importiert. Die Ahnung, die uns schon auf dem Burj Khalifa beschlich, verstärkte sich mit jedem Tag, den wir hier waren: Geld produziert nichts außer Geld, und der ganze Rummel ließ mich an so manche Stadt im Mittelwesten der USA denken. Die kamen mir oft wie oberflächlicher Firnis vor, der vom nächsten Tornado hinweggefegt werden könnte. Natürlich wollten wir die sagenhaften künstlichen Inseln erkunden, deren Umrisse wie Palmen aussahen. Man hört und liest, dass die Superreichen der Welt hier Häuser erworben haben sollen, die als unbezahlbar gelten. Ein vollautomatischer Zug ohne jedes Personal brachte uns hinüber. Auf dem Weg wurde mir klar, dass die Palmenform ein genialer Trick war. Sie erschloss auf kleiner Grundfläche ein Maximum an Strand- und Ufergrundstücken. Diese waren wie die Häuser darauf überraschend klein und eng. Sie blickten auch nicht auf den Golf hinaus, sondern auf die erschreckend gleichförmigen Fassaden des gegenüberliegenden Palmwedels.

Wir konnten uns kaum vorstellen, dass diese Schachteln exklusive Refugien reicher Leute sein sollten. Auf dem obersten Palmwedel erblickten wir eine Art Spaßbad und einen ziemlich billigen Rummel, der den Gästen eines Hotels vorbehalten blieb. Dessen Architekt hatte sich unübersehbar von indischen Filmkulissen inspirieren lassen. Wir hatten Lust auf einen Imbiss und schauten uns im Hotel um. Für uns gab es dort nichts als einen Burgerstand. Die Klopse wurden als Kobe-Rindfleisch angepriesen und ein Burger kostete 30 Dollar.

Dann entdeckten wir es doch noch, das bunte arabische Leben. An der Mündung des Creek fanden wir so etwas wie eine Altstadt. Zwar waren die niedrigen Häuser auch nicht wirklich alt, vielleicht 50 oder 80 Jahre. Aber es wimmelte hier von geschäftigen Karren, schreienden Händlern und Gewusel aller Art. Ein echter Suq also, es duftete nach Gewürzen, frischer Schlachtung, gelagerten Stoffen und Schweiß. Am Ufer erstreckte sich eine herrliche Promenade mit vielen Limonadebuden und Imbissständen. Aufgereiht lagen die zahlreichen Anleger der Wassertaxis nebeneinander, die Bootsleute boten den Spaziergängern lauthals ihre Dienste an. Ein Stückchen weiter hatten alte hölzerne Dhaus mit bunten Aufbauten an der Pier festgemacht, um ihre Laderäume mit Säcken, Kisten und Gebinden aller Art füllen zu lassen, die an Land gestapelt waren. Schwitzende, zähe kleine Männer mit Kopftüchern und Turbanen schleppten das Transportgut über schmale Planken auf die Schiffe.

Doch, wer gerade in der Nähe sein sollte, möge sich Dubai ruhig mal anschauen.

China – Kaijass Nummer Null

Es war 1996. Diesmal hatten wir es endlich geschafft, in Hongkong unsere Visa und einen Flug nach Peking zu ergattern. Oder nach Beijing, wie Leute heute sagen, die sich auf der Höhe der Zeit wähnen, obwohl sie Paris nicht Pari und London nicht Landn nennen, von Mechico, Moskwa oder Praha ganz zu schweigen. Blöderweise hatte man uns Visa für Tibet verweigert, was uns ganz besonders ärgerte. Gehört doch Tibet unbedingt in die Sammlung eines jeden Asienbesuchers, der in seiner Kindheit das Tibet-Buch des SS-Manns Heinrich Harrer gelesen hat. Grund war eine diplomatische Verstimmung, die der Bundestag 1996 gegen den Willen der Bundesregierung mit einer Tibetresolution ausgelöst hatte. Daraufhin wurde der anreisende Bundesaußenminister Kinkel von den Chinesen ausgeladen.

Jetzt saßen wir in einer Maschine der Dragon Air auf dem Weg nach Peking und freuten uns. Hongkong ist ja chinesisch, aber auch sehr britisch. Das echte, originale China wartete jetzt auf uns und ich fand es irgendwie passend, mit der Drachen-Fluglinie dort einzuschweben. Auf der Fahrt vom Flughafen zu unserem SAS-Hotel hatten wir Gelegenheit, über die unzähligen unerwarteten Wolkenkratzer zu staunen. Viele von ihnen trugen Pagodendächer – eine ziemlich verstörende Architektur.

Das Hotel warb im Foyer mit seinem Biergarten, was uns wenig chinesisch, aber angesichts der ermüdenden Schwüle als willkommene Konzession an westliche Besucher erschien. Der Biergarten war brechend voll von fein gekleideten Chinesen, die sich bei Warsteiner-Bier köstlich zu amüsieren schienen. In einer fernen Ecke hatte sich eine Band aufgebaut, deren Frontmann in eigenartigem Englisch das nächste Stück ansagte. Sein Akzent kam uns erschütternd bekannt vor. Was dann kam, war ziemlich schräg und klang wie „Im schönen Zillertal". Egal, Hauptsache, wir hatten endlich chinesischen Boden unter den Füßen, der Rest würde sich schon finden. Als nächstes wurde – schon bedeutend sattelfester – „In d'r Kaijass Nummer Null", „Ich bin ene Räuber" und „Ich mööch zo Fooss no Kölle jonn" gespielt. Wir blickten uns ungläubig an. Wo hatte uns Dragon Air eigentlich abgesetzt? Die Chinesen spendeten frenetischen Beifall. Es riss uns von den Stühlen und wir rannten zur Band. Sie stammte aus Raderthal, einem südwestlichen Kölner Vorort, der sich noch keinen Ruf als Weltkulturhauptstadt oder auch nur als bevorzugter Wohnlage der Stadt erworben hat. Gleichwohl verfolgte das vornehme chinesische Publikum die eigenartige Darbietung mit einer Andacht, die Bayreuth alle Ehre gemacht hätte. Nach einem Pausenschwätzchen mit den erfreuten Bandmitgliedern stellte sich heraus, dass das ganze Ereignis einem doppelten Zufall zu verdanken war: Erstens gab es eine Vereinbarung zu einem durch das Goethe-Institut finanzierten deutsch-chinesischen Kulturaustausch; der chinesische Teil hatte in Deutschland gerade stattgefunden, als es zu besagter diplomatischer Verstimmung kam, aber die Termine für den abgesagten deutschen Part in Peking hatten sich schon herumgesprochen. Zweitens hatte der Direktor des SAS in Peking kürzlich noch dem SAS in Köln-Lindenthal vorgestanden und war Verehrer dieser Raderthaler Kulturschaffenden. Kurzerhand hatte er sie also auf Kosten von Steuerzahlern wie Ulrike und mir eingeladen und als Repräsentanten deutscher Hochkultur aufspielen lassen. Den Chinesen ging diese Hochkultur runter wie Butter, wie ihrem Entzücken abzulesen war, und zweifellos hat der wackere SAS-Direktor mehr für die deutsch-chinesische Völkerverständigung geleistet als alle diplomatischen Künste des Herrn Kinkel zusammen.

Zurück im Hotelzimmer begannen wir zu grübeln. Der Hotelmanager war also Kölner, soso. Oder fast so was wie ein Kölner, das ist nämlich jeder, der länger als drei Tage einen festen Wohnsitz in dieser Stadt hat; etwa so wie bei der katholischen Taufe, die wird man auch lebenslang nicht mehr los. Da müsste doch was zu machen sein, überlegte ich. Am nächsten Morgen ließen wir uns nach dem Frühstück beim Hoteldirektor melden. Er hieß Benedikt Ullrich und war ein freundlicher Mann. Ich sprach die Geheimformel. „Mir sinn Kölsche, Ihr sidd ene Kölsche un mer kennt sich un mer hilf sich un mer hann e Problem un dann hat Ihr och e Problem!" Er nickte, er hatte verstanden, dass er uns mit den Visa für Tibet behilflich sein sollte. Er versicherte uns als Kölner, alles zu tun, was in seiner Macht stünde. Als Kölner wusste ich, was ich davon zu halten hatte, nämlich nichts. Zwei Tage später teilte er uns zu meiner Überraschung mit, dass seine Sekretärin, Fräulein Ng, einiges erreicht habe, ich möge mich an sie wenden, und er gab mir ihre Visitenkarte. Tatsächlich, da stand „Miss Tammy Ng, Assistant Manager". Was war denn das jetzt wieder für eine Teufelei? Ich weiß nämlich, dass es in China – wie anderswo auch – als wirklich unhöflich gilt, jemanden nicht mit Namen anzusprechen. Noch unhöflicher aber ist es, einen Namen mit falscher Aussprache zu verhunzen. Wie aber sollte ich das anstellen? „Ng"? „Hello, Miss Tammy" ging auf keinen Fall, das wäre zu angelsächsisch-übergriffig. Also „ng" wie in „Unding"? Oder „N'G" wie im suahelischen „N'Gomo"? („Ang" wäre richtig gewesen). Ich machte das, was immer hilft, erschien mit einem Blumenstrauß bei Miss Ng, legte ihre Visitenkarte vor und fragte, ob sie mich bei dieser Dame melden könne. „Das bin ich selbst", sagte sie und erzählte mir, sie habe mit dem Direktor des Holiday Inn in Lhasa telefoniert, der habe mit einem Vetter eines Regierungsbeamten telefoniert, der mit noch jemandem telefoniert habe usw. Kurz, in zwei Tagen könnten wir unsere Tibetvisa erwarten.

Erst mal taten wir uns in Peking und der näheren Umgebung um. Es gab genug zu besichtigen, wie den Tiananmen-Platz, die Große Halle des Volkes, die Paläste der Verbotenen Stadt und all das, was nun mal zum touristischen Besichtigungsprogramm gehört. Wir staunten, dass wir uns damals schon vollkommen frei bewegen konnten und sich niemand um uns kümmerte. Immerhin war es zur Zeit unserer Anwesenheit noch nicht lange her, dass China sich der westlichen Welt geöffnet hatte. Was die Chinesen darunter verstanden, führten sie uns in unzähligen Karaoke-Bars vor, und damit, dass sie Outlet-Moderamsch und McDonald's für die Erfüllung von Maos Revolutionsversprechen zu halten schienen. Sobald man aber die Hauptstadt verließ, sah es anders aus. Entweder war es Pflicht, einen Führer anzuheuern, der Fahrer und Aufpasser im Doppelsinn zugleich war. Oder man bestieg einen der zahllosen Touristenbusse mit Reiseleiterinnen, die ein scharfes Auge auf die Europäer hatten. In Asien (außer in Indien) hatten wir unter den üblen Hardcore-Verkaufsmethoden überall gelitten, aber die Chinesen schlugen alles bisher Erlebte. Auf unserer Besichtigungsfahrt an die Große Mauer nötigten sie alle Busfahrgäste in insgesamt drei „Factories", die die „einmalige Chance" boten, sich die Herstellung von Teppichen, Porzellan, die Praxis chinesischer Medizin oder weiß der Teufel was anzuschauen. Nichts als Drücker-Läden, in denen geschulte Verkäufer fast jeden Besucher dazu kriegten, irgendeinen wertlosen Schund zu kaufen. Die Schafsköpfigkeit der sich das alles gefallen lassenden Touristen korrespondierte mit der Unverschämtheit der Reiseleiterinnen, die ab und an sogar die Tür hinter den Besuchern abschlossen, damit sich nur ja niemand verdrückte. Immerhin war die Vorführung „traditioneller" chinesischer Medizin interessant: Wir wurden in einen Saal geführt, der an den Hörsaal einer medizinischen Fakultät erinnern sollte. Das Personal trug weiße Kittel und zeigte Anzeichen von Ehrfurcht beim Erscheinen eines ebenfalls Weißbekittelten, dem die Rolle des Vortragenden zufiel. Auf Englisch erzählte er eine Menge über die Geschichte und vor allem über die Überlegenheit der chinesischen Heilkunde. Ich war erst mal ziemlich beeindruckt, man hat ja gehört und gelesen, was die so alles kann: Operationen unter Akupunktur-Anästhesie zum Beispiel (hätte ich mir ganz gerne mal angesehen), obwohl Akupunktur zu unserer Verwunderung bei diesem Vortrag keine Rolle spielte. Im Einzelnen weiß ich nicht mehr genau, was da alles erzählt und vor allem vorgeführt wurde, aber ich erinnere mich, dass ich mich zunehmend veralbert fühlte. Endgültig reichte es mir, als man uns die „Elektromedizin" vorführte: ein bekittelter Proband nahm eine handelsübliche Glühlampe in die Hand, berührte mit der anderen einen „Heilgenerator" und prompt leuchtete die Glühlampe rheumalindernd auf. Was Glühlampen mit klassischer chinesischer Medizin zu tun haben mochten, wird sich mancher im Auditorium gefragt haben. Wir aber, die wir nach wie vor der jahrtausendealten chinesischen Medizin einen ahnungslosen Respekt entgegen zu bringen bereit sind, waren wütend und empört. Natürlich wurden anschließend allerlei Heilmittel feilgeboten.

Beim dritten Factory-Stop auf der Rückfahrt hatten wir die Nase voll und wir erklärten, dass wir für eine Fahrt zur Mauer bezahlt hätten, nicht aber für all diesen Unsinn, und dass wir keinesfalls noch so eine Zwangskaufbude betreten würden. Unsere Führerin ließ jede Höflichkeit fahren und erklärte unchinesisch schnippisch: „Sie können draußen warten, wenn es Ihnen nicht passt, aber das sage ich

Ihnen: Weg kommen Sie hier sowieso nicht!" Oho, das weckte natürlich unseren Ehrgeiz, und wir beschlossen, zu türmen. Mit niedergeschlagenen Gesichtern näherten wir uns einem anderen Bus, der sich gerade anschickte, mit einer Ladung Ausgeplünderter den Heimweg nach Peking anzutreten. „Unser Bus ist ohne uns weggefahren!", beklagten wir uns. Der Satz löste bei der Reiseleiterin blankes Entsetzen aus, genauso gut hätte ich auch gegen ihren Bus pinkeln können. Ein unglaublicher Vorgang, dämmerte uns, denn diese Bewacherinnen waren für ihre Schäfchen verantwortlich, zählten sie ständig durch und passten auf wie die Luchse. Man sah ihr an, was hinter der Stirn vorging: Einerseits durfte sie uns nicht einfach mitnehmen, uns aber hier unserem Schicksal zu überlassen, ging schon gar nicht, also durften wir einsteigen wie zwei ausgesetzte Hundewelpen. Im Bus stellte sie uns den Mitreisenden als zwei ausgemachte Volltrottel vor und als Beispiel dafür, wie es jemandem ergehen könne, der aus der Reihe tanze, statt sich genau an die Reiseführeranweisungen zu halten. Während der Heimfahrt malten wir uns feixend und frohgemut die Nöte unserer eigenen Reiseleiterin aus, wenn sie entdecken würde, dass wir uns in Luft aufgelöst hatten.

In Peking und Xian hatten wir die Überzeugung gewonnen, es sei für Chinesen unschicklich, auf der Straße zu essen oder zu trinken – anders konnten wir uns das Fehlen jeglicher Straßencafés und -restaurants nicht erklären. In Guilin in der Provinz Sezuan galt das jedenfalls nicht. Dort bummelte man über freundliche Alleen voller Bäume, Blüten und Blumen an einladenden Straßencafés vorbei und freute sich über die vielen vergnügten Menschen. Viele amüsierten sich mit allerlei Brettspielen. Und erst die Berge! Stets habe ich die raffinierten Tuschezeichnungen der Chinesen bewundert, die so sparsam in abgestuften Grautönen die Charakteristika der Sujets setzen: die hochnäsigen Reiher, die wilden Löwen, die brutalen Krieger, die grandiosen Wasserfälle, die eleganten Pflanzen usw., oft mit einem einzigen, meist knallroten Farbtupfer den entscheidenden Akzent setzend, oder auch nur mit dem roten Stempel des Künstlers kokettierend. Aber die Berge! Das können sie überhaupt nicht, dachte ich immer. Die sehen überwiegend aus wie von Kinderhand gemalt, dicke runde Bogenklötze wie Schokoküsse.

Wie enorm war unsere Verwunderung, nun in Guilin und auf einer Flussfahrt dort all die Berge zu sehen, die auf den Tuschzeichnungen wie Schokoküsse aussehen! Die sehen ja wirklich so aus! Zu Recht lieben die Chinesen diese Berge und sie gaben ihnen Namen nach ihrem Aussehen: Drachenzahn, Lotosblüte, Kopf des Tigers, Rüssel des Elefanten, Nase des siebten Kaisers (den hätte ich zu gern mal kennengelernt) usw. Ein Beweis für Fantasievielfalt, fand ich, denn für mich sahen alle Berge hier einfach nur rund aus. Ganz eindeutig lieben Chinesen auch ihre Bäume, sie wiesen ständig auf sie hin, nannten ihre Bezeichnung, ihre Besonderheiten und ihr Alter – man hätte fast glauben können, dass in ihnen noch ein Rest an ökologischem Interesse an Pflanzen schlummerte. Im Übrigen lieben sie außer Bäumen und Bergen vor allem Mauern und unter den Mauern bevorzugen sie entschieden die Ziegelmauern. Was sich irgendwie einmauern ließ, das wurde auch eingemauert, sogar die Landesgrenze.

Ach ja, natürlich wurde uns in China auch eine Vorstellung „von unseren chinesischen Minderheiten" gezeigt. Folkloregruppen wurden in ihre landesüblichen Trachten gesteckt und man ließ sie Volkstänze und merkwürdige Belustigungen vorführen, so auch den besonders abstoßenden „Pferdekampf", bei dem ein hilfloser, kleiner Hengst an einer langen Leine unter dem Jubel der chinesischen Zuschauer den Bissen und Tritten vieler freilaufender Hengste ausgesetzt wurde. Das wurde dem armen Tier wahrscheinlich lebenslang mehrmals täglich zugemutet – offenbar die chinesische Antwort auf die sinnlose Tierquälerei des spanischen Stierkampfs, bei dem aber immerhin die Quälerei ein Ende hat und der Torero sein Leben riskiert.

Landesfreunde macht man sich anders.

Tibet – Hand-Stoßgebetsmühle

In Chengdu bekamen wir unsere Hotelvoucher und Tickets nach Lhasa. Von Visa keine Spur. Uns dämmerte: Offiziell betrachtete China Tibet als eigene Provinz und nicht als Ausland. Visa für eine eigene Provinz aber erteilte man nicht. Entweder ließen die Chinesen einen nach Tibet rein oder sie ließen einen eben nicht rein. Die Praxis war einfach: Kriegte man die Tickets zusammen mit einer handschriftlichen Erlaubnis, dann durfte man auch rein. Das richtete sich jeweils danach, ob der zuständige Parteikader gut gefrühstückt hatte oder ob man einen Drachen oder wenigstens einen Hoteldirektor als Fürsprecher auf seiner Seite wusste.

Lhasa erschien zunächst mal wie eine stinknormale chinesische Stadt: gesichtslos und planlos mit Hochhäusern gepflastert. Es fehlten jedoch die fahrrad- und autoverstopften Straßen und die Polizisten, die mitten auf abgasverseuchten Kreuzungen mit grotesk automatenhaften Bewegungen den Verkehr regelten. Aber die Luft! Sie war so dünn, dass sie uns ordentliche Kopfschmerzen bereitete. Dennoch verzichteten wir bewusst auf den Gebrauch der Sauerstoffduschen, die für neu eingeflogene Gäste in jedem Hotelzimmer bereitstanden, um der Höhenkrankheit Einhalt zu gebieten. Wir wollten uns jedoch möglichst schnell eingewöhnen und gönnten uns keine Pause. Im Altstadtkern änderte sich das Bild gründlich. Dominierend war die heilige Meile (in Wahrheit 700 Meter), die durchs Zentrum mäanderte und auf der sich die exotischsten Gestalten mit ihren Gebetsmühlen drängelten. Uns umfing eine Aura unerschütterlich tiefer und dabei seltsam fröhlicher, unbefangener Frömmigkeit. Für Tibeter ist Leben und Religion ein und dasselbe. Die Lama haben eine erstaunliche Schwäche für Quantität und große Zahlen. Es ist ihnen wichtig, beständig ein und dasselbe Mantra millionenfach in den Himmel zu schicken („om mani padme hum", oft unzulänglich mit „oh du Glückseligkeit in der Lotosblüte" übersetzt, es handelt sich um eine Metapher für das Entstehen und Vergehen der Welt). Wie macht man das, wenn man gleichzeitig auch noch zu was anderem kommen möchte? Man lässt beten, und zwar vollautomatisch oder halbautomatisch.

Der Gebetsvollautomat besteht aus Zigtausenden von Fähnchen, die mehrfach mit dem Gebet beschriftet sind und im ewigen Wind hängen. Mit jedem Flattern jagt der Spruch vielfach in den Himmel. Hinzu kommt das halbautomatische Verfahren: Ein Zettel mit dem 700-fachen Gebet wird in eine Gebetsmühle gesteckt und mit jeder Handbewegung und jeder Umdrehung entlässt die dann jeweils 300 Mantras, eine Art Handstoßgebetsspritze also. Mantras als Gebete zu bezeichnen, ist im Grunde falsch, aber das würde hier zu weit führen. Es gibt sie aber auch als Stoßgebetskanonen an den Tempeleingängen, dann haben sie das Format von Waschpulvertrommeln oder sogar Benzinfässern, die stets von den Vorübergehenden in Schwung gehalten werden.

Mal angenommen, allein in Lhasa würden 500.000 Fähnchen hängen, die mit je vier Gebeten dreimal pro Sekunde flattern: In diesem Fall käme man auf 360 Millionen Gebete pro Minute. Hinzu kommt das Halbautomatische: Wenn 10.000 Lama in Lhasa gleichzeitig und beiläufig mit der einen Hand ihre Mühlen drehen, während sie mit der anderen in den Zähnen oder der Nase popeln (doch, das tun sie), dann wären das 180 Millionen Gebete pro Minute. Da kommt was zusammen, wenn man beide Verfahren addiert: 540 Millionen pro Minute – das heißt: Bei täglich zwölf Stunden Wind und Mühlendrehen ergäbe das rund 389 Milliarden! An einem Tag machen die landesweit locker die Billion voll, das ist Weltspitze, dagegen ist der Vatikan eine Minderbetzone. Aber ich gebe zu, der tiefen Frömmigkeit der Tibeter wird meine Rechnung nicht so ganz gerecht.

Ja, und dann der Potala-Palast! Tausend Räume, die meisten ziemlich klein und vollgestopft mit abertausenden Buddhas von Fingerhutgröße bis zu fünf Metern Höhe und Millionen Büchern, eine Bibliothek, gegen die der Vatikan bestimmt auch nichts aufzubieten hat. Mich überkam allerdings der Verdacht, dass in all den Büchern nichts anderes als „om mani padme hum" stand. Der Palast verfügte über enorm viele Geschosse und war 117 Meter hoch. Dazu stand er noch auf einem hohen Berg. Um aus der Stadt auf das Dachgeschoss zu gelangen, dessen Terrasse von imposanten Gelbmützenmönchen bewacht wurde und wo überraschenderweise ein gemütliches Café zu finden war, kletterten wir also gleich am Tag unserer Ankunft ziemlich weit hinauf. Schrittchen für Schrittchen und nach Atem und mit dumpfen Kopfschmerzen ringend. Wir fühlten uns wie echte Sherpas und staunten nicht schlecht, als wir ausgerechnet von Reinhold Messner im achtzylindrigen Range Rover überholt wurden. Der Aufstieg war ihm wohl zu anstrengend.

Erfreut sahen wir auf einer Überlandtour dann doch noch wirkliche Tibeter in größerer Zahl, denn wir dachten schon, dass im Land wie in der Hauptstadt fast nur noch Chinesen lebten. Es kann einen verrückt machen, anzusehen, wie in Tibet die Tibeter ersichtlich keine größere Rolle mehr spielen als – sagen wir – die Aborigines in Australien oder die Indianer in den USA.

Kathmandu – Heilige Manneskraft

Unsere Reisegeschwindigkeit nahm weiter zu, denn wir befanden uns im Grunde auf dem Heimweg. Da wir eine prima Verbindung von Lhasa via Nepal, Frankfurt und Kopenhagen nach Grönland gefunden hatten, legten wir in Kathmandu einen kurzen Zwischenstopp ein, nicht ohne vorher aus dem Flugzeug den Mount Everest und all die anderen kühlen Himalaya-Schönheiten zu bewundern. Das geht natürlich nicht konfliktlos ab, wenn man nur einen und nicht zwei Fensterplätze hat, wovon noch eine gewisse einseitige Nackensteifheit kündete, die tagelang anhielt.

Kathmandu erstaunte uns, weil es trotz der geringen Entfernung und der Himalaya-Lage mit Lhasa nicht die geringste Ähnlichkeit aufwies; hier fühlten wir uns ins indische Varanasi mit seinen Leichenverbrennungsghats versetzt. Hinduismus pur. Der zentrale Platz war schön und rund und erinnerte mich – wenn ich mir die große Stupa mit den aufgemalten einschüchternden Augen wegdachte – in seinem Grundriss absurderweise an Siena. Unten am Fluss bei den dutzenden Shiva- und Khalitempeln, die mit gemauerten Wandelgängen verbunden und mit zahllosen Vagina- und Penissymbolen gesäumt waren, saßen und lagen hunderte von heiligen Männern herum. Einer dieser Sadhus ernährte sich seit 15 Jahren nur von Milch, hatte einen 2,40 Meter langen Bart und war erst kürzlich in Deutschland gewesen. Er gründete seine Heiligkeit auf alle drei Tatsachen. Ein anderer war so heilig, dass er ein Fünf-Kilo-Gewicht mit seinem erigierten Penis hochheben zu können behauptete, was er gegen Eintrittsgeld in seinem Zelt auch unter Beweis zu stellen anbot. Ich gestehe, das hätte ich mir wirklich gerne mal angeguckt, aber Ulrikes Miene hielt mich davon ab.

Im Unterschied zu Varanasi werden an den Ghats die Toten nicht nur bei Sonnenaufgang, sondern den ganzen Tag über verbrannt (und längst nicht immer vollständig). Angesichts all der ritualisierten Trauer und der ungewohnten Stille der Zeremonien, die nur vom Knistern brennenden Holzes gebrochen wurde, konnte ich mich meiner Ergriffenheit nicht erwehren, obwohl ich es versuchte, denn sie machte mich verlegen. Als Gaffer hatten wir hier eigentlich nichts verloren.

Grönland – Mückenpicknick

Die absurde Ticketfolge hatte für uns entschieden, uns zum Schluss Grönland anzuschauen, jedenfalls das, was man sich dort im Sommer so anguckt und das liegt meist an der Ostküste. Grönland ist was für Flugbegeisterte, denn es wird viel mit Helikoptern herumgereist und besichtigt, Gletscher zumeist, die man sich wie endlos lange, breite und erstarrte Flüsse aus Eisbergen vorstellen muss. Es ist eine arktische Welt mit ihrer eigenartigen, von Steinflechten dominierten Flora. Das Land wirkt irgendwie ärmlich und traurig wegen der kaputtgemachten Inuitkultur und dem aus dem schlechten Gewissen der Dänen erwachsenden Versuch, alles wieder gut zu machen, unter anderem mit den von ihnen in den vergangenen Jahrzehnten errichteten langweiligen Reihenbehausungen. Die älteren Häuser hingegen sind alle aus Holz errichtet und mit ihren knallbunten Fassaden hübsch anzuschauen.

Wahrscheinlich ist es spannender, arktische Regionen im Winter zu besuchen, wenn man mit den Hunde- oder Motorschlitten von den Küsten weg aufs Inlandeis fahren und in der ewigen Dunkelheit, die so dunkel meist gar nicht ist, den Sternenhimmel und das Nordlicht bewundern kann. Jetzt aber stand die Sonne um Mitternacht noch hoch am Himmel und die Hunde lagen für Monate heulend an ihren Ketten, und wir schauten von den immer gleichen Häfen mit den immer gleichen Häusern aufs Meer und die Eisberge.

Die Leute gaben sich große Mühe, die nicht allzu zahlreichen Touristen zu unterhalten, und wenn sie uns mit gefährlich kleinen Booten durch die Wunderwelt der riesigen blauschimmernden Eisberge fuhren, dann staunten wir wie Kinder. Irgendwo in erreichbarer Ferne sollte es eine Torfhütte geben, die nach Überzeugung aller Dänen die Heimstatt des Weihnachtsmannes ist, also beschlossen wir, eine Nachtwanderung dorthin zu unternehmen. Ein Plan, der doppelt unsinnig war, denn in der Arktis hat der Weihnachtsmann von Norwegen und Schweden über Island, Grönland, Kanada und Alaska überall seine Hütten und wer weiß, in welcher er sich gerade aufhielt! Zum anderen waren Tag und Nacht kaum voneinander zu unterscheiden, also konnte man auch gleich tagsüber losgehen, statt in der taghellen Nacht eine Nachtwanderung zu machen. Wir pfefferten unser Vorhaben noch mit einem ordentlichen Proviantpaket und einer Weinflasche, dann ging es los. Eine grobe Karte, die handgemalt aussah und wohl das Resultat einer Hausaufgabe für Drittklässler hätte sein können, sollte uns den Weg zeigen.

Die Sache machte ordentlich Spaß, die Landschaft war von eigenartig karger Schönheit und bester Dinge wanderten wir voran. „Gibt es hier Eisbären?" Ulrikes Frage überforderte mich bei Weitem, denn einerseits – natürlich gibt es auf Grönland Eisbären! Aber nicht hier, denn hier war kein Eis, oder? Oder? Und wenn doch, dann hätte ich mir wohl besser vor dem Aufbruch darüber Gedanken gemacht. Etwas halbherzig beteuerte ich ihr meine unerschütterliche Überzeugung, dass jeder Gedanke an Eisbären lächerlich sei. Insgeheim fragte ich mich, ob es klug war, mit einem Rucksack voller wohlriechender Leckereien weiterzugehen und erklärte flugs das Picknick für eröffnet. Kaum hatten wir uns niedergelassen und das Essen herausgeholt, machten sich Milliarden ausgehungerter Mücken über uns her. Wir rafften alles zusammen und ergriffen die Flucht. „Gibt es denn Wölfe hier?" Wieder so 'ne Frage. Woher zum Teufel sollte ich denn wissen, was hier sonst noch alles herumläuft? „Nein, meine Liebe, hier gibt es keine Wölfe und wenn, dann sind die sehr scheu!" - „Scheu? Ja was denn nun, gibt es hier Wölfe oder nicht?" Sie schaute mich an wie einen Reiseleiter, ein Blick, der mir bei anderer Gelegenheit besser gefallen hätte. Ich saß in der Falle und schlug vor, den Heimweg anzutreten. Es wäre meinem Ansehen bei Ulrike fatal abträglich gewesen, wenn ich jetzt die geringste Unsicherheit gezeigt hätte, also mussten die Mücken als Begründung für den Rückzug herhalten. Die aber ließen uns in Ruhe, solange wir in Bewegung blieben und nicht am Rucksack nestelten. Gegen drei Uhr morgens waren wir zurück im Hotelzimmer und verzehrten unser Picknick mit einem guten Chateau aus Zahnputzgläsern. Durch das Kippfensterchen betrachteten wir den Hafen. Also doch, alles in allem: Grönland hat was.

Spitzbergen – Besuch im Außerirdischen

Der Norden bietet außerordentliche Vielfalt und wundervolle Landschaften, das war mir auf einer früheren Skandinavienreise klar geworden, die allerdings mit herrlichem Wetter geprotzt hatte. Aber im tiefsten Inneren erging es mir immer ein wenig wie dem armen amerikanischen Touristen, der meine in Kopenhagen lebende Schwiegermutter zunächst mit der Frage überraschte, ob sie „native", also Eingeborene sei, um anschließend seine Verwunderung über das Fehlen von Eisbären in der Stadt zu äußern. Mir fehlte einfach der höchste – also „richtige" – Norden, also der mit Eisbären und Permafrost, Roald Amundsen und Fridtjof Nansen. Auf Lofoten beschloss ich im Sommer 1985, diesem Mangel abzuhelfen, und zwar ohne Begleitung.

Ich suchte ein Reisebüro auf und legte meinen Wunsch dar, für eine Woche nach Spitzbergen zu fliegen. Die blonde alerte Reisebüroschönheit zeigte sich nicht verwundert, sondern skeptisch. „Tourismus gibt es dort eigentlich nicht, aber mal sehen, ob was frei ist", meinte sie; ich fand das etwas widersprüchlich. Nach einigen Telefonaten eröffnete sie mir erfreut, dass zufällig ein Etagenbett in einem Arbeiterheim frei sei. Das traf exakt meinen Geschmack und verhieß Erfüllung meiner Permafrostträume. Begeistert bestieg ich verschiedene kleine Propeller- und ein großes Düsenflugzeug einer Fluggesellschaft mit dem eigenartigen Namen „Widerøe". Wir überflogen die Große Bäreninsel und landeten nach vielstündigem Flug in Longyearbyen. Das ist die Hauptstadt von Svalbard, wie die nördlichste Inselgruppe der Welt heißt, die wir unter der irreführenden Bezeichnung Spitzbergen kennen. Spitzbergen ist nur eine der Inseln des Archipels.

Gespannt spähte ich bei der Landung aus dem Fenster: von Schnee und Eis weit und breit keine Spur. Stattdessen fünf in einer Reihe stehende lange Holzbaracken. Immerhin gab es im winzigen Flughafengebäude einen Schalter der Autoverleihfirma Avis. Angesichts der eisfreien Landumgebung schien mir ein Leihwagen nicht die schlechteste aller Ideen zu sein. Nassforsch legte ich meinen linken

Ellenbogen auf den Avis-Tresen und erkundigte mich nach dem Preis des kleinstmöglichen Autos. Der Mann hinter dem Tresen musterte mich, als sei ich ein seltenes Insekt: „Sind Sie wirklich sicher, dass Sie ein Auto mieten wollen? Es gibt hier nur eine einzige asphaltierte Straße, die ist zwei Kilometer lang und führt ins Zentrum von Longyearbyen. Außerhalb dieser Straße darf niemand mit einem Auto fahren, nicht einmal mit einem Geländewagen!" Ich war verwirrt. „Ja und warum vermieten Sie dann Autos?" - „Wir haben hier noch nie ein Auto vermietet, aber unsere Gesellschaft wirbt weltweit damit, die nördlichste Autoverleihstation der Welt zu besitzen!" Aha.

Ich ließ mich also wie alle anderen Fluggäste mit meinem Gepäck von einem Großraumtaxi ins zwei Kilometer entfernte Zentrum von Longyearbyen bringen. Da ich indes wegen der Avis-Plauderei die letzte Fahrt verpasst hatte, musste ich den unerhörten Fahrpreis allein bezahlen, den sich kurz zuvor die Fluggäste untereinander geteilt hatten. Hätte ich das vorher geahnt, wäre ich zu Fuß gegangen. Downtown Longyearbyen wurde ich am Zentralgebäude abgesetzt, der mittleren der fünf Holzbaracken. Beklommen blickte ich mich um: Hier war ich also und so also sah es in Nordpolnähe aus. Das Gebäude erfüllte offenbar eine Vielzahl von Funktionen und eine davon war jedenfalls so etwas wie eine Rezeption für Neuankömmlinge. Ich wurde bereits erwartet und man wies mir ein bestimmtes Zimmer in einer bestimmten Baracke zu. Mit einem in die Hand gedrückten Schlüssel an einem pfundschweren Anhänger und einem Informationszettel, den zu lesen ich mir für einen späteren Zeitpunkt aufhob, wurde ich entlassen. Jetzt galt es erst mal, mein Zimmer zu finden, dann, etwas Vernünftiges zu essen und schließlich, ins Bett zu kommen, denn die Anreise war lang und anstrengend gewesen.

Die Inselgruppe, die in den Schulatlanten meiner Kindheit einem dem Nordpol nahegelegenen Stecknadelkopf glich, ist in Wahrheit doppelt so groß wie die Schweiz. In ihrer längsten Ausdehnung erstreckt sie sich über fast tausend Kilometer. Zu der Zeit besaß sie tatsächlich noch eine Hauptstadt. Die bestand aus den fünf erwähnten mächtig langen zweigeschossigen Baracken, deren Abstände voneinander jeweils fast einen Kilometer betrugen, sowie zwei abseits angeordneten kleineren Häusern. Mein Zimmer lag in Baracke

Nummer vier, ich musste mein Gepäck also nur etwa anderthalb Kilometer weit tragen, die richtige Tür finden, aufschließen und mein Zimmer suchen. Das war nicht groß, aber hell und in freundlichen Pastellfarben gestrichen, verfügte über ein Bad, einen Schreibtisch und zwei Etagenbetten, von denen augenscheinlich keines belegt war. Es war zehn Uhr abends, taghell und mir leuchtete sofort der Sinn des lichtdichten Fensterrollos ein, mit dem sich das Zimmer in eine Dunkelkammer verwandeln ließ. Ich verstaute mein Gepäck und machte mich auf den Weg zurück zur Zentralbaracke, denn dort hatte ich ein Kantinenschild gesehen. Draußen schaute ich mich erst mal um. Zunächst wurde mir klar, warum der holländische Seefahrer, dessen Segelschiff es hierher verschlagen hatte, den Boden unter meinen Füßen Spitzbergen getauft hatte. Solche Bergformationen hatte ich noch nie gesehen: Longyearbyen mit seinem Hafen liegt am Ende eines abfallenden Tals, das erkennbar von einem Gletscher ausgeschabt worden war, und ringsum erhebt sich ein Gebirge, das ausnahmslos die Form hunderter spitzer, enorm hoher Zipfelmützen hat. Irdisch sieht das wirklich nicht aus. Dann blickte ich in den unbedeckten Himmel: Das helle, völlig farblose Licht ließ die Welt hier unten wie ein Schwarzweißfoto erscheinen und entstammte einer Sonne, die nicht die meine war. Ich kannte bis dahin unsere Mitternachtssonne nördlich des Polarkreises auf dem europäischen Festland und auf Grönland, die ihren Lauf nicht mehr unter den Horizont schafft und wie ein großer Götze um Mitternacht die Welt mit ihrem Rot färbt. Diese fremde Sonne hier stand klein und weiß direkt in der Himmelsmitte und hatte keinen Lauf mehr, war wie eine Reispapierlampe aufgehängt und verharrte immer am selben Fleck. Die Gebäude standen wegen des Permafrostes auf Stelzen, wirkten spinnenhaft und waren untereinander durch beheizte Rohrleitungen verbunden, die ebenfalls auf Stelzen ruhten. Das hätte eine Marsstation sein können, wenn die Menschen nicht ohne Helme und Raumanzüge herumgelaufen oder gar mit dem Fahrrad unterwegs gewesen wären.

In der Zentralbaracke, die auch Post, Theater, Kino, Supermarkt und irgendeine Behörde beherbergte, wandte ich mich der Kantine zu, die zu meinem Erstaunen rund um die Uhr geöffnet hatte. Sie entpuppte sich als eine Art Nobelrestaurant für arktische Arbeiter, bot erlesene Speisen und seltene Spitzenweine zu geradezu lächerlichen Preisen an. Der Laden war zweifelsohne wie alles auf Svalbard hoch subventioniert. Die Menschen, die hier arbeiteten, waren gutbezahlte Spezialisten, zwar in Baracken kaserniert, aber verwöhnt wie Bohrinselarbeiter, denn das Leben in der absolut lebensfeindlichen Arktis ist hart. Ich gönnte mir ein wunderbares Menü und registrierte verwundert, dass an meinem Nebentisch gefrühstückt und an einem weiteren Tisch ein Mittagessen eingenommen wurde. Ich war auf einem Planeten ohne Tageszeiten gelandet, das blieb nicht ohne Auswirkung auf meinen Biorhythmus. Meine Müdigkeit war einer entschiedenen Unternehmungslust gewichen, also machte ich mich erst mal zu einer Besichtigungstour auf.

Eines der beiden außerhalb der Barackenreihe stehenden Häuser wurde als Museum genutzt, das andere war das Wohnhaus des Sysselmanns. Der Sysselmann ist der norwegische Beamte, der wie ein norwegischer Vizekönig für Svalbard zuständig ist, dabei gehört der Archipel keineswegs zu Norwegen, eigentlich handelt es sich um Niemandsland. Ich hätte also theoretisch einen eigenen beliebig großen Claim abstecken, ihn zum Königreich Stärkland ausrufen und eigene Briefmarken drucken lassen können. Dann hätte mich allerdings der Sysselmann eingesperrt, denn die Inselgruppe war 1920 vom Völkerbund unter norwegische Verwaltung gestellt worden, ein Protektorat also. Svalbard besaß nie Ureinwohner, denn nicht einmal Eskimos hätten dort eine Überlebenschance gehabt. Als erste Menschen betraten im 16. Jahrhundert russische Mönche die Inseln, um Polarfüchse zu jagen. Im 17. Jahrhundert gab es einen nur wenige Jahrzehnte andauernden Walfangansturm und am Anfang des vorigen Jahrhunderts begann der Kohleabbau. Vom Museum mit so einigen Geschichtskenntnissen ausgestattet, setzte ich meine Entdeckungstour fort. Auf einem kleinen Friedhof an der Küste betrachtete ich die wenigen Gräber, die die Mönche hinterlassen hatten, eine gruselige Angelegenheit, denn es wäre unmöglich gewesen, aus dem dauergefrorenen Boden Gräber auszuheben. Tote waren einfach auf die Erde gelegt und mit Steinen zugedeckt worden, um sie vor Raubtieren zu schützen. Zwischen den runden Steinen war genug Platz, um hindurch zu lugen und die Skelette zu betrachten. Als nächstes nahm ich mir vor, die Reste eines stillgelegten Kohlebergwerkes zu besichtigen, dessen Überbleibsel ich zuvor von meinem Zimmerfenster aus entdeckt hatte. Es lag talaufwärts kurz vor dem Gletscher, der sich schon damals ein ordentliches Stück zurückgezogen hatte. Nach wenigen Schritten hörte ich ein keckerndes Knattern über mir, ausgestoßen von einem spitzschnabeligen kleinen Vogel, der sich anschickte, im Sturzflug meinen Kopf zu attackieren.

Der Schreck ließ mich einen Schritt zurücktreten. Sofort verstummte der Vogel und drehte ab. Seltsam. Ich machte erneut einen Schritt vor und auf der Stelle begann der Luftangriff des kleinen Wüterichs erneut. Ich hatte es mit einer brütenden Seeküstenschwalbe zu tun. Diese Vögel fliegen tatsächlich zweimal im Jahr von Pol zu Pol, eine unfassbare Leistung. Sie legen ihre Eier mangels des erforderlichen Materials nicht in Nester, sondern zwischen die runden grauen Strandkiesel, wo sie unentdeckt bleiben, denn sie sehen exakt so aus wie die sie umgebenden Kieselsteine. Um dieses Gelege herum errichten die Vögel einen unsichtbaren Bannkreis. Was draußen ist, bleibt unbeachtet, aber ein einziger Schritt über die imaginäre Schutzzone löst einen heldenhaften und ernst zu nehmenden Angriff aus. Und noch eine Besonderheit zeichnet diesen kleinen Vogel aus: Auf den Inseln des Archipels brüten dicht an dicht Millionen Eiderenten. Diese Enten – wollen sie nicht verhungern – müssen ab und zu ihr Gelege verlassen, um auf Nahrungssuche zu gehen. Eine Nachbarin passt so lange auf die bebrüteten Eier auf; oft belohnt sie sich dafür, indem sie heimlich eines der Eier klaut und mit ihrem Schnabel das Diebesgut aus dem fremden in das eigene Nest kullert. Kaum sind die Küken geschlüpft, setzt ein Massensterben ein, denn die Eismöwen, gewaltige Vögel, die 70 Zentimeter lang und teilweise mehr als zwei Kilo schwer sein können, betrachten die Küken als Bereicherung ihres Speiseplans. Sie schnappen sich, was sie nur kriegen können, und die körperlich weit unterlegenen Entenmütter sind völlig hilflos. Vermutlich würden nur wenige der jungen Eiderenten überleben, wären da nicht die Seeküstenschwalben. Die stürzen sich in der beschriebenen Sturzkampfbomberart mit Geknatter auf die 30-fach größeren Eismöwen, hacken auf deren Köpfe und Augen und schüchtern sie derart ein, dass sie flüchten. Niemand weiß, wie diese eigenartige Symbiose zustande kommt, denn es ist nicht ersichtlich, welchen Vorteil die Seeküstenschwalben aus ihrem Verhalten ziehen.

Der Weg zum Bergwerk erwies sich als viel weiter und vor allem mühsamer als von mir erwartet. Irgendwie hatte ich mich wohl in der Entfernung verschätzt. In Jetzt-erst-recht-Stimmung setzte ich den Aufstieg fort und stieß auf ein unerwartetes Hindernis. Ein kleiner Schmelzwasserbach kreuzte meinen Weg, den ich in meiner Welt mühelos hätte überqueren können, nicht aber auf diesem fremden Planeten. Der Bach hatte sich über Jahrtausende ein Kiesbett gegraben und hier sehen Kiesbetten anders aus als bei uns: Die Kiesel haben Durchmesser zwischen 80 Zentimetern und zwei Metern und liegen – wie bei uns auch – dicht übereinander und umeinander herum. Eine solche Barriere zu überqueren, ist nicht nur ziemlich gefährlich, sondern kostete mich weit über eine Stunde verrückter Kletterei über ein Labyrinth. Als ich mein Ziel erreicht hatte, beäugte ich ein paar rostige Maschinen, deren Zweck ich nicht enträtselte, sowie Stolleneingänge und -schächte, in die ich mich nicht hineintraute. Ich hatte in der Welt der ewigen Helligkeit glatt vergessen, eine Taschenlampe einzustecken. Der Rückweg dauerte Stunden, und zurück in meinem Zimmer ließ ich mich aufs Bett fallen und schlief ein. Ich war seit meinem Abflug ganze 72 Stunden unterwegs gewesen, ohne es zu merken.

Am Folgetag schaute ich beim Erwachen nicht einmal auf die Uhr, es war völlig bedeutungslos geworden, wie lange ich geschlafen hatte und in welcher Tageszeit ich erwacht war. Ich lebte in meiner Zeit und jeder andere hier in jeweils der seinen, eine Tatsache, die die Menschen aneinander vorbeitreiben ließ wie Fische auf einem PC-Bildschirmschoner. An der Zentralbaracke wurden Fahrräder vermietet. Frohgemut suchte ich mir eines aus, steckte meine Taschenlampe ein und los ging es zum nächsten Bergwerk, denn ich wollte doch einmal sehen, wie diese aufgegebenen Gruben aussahen. Die heute überwiegend ausgebeuteten Bergwerke förderten Kohle, und ihre Besonderheit besteht darin, dass ihre Flöze nicht unter Tage liegen. Sie führen waagerecht durch die Berge, gerade so, als hätte ein außerirdischer Konditor mit einem breiten Messer alle Zipfel der Berge mit einem Streich geköpft, eine gleichmäßige Kohleschicht auf die Stümpfe aufgetragen und die Zipfel anschließend wieder aufgesetzt. Ganz Spitzbergen ist im Grunde eine Steinkohlentorte.

Außer Norwegern befinden sich nur noch Russen auf den Inseln. In Barentsburg bauen sie offiziell noch Kohle ab, aber alle Welt glaubt, dass das nur ein Vorwand ist, um ihre Spionagetätigkeit zu verschleiern, die sich gegen die NATO im Polarkreis richtet. Mein Ziel lag an der Küste entlang landeinwärts in halber Berghöhe, sah besser erhalten aus als das gestrige und schien mir zum Greifen nahe, also radelte ich drauf los. Ich radelte und radelte und radelte, aber mein gut sichtbares Ziel schien nicht einen Millimeter näher zu kommen. Ich glaubte, mein Herz pochen zu hören und lauschte meinem Atem, denn die Stille ringsum hätte mich an ein Versagen meines Gehörs glauben lassen, wären da nicht die Reifen- und Kettengeräusche des Fahrrades gewesen. Doch hin und wieder sträubten sich mir die Haare und eine Gänsehaut jagte über meinen Rücken, denn ein entsetzliches Donnern und Grollen fiel über mich her, dessen Ursache ich trotz panischen Umherschauens nicht zu ergründen vermochte. In Wahrheit hatte ich es mit lebensgefährlichen, aber weit entfernten und unsichtbaren Geröllawinen zu tun, die die vermeintliche Gehörlosigkeit jäh unterbrachen. Unterwegs war ich an ein paar Zelten vorbeigekommen, um die einige Franzosen herumwuselten, die alle Gewehre trugen. Ich beachtete das nicht weiter, weil ich ja nicht wusste, in welcher Zeit sie sich befanden, sondern radelte tapfer weiter, obwohl meine Muskeln schmerzten, insbesondere meine Gesäßmuskeln. Hin und wieder hielt ich an kreisrunden Steinformationen in unterschiedlichem Erhaltungszustand an. Es musste sich um die Walkochstationen des 17. Jahrhunderts handeln, von denen ich gelesen hatte. Zu der Zeit hatten riesige Fangflotten der Engländer, Franzosen und Holländer in kurzer Zeit die Wale und Walrosse rund um Svalbard komplett ausgerottet und zu Tran verkocht. Damit hatten sie die Straßen in London und Paris beleuchtet, das war's dann mit den Walen. Bald konnte ich einfach nicht mehr, ich war meinem Ziel nicht näher gekommen und dennoch seit Stunden unterwegs. Mir schien: Hier galten andere physikalische Gesetze. Die wahre Ursache für das Phänomen bestand darin, dass die Luft auf Spitzbergen absolut staubfrei und damit so durchsichtig war wie eine Zeisslinse. Es war unmöglich, Entfernungen zu Sichtbarem abzuschätzen. Ich schreibe bewusst „war", denn ich bin mir keineswegs sicher, ob sich das heute angesichts regelmäßiger Kreuzfahrtschiffsbesuche der Hurtigruten und zahlreicher Touristen nicht geändert hat.

Ich gab auf und wendete mein Rad, nur um bald festzustellen, dass ich den ganzen Weg über noch nicht bergauf, sondern leicht abschüssig und mit Rückenwind gefahren war. Meist gehend und nur selten auf meinem schrecklich schmerzenden Hintern radfahrend nahm der Rückweg kein Ende.

Nach dem nächsten Erwachen in meinem abgedunkelten Zimmer fiel mein Blick auf den mir beim Einchecken ausgehändigten Informationszettel. Ich las unter allerlei nützlichen Hinweisen auch den dringenden Rat, sich keinesfalls ohne Gewehr außerhalb von Longyearbyen zu begeben, denn seitdem die Eisbären unter strengem Schutz standen, hatte sich deren Population derart erholt, dass sie eine ernstzunehmende Gefahr darstellten. Man war daher verpflichtet, sich nach der Ankunft beim Sysselmann zu melden, um eine kurze Einweisung und ein Leihgewehr samt mehrerer genau abgezählter und registrierter Patronen zu erhalten und belehrt zu werden, dass man auf angreifende Eisbären erst nach mehreren Warnschüssen feuern dürfe. Ups! Das hätte ich wohl doch eher lesen sollen und begab mich zum Sysselmann. Dort empfing mich eine junge Frau, die mir leichthändig einen mir schrecklich schwer erscheinenden Schießprügel in die Hand drückte, mir dies und jenes erklärte und mich aufforderte, ein paar Schüsse auf eine Zielscheibe abzugeben. Ich habe keinerlei Wehrdiensterfahrung und kenne Gewehre nur von Kirmes-Schießbuden. Ich legte an, ließ es krachen und beschloss, Eisbären möglichst aus dem Weg zu gehen. Offenbar schleppte ich mein Gewehr nicht mit der erwarteten Begeisterung davon, denn die junge Frau fühlte sich zu weiteren Ermahnungen ermuntert: „Bitte nehmen Sie die Sache ernst, denn erst vor 14 Stunden sind nicht weit von hier drei französische Forscher von einem Eisbären attackiert worden. Sie hatten in ihrem Zelt geschlafen und waren von dem Bär geweckt worden, weil er ihr Proviantzelt durchwühlte. Sie haben den Fehler gemacht, ihn daran hindern zu wollen, ohne Warnschüsse abzugeben." Na bombig, das waren die Franzosen, an denen ich vorbeigeradelt war. Seitdem schleppte ich mit Crocodile-Dundee-Attitüde mein Schießgewehr überall mit herum, sogar in die Kantine und auf die Toilette – so, wie den Franzosen sollte es mir jedenfalls nicht ergehen; sollten mich meine Mitweltraumbewohner ruhig für bescheuert halten.

Gegenüber von Longyearbyen auf der anderen Seite des Fjords befand sich – wie mir versichert wurde – der größte Gletscher der Welt, der auch deutlich zu sehen war. Regelmäßig kalbte er und es brach eine Wand aus Eis ins Meer, mächtig wie ein ganzes Gebirge. Wieder hörte ich das Grollen wie eine Explosion und Stunden später schlug eine Flutwelle an die Küste – das hätte mir zu denken geben sollen. Mir war inzwischen klar, dass ich mich in der Entfernung sicher verschätzte und beschloss, einen Fischer zu fragen, ob er mich einen Tag lang zu dem Gletscher bringen könne, denn so lange würde es wohl dauern. „Morgen oder übermorgen?", verstand ich und schlug übermorgen vor. Der Fischer korrigierte mich: „Nein, ich meine morgen und übermorgen!"

Die Luft war nicht nur staubfrei, sondern auch keimfrei. In der Kantine fragte mich ein Gesprächspartner: „Weißt du, wann alle hier einmal jährlich einen Schnupfen bekommen?" Ich verneinte. „Na, an Weihnachten, wenn sie ihre Geschenkpakete vom Kontinent auspacken!"

Nach einer Woche bestieg ich mein Raumschiff zurück auf die Lofoten.

Teil 2:
Rund um die Ostsee

Das Reisemobil-Gespann

Wir hatten uns Hunde angeschafft. Der eine – Balou, der sanfte schwarze Labrador – war beim Züchter gekauft worden. Der andere – Vasco, der Retrievermischling – schaffte etwas später uns an. Er lief vom innerstädtischen Kreisverkehr in Portimao an der Algarve in Portugal beharrlich hinter uns und Balou her, und stieg schließlich zu uns ins Auto. Vasco ist nach Vasco da Gama benannt, der ebenfalls Portugiese war. Er ist ein schöner und sehr großer Hund und er wird inzwischen ein bisschen alt, genau wie ich. Balou ist vor ein paar Jahren gestorben und liegt bei Arcachon an der französischen Atlantikküste in seine Lieblingsdecke eingehüllt unter einer Düne begraben. Als Vasco noch jung und ungestüm war, stellte er eine echte Herausforderung dar: In seinem wilden Rudel als der Stärkste an seine Alpharolle gewöhnt, träumte er auch uns gegenüber stets von einer Chefkarriere, und manchmal stieg ich nur knapp als Sieger aufs Treppchen. Er kannte keine Fahrräder, keine Kühe, keine Pferde und vor allem keine Nichtportugiesen, und er fürchtete sich vor allem, was er nicht kannte, vor allem vor Männern (was in seiner Vergangenheit sicher begründet war). Das Problem: Was er fürchtete, griff er an.

Was haben die Hunde in diesem Text verloren? Ganz einfach: Reisen Sie mal mit zwei Hunden, die das glatte Gegenteil von Schoßhündchen sind, spontan im Flugzeug in die Welt! Wir hatten das zweimal probiert und ich sage: nie wieder, Leute! Aber davon später mehr. Also beschlossen wir, uns rollend durch die Länder zu bewegen. Dazu musste natürlich was besonders Tüchtiges her, nicht nur irgendein Wohnmobil. Daher entwarfen wir für unsere Erkundungstouren ein kleines geländegängiges Reisemobil auf der Basis eines Landrover und einen Wohnanhänger von beträchtlichem Format mit einer Vorder- und einer Hinterachse. Dieser sollte zusammen mit einem mächtigen Vorzelt unser Basislager werden. Mit 15 Metern Gesamtlänge und seiner ungewöhnlichen Erscheinung erregte das Gespann natürlich überall Aufsehen, was meinem Geltungsbedürfnis sehr entgegenkam, zumal wir ständig damit fotografiert wurden. Wenn dann mal so ein Angeber mit seinem Neuneinhalbtonner-Militär-Lkw mit

Safariaufbau auf den Platz rollte und seinen Schatten auf uns warf und alle Kameras auf sich zog, war ich erst wieder beruhigt, wenn sich der Spinner mit seinem dämlichen Panzer endlich davonmachte.

Eine erste Probefahrt im Jahr 2003 durch Frankreich, Spanien, Portugal und Marokko verlief ziemlich chaotisch, weil ich mit der Technik so meine liebe Mühe hatte. Ich kam mit nichts richtig zurecht, nicht mit den Wasserpumpen und Abwasserschläuchen, nicht mit der Rangierkupplung und den Rückfahrkameras, nicht mit dem Navigations-Computer, und noch weniger mit dem komplizierten Softwareprogramm und der Satellitenkommunikation. Navigationsgeräte, wie wir sie heute kennen, gab es nur für wenige Länder und sie waren noch sehr unzulänglich. Aber Übung und etliche Herstellertelefonate machten schließlich selbst aus mir einen passablen Meister.

Schweden, Norwegen – „Tomgangskörning"

Asien, Mittelamerika, Afrika, Levante, Maghreb, alles ganz nett, aber man muss sich vor Magen-Darm-Erkrankungen in Acht nehmen, den Speisen in diesen Gegenden ist nicht immer zu trauen und es gilt, sich an bestimmte Regeln zu halten. Das ist in Skandinavien ganz anders. Gleich die dritte Übernachtung verschlug uns auf einen Parkplatz im dänischen Køge, einer Industriehafenstadt, die uns ziemlich uninteressant erschien. Doch um die Ecke überraschte uns eine attraktive Promenade an der alten Fischermole mit einem halben Dutzend einladender Restaurants. Wenn es sich in Skandinavien überhaupt irgendwo lohnt, im Restaurant zu speisen, dann in der Regel in Dänemark, so viel weiß ich als Skandinavienkenner. Hier war auch der Selbstbedienungs- und Abräumzwang noch nicht so weit fortgeschritten wie in den anderen Ländern, wo man schließlich froh ist, nach dem Essen nicht auch noch feucht durchwischen zu müssen (demnächst muss man wahrscheinlich auch seine Lebensmittel mitbringen und in der Küche vorbereitende Arbeiten verrichten). Wir wählten ein Etablissement, das sich nicht recht entscheiden konnte, ob es eher vornehm oder mehr gemütlich sein wollte, jedoch ein vielversprechendes Menü für 300 Kronen anbot, das waren etwa 43 Euro, im teuren Dänemark geradezu ein Schnäppchen. Wir genossen einen stimmungsvollen Abend und auch Hund Vasco bekam etwas ab.

Nachts erwachte ich mit grauenhaftem Sodbrennen. Ulrike saß bereits auf der Bettkante und klagte über Übelkeit. Der Hund grunzte unruhig. Verdammt, die Muschelbeilage! Ich kaute ein paar Tabletten und versuchte, wieder einzuschlafen. Kaum weggedämmert, weckte mich eine Explosion: meine Explosion. Ich kotzte quer durch den ganzen Wagen, über Hund, Schuhe, Fußmatte und was da sonst noch so rumlag. Noch während ich stöhnend mit Säubern und Lüften beschäftigt war, meldete sich Vasco. Wir hatten alle drei Brechdurchfall, tagelang. Der Hund musste nachts alle zwei Stunden raus, ich alle zehn Minuten. Das gab's nicht in Afrika, nicht in Asien und in Mexiko auch nicht. Der einzige Mensch, der in der Situation seine Würde behielt, war Ulrike. Noch Wochen später sollte sie hin und wieder versonnen auf ihre Sandalen blicken und „Da hast du drauf gekotzt!" sagen. Ich hatte es verdient. Und Vasco? Der schenkte mir jede Nacht vor dem Einschlafen jenen Blick, der zwar leicht zu ergründen, aber schwer zu ertragen war.

In Schweden gibt es zellophanverpackte „Köttbullar", ein Nationalgericht. Es handelt sich um industriell gefertigte Minifrikadellen, die uns auf der Fahrt niemals ausgehen durften, denn ohne sie wäre der Hund nicht bereit gewesen, ins Auto einzusteigen. Ohne Köttbullar spielte er den Gelähmten, mit Köttbullar schwebte er wie eine Ballerina in den Wagen. Weitere Nationalgerichte sind geschmacksfreie Eismeerkrabben und Fische aus der Tube. Ja doch, aus der Tube. Man drückt unterschiedlich gefärbte Pasten heraus, die dann je nach Aufschrift nach Lachs, Makrele, Sardine oder Hering zu schmecken haben.

Gotland wollten wir schon immer mal besuchen, Ulrike wegen des Grabes von Ingrid und Ingmar Bergmann nebenan auf Fårö, ich wegen Störtebeker. Schöne Insel, besonders die Stadt Visby, Weltkulturerbe natürlich. Trotz der schönen Häuser und der komplett erhaltenen Stadtmauer mit ihren Türmen muss es noch andere Gründe für diese UNESCO-Auszeichnung geben, und ich vermute, diese zu kennen: Zum einen haben sie hier statt der üblichen Absperr-Poller niedliche steinerne Schafe mit Widdergehörn an den Fahrbahnrändern, zum anderen wird in Visby niemals ein Fenster geputzt. Niemals, weder von außen noch von innen. Ausnahmslos alle Fensterscheiben der Stadt waren fast blind vor Schmutz, das galt für Wohnungen wie für öffentliche Gebäude und Schaufenster. Egal, wie appetitlich oder erlesen die Auslagen von Konditoreien, Mode-, Schmuck- und Radiogeschäften auch sein mochten, man sah sie kaum. Da muss irgendein Gelübde dahinterstecken, wahrscheinlich was mit Pest und Mittelalter oder so.

Der Siljansee im mittelschwedischen Dalarna (was für schöne Namen!) war so einladend, dass wir beschwingt für drei Wochen ein Lager aufschlagen wollten. Hier war Schweden so, wie sich der kleine Rolf Schweden vorgestellt hatte: eine Moränenlandschaft mit grünen Hügeln, niedliche rote Holzhäuser mit blauen Fensterrahmen, weißblonde, lebhafte Kinder mit weißblonden, jungen Müttern mit schlanken Körpern und allesamt makellos weißzahnig lächelnd wie Vivi Bach, falls noch jemand versteht, was ich meine. Die Landschaft war weit und breit und wurde in der Dämmerung von wildem rötlichem Licht an kolossal aufgedonnerten Wolken vorbei dramatisch beleuchtet. Aggressive Mückenschwärme gab es auch endlich, und erst die Ruhe in dieser Natur! Schweden hat seit Ewigkeiten keine Kriege mehr geführt und das geht seinen Bewohnern erkennbar auf den Zeiger. Um ihren Haudraufstau zu kompensieren, frönen sie zwei Leidenschaften: Die eine ist das Kriegsspiel. Wir waren von Manövern umgeben. Panzer rasselten, Kanonen krachten und Maschinengewehre machten taktaktak. Überall krochen als Maibäume verkleidete Soldaten herum, nahmen gebrüllte Befehle entgegen, hetzten woanders hin und wurden dort mit neuen Befehlen gebrüllt, fuhren bullige Lastautos oder schlichen sich an. Das alles hätte schrecklich wie Krieg ausgesehen, wäre nicht die Zivilbevölkerung eisschleckend in aufgeräumtester Stimmung zwischen all dem Manövergetue wie selbstverständlich herumgelaufen.

Die andere Leidenschaft ist das Rasenmähspiel. Gras muss permanent bekämpft werden, soviel ist klar. Also hockten um unser Lager herum alle Bauern oder deren Frauen auf motorisierten Sitzrasenmähern und machten einen Heidenlärm, jeden Tag und nicht selten bis tief in die Nacht. Obwohl Dalarna noch nicht sonderlich hoch im Norden liegt, wurde es hier nicht mehr richtig dunkel, bis halb zwölf konnte man im Freien noch mühelos Zeitung lesen – oder Rasen mähen. (Diese Helligkeit machte die armen Vögel ganz wuschig, um halb zwölf nachts gingen sie schlafen und um halb eins pfiffen und zwitscherten sie wieder verzweifelt um die Wette). Mit den Mähern hatten unsere Naturfreunde aber ihr Pulver noch längst nicht verschossen: Einmal in Fahrt, packten sie ihre Rasenkantenschneider aus und dann ging's erst richtig zur Sache. Rasenkantenschneider sind um die Schulter gehängte, motorbetriebene, langstielige Messerquirle, die einen unerträglichen auf- und abschwellenden Höllenlärm erzeugen – etwa vergleichbar mit dem Knattern von Wasserscootern, die jeden Urlaub an südeuropäischen Gestaden verderben können. Die Benutzer tragen als Gehörschutz mächtige Stereokopfhörer, deren Musik sie beflügelt, Stunden um Stunden mit diesen Lärmfoltergeräten herum zu jaulen. Auf dem gegenüberliegenden Seeufer brachte einer sein hektargroßes Grundstück über drei Tage hinweg jeweils acht Stunden lang auf diese Weise auf Vordermann, begleitet von zwei Nachbarn hinter und seitlich von uns. Camping auf einem Großflughafen wäre dagegen Naherholung gewesen. Aus den drei Wochen wurde nichts.

Es zog uns ins wilde, bergige Norwegen mit seinen einsamen Tälern und schroffen Fjorden, und bald befanden wir uns schon recht weit im Norden. Es dämmerte nachts nicht einmal mehr richtig, stattdessen wurde gegen die tief im Norden stehende, meist rote Sonne unbedingt eine Sonnenbrille benötigt. Wenn es Wolken gab, so wurden diese von der tiefstehenden Sonne von unten beleuchtet und ihre wundersamen Formen in gelb-rötliche Phantasmagorien verwandelt. Wir fragten uns, warum hier pünktlich zwischen acht und neun Uhr abends alle Straßenlaternen aufflammten. Der Norweger an sich ist der geborene Umweltfanatiker, das „miljö" ist ihm ein Herzensanliegen. Müll trennt er selbstverständlich, Dosen- und Flaschenpfand sind ihm in Fleisch und Blut übergegangen und das Land ist mit strengen Gebotsschildern gepflastert. An den Ortseingängen stehen Schilder, die die Motorleerlaufzeiten („Tomgangskörning") regeln, je nach Gemeinde sind nullkommafünf bis drei Minuten erlaubt. Ich fragte mich, was mancherorts Gemeinderäte dazu bewogen haben mochte, dafür zu kämpfen, dass Motoren drei statt einer halben Minute sinnlos in Betrieb sein dürfen. Aus unerfindlichen Gründen war es auch verboten, die Abwasserschläuche unseres Anhängers in Kanalöffnungen zu legen, aber alle Duschen und Toiletten wurden bei offenen Türen im Hochsommer elektrisch auf 28 Grad überheizt, Lichtquellen leuchteten allenthalben, was auch in der Nacht überflüssig war, und in jedem Supermarkt wurde den Kunden frisches Walfleisch zu einem Kilopreis hinterher geworfen, der unter 10 Euro lag. Norwegen widersetzt sich dem Walfangverbot und schlachtet die Meeressäuger wie Japan und Island angeblich nur für die wissenschaftliche Forschung. Offenbar soll zum Nutzen der Umwelt das norwegische Verbraucherverhalten erforscht werden.

Finnland: „YII – II"

Es war eine famose Idee von uns, im seit Menschengedenken heißesten Juli Deutschlands in den Norden zu fliehen. Seit sieben Wochen regnete es hier oben unablässig, und warm war es auch nicht. Der ganz hohe Norden hielt auch nicht, was er früher mal versprach. Nach zwei nassen Tagen im norwegischen Trondheim setzten wir nun große Hoffnungen auf die Inselgruppe der Lofoten, die ohne Frage zu den schönsten Landschaften des hohen Nordens zählen. Orte wie Svolvær und Henningsvær sind ihrer bunten Schlichtheit und harmonischen Meerlage wegen äußerst sehenswert. Die meist rot oder blau gestrichenen Holzhäuser strahlen trotz des auch im Sommer stets fahlen Tageslichtes und der kargen Landschaft buckliger Felsen eine anziehende Wärme und Geborgenheit aus – besonders, wenn es regnet. Am besten besichtigt man die Lofoten nachts, denn dann scheint die Sonne unaufhörlich. Nach zehn Tagen gaben wir auf. Statt wie beabsichtigt an die Barentssee und auf die Varangerhalbinsel zu fahren, ergriffen wir erneut die Flucht, diesmal nach Südosten quer durch Lappland. (Varanger stellten wir uns spannender als das Nordkap vor, das ist ein Rummelplatz, der nicht einmal wie versprochen am nördlichsten geografischen Punkt des europäischen Festlands liegt). Erste Station war Kiruna in Schweden.

Kiruna brachte den Durchbruch: Die Sonne brüllte förmlich vom Himmel, kein Wölkchen ließ sich blicken und es wurde richtig heiß. Und was machten wir? Na, was machten wir wohl? Kiruna! Fällt der Groschen? Richtig, wir verbrachten den Tag in 530 Metern Tiefe auf Stollen fünf bei 9 Grad Celsius im größten Erzbergwerk der Welt. Dort tropfte es auch ganz schön, wir fühlten uns da genau richtig. Die Weiterfahrt durch Lappland war spannend: Die unwirklich menschen- und tierleere Tundralandschaft erstreckte sich über Hügel und Täler, es ging auf viel zu schmalen Straßen über steile Pässe, die jenseits der Baumgrenze alpin erschienen. Dennoch zeigte der Höhenmesser nur 500 bis 600 Meter an. Es gab übrigens Bäume, aber die waren nicht größer als Primeln. Hier ließen sich – anders als in Norwegen, wo im Sommer auf einen PKW drei Wohnmobile kommen – keine Touristen blicken. Die wollten alle das Nordkap sehen und nahmen danach eine weit nördlichere Route, nämlich die Höhe, aus der uns gerade der Regen vertrieben hatte; sie hatten eindeutig bessere Nerven als wir und liefen draußen vermutlich in Taucheranzügen umher. Praktisch auch, dass wir im Hochsommer hier durchfuhren.

Dann sind nämlich die Sami mit ihren Rentierherden da, wo jetzt die Touristen waren und so blieb uns der Anblick der Tiere erspart. Immerhin bot uns das Museum in Jokkmokk eine Ahnung von der Samikultur und andächtig waren wir in den Anblick des ausgestopften Rentiers versunken.

Das ist jetzt der Augenblick, um mit drei unausrottbaren nordischen Mythen aufzuräumen: Da sind zunächst die Trolle. Krüppelige, hässliche, dicknasige Gestalten, die in Erdlöchern und dunklen Wäldern hausen. Unzweifelhaft Verwandte der „Little People" Englands, treiben sie ihren Schabernack mit den Menschen. Obwohl sie als Puppen in jedem Schaufenster stehen und obwohl die norwegische Regierung sich wahrhaftig einen Troll-Beauftragten leistet (was treibt der Bursche eigentlich?), haben wir keinen einzigen Troll zu Gesicht bekommen.

Mit den Elchen ist es genauso. Alle zwei bis drei Kilometer sind die Straßen mit Warnschildern bestückt. In vielen Touristenbüros konnte man die sogar kaufen, weil die Regierungen es leid waren, dass die Originalschilder ständig von Reisenden als Souvenirs geklaut wurden (und unter uns: Haben Sie in Deutschland mal ein Wohnmobil gesehen, das auf der Rückseite nicht mindestens einen Elchaufkleber spazieren fährt?). Die Piktogramme auf diesen Schildern zeigen recht unbegabt wirkende Elche, die auch noch unter schrecklicher Übelkeit zu leiden scheinen. Natürlich stehen auch sie als Puppen in jedem Schaufenster. Aber auf der Straße haben wir nie einen gesehen. Na ja, einen ganz kleinen schon, der latschte vor uns über die Fahrbahn, ein Jungtier mit null Geweih auf dem Kopf. Für mich zählt das nicht.

An den dritten Mythos glaubt sogar der ADAC: die Städtemaut. Weltweit wird über Für und Wider unterschiedlicher Maßnahmen gegen den Verkehrskollaps der Metropolen diskutiert und dabei immer wieder auf das skandinavische Modell der Städtemaut und deren großen Erfolg verwiesen. Wir hielten uns genau an den Rat des ADAC, stets eine ausreichende Zahl von passenden Münzen der jeweiligen Landeswährung im Auto bereit zu halten. Und tatsächlich: Schon bei der Annäherung an große Städte wiesen Tafeln unübersehbar auf die kommende Mautstation und die Gebühren für Motorräder, PKW, Wohnanhänger, LKW usw. samt Entfernung von ihr in Kilometern hin. Kurz darauf noch mal dasselbe mit geringerer Entfernungsangabe. Schließlich das Symbol für einen Schlagbaum und dann: nichts. Kein einziges Mal hat uns ein Schlagbaum aufgehalten, niemand wollte unsere Münzen. Wir sind mehrfach durch offene Mautstationen mit Tempo 80 durchgebraust. Trolle? Elche? Städtemaut? Alles Schwindel, Leute!

Jetzt hatten wir unser Lager an einem großen See nördlich der finnischen Seenplatte aufgeschlagen. Die Sonne wechselte sich bei 22 Grad mit freundlicher Bewölkung ab, und weit und breit war nichts los. Lange studierten wir unsere Karten, das so famose wie kostenlose ADAC-Material und unseren Reiseführer – hier gab es im Umkreis von 300 Kilometern absolut nichts, für das sich ein Ausflug gelohnt hätte. Also verharrten wir auf unserem Fleck, tagaus, tagein, und bewunderten die schöne Landschaft mit ihren ewigen Wäldern auf sanften Moränen-Hügeln und den See, dessen kleine Wellen leise gegen die schilfbewachsenen Ufer plätscherten. Allmählich verwandelte sich unser Blick in ein dumpfes Stieren auf immer dasselbe Bild, das sich in die Netzhaut einbrannte. Mit verheerenden Folgen: Ulrike begann, sich zu langweilen. Und wenn Ulrike sich langweilt, dann ist schnell doch was los: Sie quengelte und meckerte, wollte dauernd was essen und gähnte. Sie saß schon tagsüber im Anhänger und schaute sich auf 3sat Filme über die iranische Wüste, Namibia und die marokkanische Königsstadt Fez an. Ihre Seufzer drangen bis weit vor das Zelt. Sie wollte weg hier, einfach zu viel Natur. Dabei hatte ich erst vor fünf Tagen vier Stunden lang schwitzend das Vorzelt aufgebaut. Jetzt sollte ich es wieder abbauen, schwante mir, und meine Laune verdüsterte sich, obwohl ich ihr insgeheim Recht geben musste, und da ihre Laune bereits ruiniert war, muffelten wir uns bösartig an.

Mit der Natur war es übrigens so eine Sache. Sie war grandios und unendlich, das stimmt. Nur erwandern konnte man sie hier nicht, und da das schon in Norwegen und Schweden so war, hatten wir wenig

Hoffnung, dass sich daran noch groß was ändern würde. Aberwitzige Trekkingtouren über Stock und Stein waren möglich und bei Menschen, die mir tiefes Unbehagen bereiteten, auch überaus beliebt. Aber Wanderwege, die etwa nach ein paar Stunden an den Ausgangspunkt zurückführten, gab es nicht. Es existierten zwar Wege, aber die endeten ausnahmslos nach ein paar hundert Metern an einem See. Überhaupt, wohin man sich auch wandte, stand man früher oder später an irgendeinem See. Aber da es keine Uferwege gab, konnte man auch nicht an ihnen entlang wandern. Da Ulrike, Vasco und ich aber unsere täglichen eineinhalb Stunden laufen wollten, latschten wir ein paar Kilometer immer dieselbe Landstraße hinauf und dann wieder zurück. Da lobe ich mir den Odenwald. Immerhin gab es zwei Ortschaften in der Nähe. Die eine hieß Pyhäjärmi (6 Kilometer) und die andere Pyhäsalmi (4 Kilometer). Pyhäsalmi bestand aus einer Tankstelle, zwei Banken und sage und schreibe drei Supermärkten, einem Frisiersalon, einer Taxizentrale (wozu braucht hier jemand ein Taxi?) und einer lobenswerten Einrichtung, die ebenso bündig wie einleuchtend „Alko" hieß, sowie etwa zwanzig langweiligen Wohnhäusern. Pyhäjärmi hatte nur einen unfassbar riesigen Friedhof und ein Kirchlein zu bieten, außerdem ein Freilichttheater mit gewaltigem Parkplatz, das aber offenkundig nicht bespielt wurde. Da taten sich viele Fragen auf.

Ich widerstehe in der Regel der Versuchung, mich über fremde Sprachen lustig zu machen. Vor Sprachen habe ich generell großen Respekt. Aber wenn es um finnische Ortsnamen und die Adaption von Fremdwörtern geht, muss ich einfach eine Ausnahme machen: Auf der Fahrt hierher passierten wir ein Ortsschild, auf dem „II" stand. Auf demselben Schild wurde auf einen offenbar zu „II" gehörenden Ortsteil namens „YII – II" verwiesen. Wir wussten erst nicht, ob es sich dabei um zwei L oder zwei I handelte, aber es sollten wohl zwei I's sein, denn nicht einmal ein Finne könnte wohl zwei L's aussprechen (das können nur Spanier, Waliser und Schotten). Der Gedanke trieb mich um und deshalb ließ ich mich von Google belehren: Das eine war so richtig wie das andere, denn die Orte hießen tatsächlich „Li" und Yli-Li". Fremdwörter werden einfach mit einem angehängten i bestückt, also Kioski, Halli, Wursti usw. Am Abend hatte Ulrike ihren von mir vergötterten Kartoffelsalat vorbereitet. Dazu gab es Wursti.

Litauen – „Rukymas"

Eine unverschämt teure Fähre brachte uns von Helsinki nach Tallinn. Nach einer schnellen Durchquerung der baltischen Länder hatten wir unser Lager in Nida auf einer Halbinsel, der kurischen Nehrung, aufgeschlagen (ehemals Ostpreußen, heute Litauen). Dieser Ort schien uns vortrefflich für ein mehrwöchiges Lager zu sein. Sanddünen wie in der Sahara, Wolken, die ein Impressionist gemalt haben könnte, Heide und Mischwälder und kleine Fischerorte wie aus einem Freilichtmuseum. Das ehemalige Wohnhaus von Thomas Mann konnte man ebenfalls besichtigen. In den „Supermärkten" gab es seinerzeit kein Fleisch, keinen Fisch und auch sonst kaum etwas; das Lebensmittelangebot hatte sich seit dem Abzug der Russen nicht wirklich verbessert. Wir konnten zum Einkauf auch nicht auf das Festland fahren, denn erstens wäre das eine Fahrt von 100 Kilometern gewesen und zweitens wurden jedes Mal 50 Euro für Fähre und Nationalpark fällig.

Gleich am Anfang unternahmen wir einen Ausflug nach Lettland, um uns dort genauer umzusehen. Riga wird „Paris des Nordens" genannt. „Luxemburg des Nordens" wäre passender, aber schön ist es wirklich, wie all die ehemaligen Hansestädte rund um die Ostsee. Und dann der Gauja-National-Park! Man fühlte sich wie in Kanada, nur ohne Bären. Dafür gab es mal wieder Elche. Massenhaft Elche. Wir haben natürlich keinen gesehen, denn Elche gibt es nun mal nicht. Außerdem waren die wahrscheinlich gerade auf der Nehrung, da gibt es nämlich auch Myriaden von Elchen, die werden da dauernd gesehen, aber nicht von uns.

Am Tag unserer Rückkehr nach Nida passierte dann Folgendes: Hund Vasco rannte hinter einem Karnickel her und brach sich den Fuß. Ich fiel aus dem Auto und hatte Prellungen an der linken Hand, der rechten Hüfte und im Rücken. Ulrikes Knie wurde dick und das Trinkwasser braun, ich hatte den Fernseher kaputt gemacht und der Grill soff im Regen ab. Egal, Fleisch oder Würstchen gab es sowieso nicht. Dafür aber Zigaretten, auf denen nicht „Rauchen erzeugt Lungenkrebs", sondern „Rukymas labai kenkia jums ir aplinkiniams" stand. Schmeckten aber nicht schlecht.

Natürlich gingen wir mit Vasco zum Veterinär; der betrieb seine Praxis in einer PKW-Garage. Seine Instrumente erinnerten tatsächlich an Wagenheber, Kreuzschlüssel, Radkappen und Ölfilter. Er müsse den Fuß röntgen, erklärte er, er habe aber keinen Röntgenapparat. Er telefonierte kurz, verpasste dem Hund eine Vollnarkose, trug das 60-Kilo-Vieh ins Auto und dann ging es wohin? Zum Krankenhaus. Krankenhaus für Humanmedizin, wohlgemerkt. Dort trug er den Hund im Laufschritt über zwei Gänge und verschwand in der Röntgenabteilung. Ungefähr 60 Leute sahen das und fanden es offenbar absolut normal. Bei uns hätte es ein Mordsaufsehen gegeben: Ein Hund in der humanmedizinischen Röntgenabteilung! Jetzt humpelte Vasco mit einem Gipsbein herum. Auch gut, da konnte er nicht mehr so weit weglaufen.

Antanas

Das Baltikum gefällt uns aus Gründen, die kaum plausibel sind, bedeutend besser als Skandinavien. Die Landschaften Skandinaviens können sich mit denen des Baltikums ebenso messen wie die Städte und die Freundlichkeit der Menschen. Im Baltikum gibt es Störche. Lebende, versteht sich, also solche, die wir tatsächlich sehen konnten. Erstaunliche Menschen trifft man hier. Zum Beispiel Italiener. Die rauschten mit ihren Reisemobilen auf den Platz, packten lange Schrubber aus und wuschen ihr Fahrzeug. Die Italienerinnen lederten es ab, dann verkrochen sich alle und am nächsten Morgen fuhren sie wieder weg. Ganz anders die Deutschen. Sie stiegen aus und guckten in den Himmel. Nicht wegen der Störche, sondern wegen der Satellitenschüssel. Die wurde ausgefahren und dann 20 Minuten lang ausgerichtet, wobei die Deutsche von drinnen „besser!", „schlechter!" und „ganz weg!" rief. Dann wurde gegrillt, immer vor der Tagesschau. Tja, und dann traf man auch Leute, die einen traurig machten und die uns ans Herz gingen. Antanas zum Beispiel: Antanas war eine Art Sonderling hier. Er war etwa 45 Jahre alt, hager, trug eine drahtige, graue Kraushaarfrisur und arbeitete vom frühen Morgen bis zum späten Abend, auch am Wochenende. Er hinkte fürchterlich, kniff ein Auge zu, wenn er sprach und er stotterte. Ein Depp, dachte ich zunächst. Da Antanas sehr hilfsbereit war und freundlich, kamen wir schnell mit ihm ins Gespräch. Von wegen Depp! Er sprach fließend Englisch und liebte lateinische Redewendungen. Antanas war Bibliothekar gewesen. Nach der Unabhängigkeit des Landes war seine Bibliothek geschlossen worden. Beim Bau des Campingplatz-Restaurants hatte er einen kurzen Hilfsarbeiter-Job, war vom Dach gefallen und hatte sich das Kniegelenk gebrochen. Man hatte zwei Jahre daran herumgeflickt und jetzt humpelte er hier herum und leerte die Mülleimer und goss die Blumen. Antanas war ein athletischer Typ und trotz des ersten Eindruckes sah er verdammt gut aus. Das lag vielleicht auch an seiner Belesenheit und dem Vergnügen, die die Konversation mit ihm bereitete. Und an seiner Würde. Eines Nachmittags lud er mich zu einem Bier ein. Ich horchte ihn ein bisschen aus. Antanas lebte allein. „I had two children", erzählte er und ich fand den Ausdruck „had" seltsam. Aber die Vergangenheitsform war korrekt: Seine Tochter war 16, als sie starb. Krebs. Sein Sohn war 19, als er sich ein Jahr später mit einer Ladung Heroin und Schnaps umbrachte. Seine Frau fand einen anderen und ließ sich von Antanas scheiden. Zum Abschied habe ich ihm Geld geschenkt, für einen freien Tag wird's gereicht haben, hoffe ich.

Linksmiau

Nun hatte Vasco den Gips ab, hingefallen war ich auch nicht mehr und alles war schön. Wirklich alles. Besonders die Stelle im Trakai-Nationalpark, an der wir uns seit zwei Tagen befanden. Wildnis pur an einem Seeufer. Wir waren wieder auf Tour mit dem Landrover. Der Weg führte uns nach Vente, einer kleinen Landzunge im Haff gegenüber der Nehrung und dann den Lauf der Memel stromauf bis nach Kaunas, einer uralten Stadt mit einer fast mediterranen Flaniermeile und dem höchsten litauischen Bevölkerungsanteil (die Russen hatten bekanntlich im Baltikum eine heftige Siedlungspolitik betrieben). Ich kann es nicht länger für mich behalten: Etwa die Hälfte aller hochgewachsenen, schlanken, blonden, jungen Frauen Europas scheinen in Litauen zu leben und davon wiederum die Hälfte in Kaunas, und davon stöckelt ein Drittel über die Flaniermeile! Uns war von Anfang an aufgefallen, dass die Frauen hier nicht nur schön, sondern auch modebewusst waren und schon tagsüber herumliefen, als seien sie auf dem Weg zu einer Cocktailparty. Die Kleidchen und Röckchen endeten da, wo sie es bei unseren Frauen in den späten Sechzigern taten: etwa vier Handbreit unter dem Nabel. Dabei zog sich jede an, was sie wollte und was ihr stand; die damals aktuelle bauchfreie Zwangsuniform von H&M mitteleuropäischen Zuschnitts gab es in Kaunas zu dieser Zeit ebenso wenig wie H&M selbst.

Wenn ich an Kaunas denke, so habe ich immer zwei Bilder vor Augen: Die schönen Mädchen in den freundlichen Parks und Flanierstraßen und ein Foto aus den frühen vierziger Jahren des letzten Jahrhunderts, das der SPIEGEL veröffentlicht hatte. Es zeigte einen blonden Recken in Kaunas mit einem Knüppel in einem Kreis begeisterter Einwohner. Vor ihm waren die Juden der Stadt in einer Warteschlange aufgereiht, und einer nach dem anderen musste vortreten, um von dem blonden Recken mit dem Knüppel erschlagen zu werden.

Trakai liegt nur 30 Kilometer von Vilnius entfernt, dicht an der weißrussischen Grenze, und unser Hiersein beruhte auf einem pfiffigen Plan: Wir wollten nämlich in drei Tagen Freunde am Flughafen in Vilnius abholen, abends um halb zehn. Deshalb war der Plan, ihnen vorher ein Hotelzimmer zu besorgen, gemeinsam zu speisen und am nächsten Tag die Stadt zu besichtigen. Als Unterkunft sollte am Folgetag eine originale Nationalpark-Hütte mit Steinzeit-Flair und Wackelgrill dienen. Der Haken: Wir erhielten einen Anruf unserer Freunde, mit der Mitteilung, dass sie, wie vereinbart, am übernächsten Samstag hier einträfen. Ich hatte mich im Datum geirrt. So verbrachten wir halt noch eine Woche im Aukstaitijos-Nationalpark, der wurde in unserem Reiseführer gepriesen. Wir bereuten keine Sekunde unseres Aufenthaltes im Park, der uns wilder Einsamkeit aussetzte und den Eindruck vorgaukelte, in einem früheren Jahrhundert gelandet zu sein.

Ansonsten trieb mich zehn Tage lang die Frage um, was linksmiau ist. Bei einer Werbeaktion für Käse in Nida hieß es nämlich „99,9 Prozent linksmiau!" Das hat mich seltsam berührt, weil ich mich selbst eigentlich immer irgendwie ein bisschen linksmiau fühle. Nun weiß ich, warum: „Linksmiau" heißt „glücklicher".

Teil 3:
Rund ums Mittelmeer

Feliz Navidad

Wir waren zwei Monate später als gedacht aufgebrochen, aber planen wollten wir ja sowieso nicht. Jetzt befanden wir uns auf dem Weg nach Marrakesch, irgendwo auf halbem Weg zwischen San Sebastian und Bilbao, und wollten die schier endlose Anfahrt nach Marokko so schnell wie möglich hinter uns bringen. Da wir mit dem Gespann selten mehr als 350 Kilometer täglich schaffen wollten, würden wir eine ganze Weile unterwegs sein. Hinter uns lag eine Fahrt durch eine Eiswüste (von den Ardennen bis Paris) und unter Wasser (von Paris bis in die Pyrenäen). An einem der dortigen Rastplätze war der Platz neben der Autobahn sehr begrenzt, entsprechend winzig war er auch: zwei Tanksäulen, eine Luftdruckstation (kaputt), eine Bude mit Tapas (wurden stehend verzehrt), Autobahn links (mautpflichtig), Nationalstraße rechts (kostenfrei, also vielbefahren). Wir konnten das vergitterte Gelände nicht verlassen, also musste der Hund an die Reifen unserer Fahrzeuge pinkeln. Das tat er aber nur, um uns eine Gnade zu erweisen. Alles in allem war es mächtig gemütlich hier: Ulrike las, ich schrieb Mails, der Hund guckte mir beim Mailschreiben zu, und Ulrike wollte alle fünf Minuten wissen, was ich schrieb.

Der Regen hatte aufgehört, jetzt schleppte das Personal aus der Bude Müll und Fischabfälle in den Container neben unserem Auto. Ein Vorweihnachtsabend, wie er in Bethlehem nicht stimmungsvoller hätte sein können. Und der folgende Tag wurde ein Brüller: Heiligabend! Da saßen wir etwa 300 Kilometer weiter südlich auf einer größeren Raststätte, verzehrten die in Les Landes eingekaufte Foie Gras und spülten sie mit einem erstklassigen Bordeaux runter (später durfte ich Foie Gras nicht mehr essen, weil Ulrike einen TV-Beitrag über das grässliche Stopfen der Gänse gesehen hatte). Dazu hatte ich heute eine rote Christbaumkugel aus der Dekoration einer Tankstelle geklaut und hatte unsere blecherne Klappkrippe aus Mexiko aufgeklappt. Nun mochte man uns angesichts der heimischen Familienfeiern und unserer Raststättentristesse bedauert haben. Falsch, denn wir dürften zu den Wenigen gezählt haben, deren Weihnachtsfest das Attribut besinnlich verdient hatte. Während die übrige Welt sich der

Völlerei und dem Aufreißen von Geschenken hingegeben hatte, verzehrten Ulrike und ich bescheiden unsere Foie Gras. Ulrike beäugte mich tückisch von der Seite und fragte sich, ob ich wohl ahnte, dass sie ein Geschenk für mich hatte. Sie freute sich schon auf meine Verlegenheit, denn sie erwartete fraglos keines von mir. Ich las ihre Gedanken und schmunzelte bei der Vorstellung ihres Gesichtsausdruckes, wenn ich mein Geschenk auspacken würde, denn wir hatten verabredet, auf Weihnachtsgeschenke zu verzichten.

Wir verschnauften ein paar Tage in Tarifa, einer durch und durch maurischen kleinen Stadt an der Südküste der iberischen Halbinsel. Dort standen auf den Hügelketten Dutzende sich taumelnd drehender Rotoren zur Stromerzeugung und es wehte stets ein unser Fahrzeug ordentlich ins Schwanken bringender Wind. Das machte diesen Strandabschnitt zu einem Traumziel für Kitesurfer. Leider auch für Kitesurfschulen, was Strandspaziergänge ziemlich gefährlich machte. Kitesurfen ist eine gewöhnungsbedürftige, mir ziemlich skurril erscheinende Sportart, bei der sich Surfer mitsamt ihrem an die Füße geschnallten Brett von einem giftig zerrenden Gleitschirm übers Wasser reißen lassen. Die Kunst besteht offenkundig darin, den Schirm koordiniert mit dem Brett mittels Steuerleinen in die beabsichtigte Richtung zu lenken, und da beginnt das Problem: Die Kite-Schulen ließen diese Manöver von ihren Schülern erst mal am Strand üben. Da standen dann also 30 bis 40 Leute an ihre flatternden und zerrenden Schirme geschnallt und übten Schirmsteuern. Aus der Ferne sah es schon beeindruckend aus, wenn der eine oder andere Schüler von seinem bunten Schirm meterhoch von den Füßen gerissen wurde. Oft aber stürzten die mächtigen Windspiele unvermittelt ab, und dabei mähten die langen Leinen zischend wie Sensen über den Sand. Wer sich als Spaziergänger da hindurch traute, riskierte ernste Verletzungen. Man darf von uns daher nicht allzu viel Begeisterung für diese Sportart erwarten.

Gegenüber war unser Reiseziel zu sehen: die Küste Marokkos, über der das Rifgebirge wie Bewölkung erschien. Am folgenden Tag wollten wir mit der Fähre dorthin fahren, und mit Glück würden wir in zwei bis drei Tagen Marrakesch erreichen, Inschallah. Glück hatten wir bisher, waren wir doch mit knapper Not und nur um wenige

Stunden der größten Schneekatastrophe entkommen, die Spanien seit Jahrzehnten heimgesucht hatte. Hier in Tarifa hatten wir tagsüber 19 Grad, aber die Sonne brannte. Es wehte zudem ein scharfer Wind. Die Wirkung war ziemlich komisch: In der Sonne war es zu heiß und im Schatten zu kalt. Dagegen hatten wir eine ausgeklügelte Taktik entwickelt: Ulrike hatte ihren Stuhl auf die Schattenseite gesetzt, ich den meinen auf die Sonnenseite. Alle zehn Minuten wechselten wir die Stühle, was dazu führte, dass wir stets die Gläser verwechselten. Unsere Nachbarn müssen geglaubt haben, wir spielten jeden Tag „Reise nach Jerusalem". Hinter unserem Rücken tuschelten sie schon, und ihre Blicke wurden immer scheuer. Wir waren aber keineswegs die einzigen wunderlichen Vögel hier. Unser Nachbar aus der Schweiz hatte auch eine Macke: Er litt unter einer massiven Hundephobie, hatte sich aber einen Platz ausgesucht, wo es von Hunden um ihn herum nur so wimmelte (200 Meter weiter war das Katzengebiet, aber das hat er verschmäht). Die Folge: Egal, wie das Wetter war, egal, ob Tag oder Nacht: Er traute sich aus seinem Wohnmobil kaum noch raus. Nun musste er aber zweimal täglich zum Klo und einmal einkaufen. Die Hunde hatten längst begriffen, was mit ihm los war und erwarteten ihn ebenso sehnsüchtig wie geduldig. Ließ er sich dann blicken, waren sie ganz aus dem Häuschen vor Freude und bellten und jaulten alle gleichzeitig. Das wiederum bestärkte ihn in seiner Phobie außerordentlich und er schimpfte dann immer „verrdommte Mistviechrr, odrr?", ohne zu ahnen, dass selbst auf die lethargischste Töle sein Schwyzerdütsch wie ein Jungbrunnen wirkte.

Marokko – Einreise

Wir waren nicht zum ersten Mal in Marokko, allerdings hält die Grenzabfertigung in Tanger stets neue Überraschungen für uns bereit. Bei unserem vorletzten Besuch waren wir schon beim Verlassen der Fähre von einem Uniformierten rüde aufgefordert worden, unsere Pässe auszuhändigen. Der Mann hatte auf ein offiziell aussehendes Schildchen mit arabischen Schriftzeichen an seiner Kleidung gezeigt, dann war er mit den Pässen davon geeilt. Alarmiert war ich aus dem Auto und hinter ihm her gestürzt. Behände war er eine Treppe hinauf gesprungen. Oben hatte ich eine lange Warteschlange an einem Schalter gefunden, an dem ein Beamter gemächlich Pässe geprüft und abgestempelt hat. Unser Mann war an den geduldig Wartenden vorbei gelaufen, hatte sich an den Schalter gedrängt und unsere Pässe hingeschoben. Ich war erleichtert gewesen, denn da hatte uns offensichtlich doch niemand unserer Pässe berauben wollen. Mit gleichgültiger Geste waren die Pässe abgestempelt und zurückgereicht worden. Uns hatte also dieser Dienstleister eindeutig etwa 20 Minuten Schlangestehen erspart, eine ebenso lobenswerte wie unsoziale Leistung. Allerdings hatte er dafür 50 Dollar verlangt. Nach langer, unerfreulicher Diskussion und mächtigem Gezeter und Geschrei hatte ich ihn auf 10 Dollar herunterhandeln können.

Diesmal wurden unsere Pässe bereits auf der Fähre während der Überfahrt von einem marokkanischen Grenzer gestempelt. Aus Schaden wird man klug, dachte ich, als wir von der Fähre rollend wieder einen dieser Uniformierten auf uns zulaufen sahen. Natürlich forderte er uns barsch auf, ihm die Pässe zu geben. „Hau ab!", rief ich ihm handwedelnd zu, „verschwinde!" Der Mann starrte mich an, pumpte sich auf und brüllte „Passeports! Toute suite!" Ich grinste versöhnlich: „Schon gut, ich kenne die Nummer. Mach, dass du wegkommst!" Aber ich war absolut an den Falschen geraten, wie mir in dem Moment klar wurde, als der Mann seine erst jetzt von mir entdeckte Pistole zog und damit schreiend herumfuchtelte. „Police! Police! Arrêtez la voiture!" Seufzend und mich unentwegt entschuldigend zeigte ich dem tief verstimmten Polizisten unsere Pässe, dann durften wir weiter. Noch ziemlich verdattert stieg ich die mir bekannte Treppe hinauf und fand die Warteschlange vor dem passstempelnden Beamten. Ulrike wartete im Auto. Nach 20 Minuten war ich an der Reihe. „Sind Sie das?" Mir wurde mein Pass vor die Nase gehalten. „Ja, das bin ich." Stempel. „Ist das Ihre Frau?" – „Ja, das ist meine Frau." Stempel. Ich durfte weitergehen, hinter all den anderen her. Die gingen zu einer Rampe, die auf eine 249 Fähre führte. Ich zögerte. Fähre? Wohin fuhr die denn? Ich wollte auf keine Fähre, ich wollte weiter nach Süden. Ein langer Blick in unsere Pässe verriet mir, dass ich soeben für unsere Ausreise aus Marokko gesorgt hatte. Das Missverständnis aufzuklären kostete mich nochmals zwei Stunden.

Parkplatzgeburtstag

Wir waren in Agadir, einer Stadt, die mit ihren Touristenghettos zu den uninteressantesten Orten Marokkos gehört. Im Zentrum liegt zwar ein malerischer Suq, wie die Märkte in der arabisch sprechenden Welt heißen, aber der größte Teil der Stadt ist mit Ferienwohnungen verbaut und unterscheidet sich kaum von irgendeinem Ferienort auf den Kanaren oder an der Costa del Sol. Im benachbarten kleinen Fischerort Tagazout findet man jedoch auch wunderschöne Strände. Damals gab es auch noch einen Campingplatz, der so unglaublich chaotisch war, dass es sich lohnt, ihn wenigstens einmal gesehen zu haben. Die Sanitäranlagen bestanden aus einfachen Löchern im Boden, als Spülung diente ein Wasserfass mit Schöpfkelle. Die Anlage verströmte einen Duft, der es nicht ratsam erscheinen ließ, sich ihr auf weniger als 20 Meter zu nähern. Der Platz wurde überwiegend von überwinternden deutschen Rentnern bevölkert, die um ihre Wohnmobile herum größere oder kleinere Claims abgesteckt hatten, die sie mit allerlei Gemüse und Kräutern bestellten. Jeder machte, was er wollte, und das führte zu unterhaltsamen nachbarschaftlichen Streitereien. Dass mal zwei Rentner brüllend und mit Fäusten aufeinander losgingen, war keine Seltenheit. Zweimal täglich kam ein leckes Tankauto mit Frischwasser vorbei und fünfmal täglich brach die überlastete Stromleitung zusammen. Das führte zu genau jenem Effekt, den man erlebt, wenn man mit einem Stock in einem Termitenhügel stochert. Ein schönes Fleckchen, fanden wir, und schlugen unser Lager auf, denn wir hatten nach der vielen Fahrerei ein bisschen Erholung nötig.

Kurz vor meinem 60. Geburtstag kam eine meiner Töchter nach Marrakesch zu Besuch und wir zeigten ihr einige der interessantesten Orte dieses Landesteils, wie zum Beispiel das im Süden gelegene Fort Bou-Jerif, eine Wüstenfestung inmitten von nichts. Angeblich sollte es eine Piste dorthin geben (47 Kilometer) und eine Asphaltstraße, 100 Kilometer Umweg. Also nahmen wir in der Hoffnung auf Zeitersparnis die Asphaltstraße. Eine grobe Fehleinschätzung, denn die Straße war nach 80 Kilometern zu Ende und dann kamen 20 Kilometer Piste, zehn gute und zehn schlechte. Bald wurde es dunkel, was jetzt? Unser Auto hatte viele starke Scheinwerfer, die konnten sogar die Seiten und die Schlaglöcher ausleuchten. Aber eine schlechte Piste in hügeligem Gelände zu verfolgen, erforderte eine wirklich weite Rundumsicht, denn an vielen Stellen war die Straße als solche gar nicht wahrzunehmen, erst wenn man irgendwo eine Fortsetzung erblickte, wurde ihr Verlauf klar. Auch starke Scheinwerfer nützten da nicht viel. Unter solchen Bedingungen im Kriechgang einfach weiter zu fahren, war riskant. Einfach stehen zu bleiben und den Sonnenaufgang abzuwarten, stellte ebenfalls keine Lösung dar. In meiner leichtsinnigen Gewissheit, den Abend im Camp des Forts zu verbringen, hatte ich nicht für ausreichend Proviant gesorgt. Verhungern konnten wir nicht, aber ohne genug Mineralwasser konnte eine Nacht recht ungemütlich werden, und Zigaretten wurden auch knapp. Unser Frischwassertank war keineswegs leer, aber dieses Wasser hier taugte zum Waschen, Duschen und für die Klospülung, niemals jedoch hätten wir es getrunken. Irgendwie mussten wir weiter, das Fort konnte nicht mehr weit sein, wie das Navigationsgerät verriet. Wir navigierten damals mit kalibrierten und digitalisierten sowjetischen Generalstabskarten, die galten zu der Zeit zu Recht als die zuverlässigsten. Zwar waren sie veraltet, weil viele der dort ausgewiesenen Pisten längst zu asphaltierten Straßen ausgebaut worden waren, aber sie verzeichneten die Topografie exakt und kannten wirklich jede Piste. Mehrmals musste Ulrike mit einer Taschenlampe vorausgehen, um das Gelände zu erkunden, eine Pfadfinderaufgabe, um die sie niemand beneidete. Es gibt zwar dort weder wilde Tiere noch böse Räuber, aber jeder Fehltritt konnte zu einem Knöchelbruch oder Schlimmerem führen. Im Nachhinein frage ich mich, ob es dort vielleicht Schlangen gab. Dann plötzlich hinter einer Biegung das Fort. Wie eine Fata Morgana. Nomadenzelte, ein paar Kamele und ein Restaurant mit Kamelfleisch auf der Speisekarte. Wir haben uns nach dem Essen mit einem Wein unters Himmelszelt gesetzt, selbiges bestaunt und die faszinierende Stille der Wüsteneinsamkeit genossen. Bis es uns zu langweilig wurde. Da habe ich dann am mir passend erscheinenden Ort noch mal die russische Kosakenchor-CD aufgelegt und ordentlich aufgedreht. Was 200 Watt doch anrichten können! Kaaaaaalinka-maja! Für uns alle – für Einheimische, Kamele und die Stille der Wüste – unvergesslich. Zurück folgten wir dann einem einheimischen Geheimtipp: Es sollte noch eine kürzere Piste geben. Stimmt, aber verdammt, was für eine! Sie war teilweise abgerutscht und wir mussten die Bruchstelle umfahren. Das bedeutete, einen steilen Abhang hinunter und wieder hinauf zu überwinden. Das mochte für einen kleinen Jeep unproblematisch sein, aber unser Landrover mit dem Aufbau war bedeutend kopflastiger. Vorsichtshalber ging ich die Strecke erst mal zu Fuß ab, um sicherzustellen, dass unser Fahrzeug nicht einfach umkippen und ins Tal rutschen würde.

Am Tag meines Geburtstages flog meine Tochter wieder nach Hause. Es war nicht unbedingt mein Tag: Erstmal wachte ich auf und war 60, na toll. Dann würde die Tochter, auf die ich mich so gefreut hatte, abreisen. Dazu noch am Morgen um sechs Uhr, das bedeutete, wir mussten um halb fünf am Flughafen sein, und der war verdammt weit weg. Darüber hinaus mussten wir mein kaputtes Fahrrad aus der Reparatur holen, denn ab diesem Tag begann hier das Hammelfest, der höchste Feiertag, und der wird mindestens vier Tage lang gefeiert. Doch der Fahrrad-Reparaturmann hatte schon am Vortag zu feiern begonnen und war weg. In sein Bergdorf, wie man mir versicherte, und zwar für mindestens fünf Tage. Der Mann verstand was vom Feiern, Respekt. So blieben wir halt eine Woche länger und warteten. Nun musste ja noch ein bisschen Geburtstag gefeiert werden, und dazu hatten wir wieder mal einen raffinierten Plan entwickelt: Wir würden einfach zum Flughafen fahren, dort in einem der flughafentypischen Restaurants ein anständiges Menü bestellen (das eintönige marokkanische Essen schmeckte uns einfach nicht mehr) und dann auf dem Airportparkplatz weiterfeiern. Dazu wollten wir auf der Hinfahrt noch Wein kaufen. Wegen dieser Kingsize-Feiertage gab es aber keinen Wein, und ebenso wenig fanden wir am Flughafen ein Restaurant. Nur einen schönen großen Parkplatz und einen Nachtwächter, dem offensichtlich nicht nach Feiern zumute war. Daher fuhren wir die 40 Kilometer zurück in die Stadt (erst mal mussten wir diese jedoch ohne Beschilderung finden!) und hielten an einer Pizzeria. Knoblauch-Spaghetti mit Krevetten ohne Knoblauch und offenbar lange und ohne Salzwasser gut durchgekocht, dazu Wiener Schnitzel, das allenfalls als paniertes Steak durchgegangen wäre. Dann ging es wieder zurück auf den Flughafenparkplatz. Im Kühlschrank lagerte noch eine für besondere Gelegenheiten aufgehobene Flasche Champagner. Dazu Queen, wieder 200 Watt. Bombenstimmung auf dem Airport. Mal ehrlich: kennen Sie jemanden, der seinen Sechzigsten origineller gefeiert hätte? Eben.

Die Wüste lebt

Wir hatten seit zwei Wochen unser Lager in Ouleddriss, einem gottverlassenen Ort am Rand der Sahara, nahe der algerischen Grenze im Südosten Marokkos. Um uns auf neue Besucher vorzubereiten, waren wir zwischen Hohem Atlas und Antiatlas über Tarudannt und Taznaght nach Ouazarzate gefahren, angeblich einem Tor zur Wüste. In Wahrheit eher eine Falle für Touristen, die dort in Land-Rover-Kolonnen verfrachtet und in irgendetwas herumgefahren werden, das von den Führern treuherzig als Wüste bezeichnet wird. Wüst sind nur die Preise.

Auf der morgendlichen Runde mit dem Hund entdeckten wir riesige Gemüsefelder mit verschlungenen Wegen zwischen den Feldern, das ideale Hundeausführgebiet. Wir schnupperten. Seltsam, mit was wurde denn hier gedüngt? Der Geruch wurde intensiver, schließlich stechend, und dann stellten wir fest, dass hierher die unbehandelten Abwässer der städtischen Kanalisation zur Gemüsebewässerung geleitet wurden.

Von hier aus ging es ins Draatal und das lohnte sich wirklich: Eine Oase nach der anderen wie im Märchen. Dattelpalmen, Gärten, Wasserläufe, Kasbahs, Ksars und Suqs zu Hauf. Die feinen Unterschiede können Sie bei Wikipedia nachlesen, schließlich soll man seine Berichte nicht überfrachten. Nur so viel: übernachtet hatten wir unter anderem am Fuß der Kasbah Taouirt, in der „Der Himmel über der Wüste" gedreht wurde. Wie sie das gemacht haben, weiß ich nicht, denn es handelte sich dort nicht um eine Wüste, sondern um eine ausgedehnte Oase in einer eher steppenartigen Gegend, wohingegen in dem Film viel Sand zu sehen ist. Am Ende erreichten wir auf der Suche nach einem neuen Lagerplatz M'Hamid und wendeten schaudernd. Soviel Wüste wollten wir nun auch wieder nicht. Dafür fanden wir sechs Kilometer zurück bei Ouleddriss ein wunderbares Plätzchen mit Palmen, hohen Sanddünen, Dromedaren und Kindern. Die Kinder kamen aus dem Dorf und waren unsere Freunde: Sie guckten über die Mauer des Camps und kicherten und quatschten auf uns ein. Sie begleiteten uns lachend und unablässig plappernd auf all unseren Wanderungen. Fast nie waren sie lästig, sondern immer charmant. Zum Schluss bauten sie sich nebeneinander auf und dann hieß es, fünf bis zehn kleine Hände zu schütteln. Natürlich erwarteten sie ein kleines Geschenk, Luftballons, Schulhefte, Stifte oder Ähnliches. Dabei mussten wir höllisch aufpassen, dass nicht einer zwei Geschenke abgriffelte oder ein anderer leer ausging, denn die saubere Schlachtordnung verwandelte sich bei der Geschenkausgabe wie der Blitz in einen grapschenden Sauhaufen.

Dann war größtes Misstrauen geboten. So kam einer der Kleinsten mit der Behauptung, keinen Ballon gekriegt zu haben. Streng stellte ich ihn zur Rede: Ich sei mir sicher und so weiter und er ein kleiner Gauner. Treuherzig zog er Stirn und Näschen zu einer traurigen Miene und sagte: „Bumm!" „Bumm?" fragte ich und gab ihm überwältigt vor Mitleid einen zweiten Ballon. Auf den Trick falle ich gerne noch einmal herein.

Ouleddriss war eine sterbende Oase. Das war zunächst nicht offensichtlich, wenn man durch die Palmenhaine und Gemüsegärten wanderte. Dann aber durchquerte man abschnittsweise abgestorbene Palmen und verlassene Gärten in zerfallenden Lehmmauern.

Das Verhängnis kam mit dem technischen Fortschritt. Seit Jahrtausenden hatten die Wüstenbewohner die Kunst der Feldbewässerung weiterentwickelt, eine höchst komplizierte Angelegenheit. Bewässerungsgräben durchziehen die Oasen, die recht groß sein können und meist in Schluchten oder Tälern liegen. Von Hauptgräben zweigen Nebengräben zu jedem einzelnen Feld und Garten ab, und ein mit hoher Autorität ausgestatteter Wasserzuteiler bestimmt, wie oft und wie lange Wasser auf die einzelnen Nebengräben geleitet wird. Das Wasser kommt aus den Bergen und wurde teils durch unterirdische Kanäle über große Entfernungen herangeschafft. Da die Kanäle schnell versanden, gab es in kurzen Abständen Öffnungen an der Oberfläche. In diese Öffnungen wurden Sklaven hineingeschickt, um den Sand herauszuschaffen. Noch heute sieht man kleine Sandhaufen in der Ödnis, die wie Perlen an einer Schnur entlang der unterirdischen Kanäle angeordnet sind. Die Sklaverei ist abgeschafft, die Kanäle sind versandet, aber auch da, wo es keiner unterirdischer Kanäle bedarf, war die weniger aufwändige Wasserversorgung noch mühevoll, zeitraubend und gab Anlass zu immerwährendem Streit. Also taten sich die Palmgarten- und Gemüsefeldbesitzer jeweils wie eine Genossenschaft zusammen und schafften Dieselpumpen an, die das Grundwasser aus dem Boden holen. Diese Geräte sind mittlerweile so alt, dass jedes Technikmuseum sich um sie reißen würde, aber sie funktionieren und senken den Grundwasserspiegel so weit ab, dass die Palmwurzeln ihn irgendwann nicht mehr erreichen. Dann stirbt die Oase und der Sand erobert immer mehr ehemals fruchtbares Land.

Natürlich gibt es auch hier einen verhaltenen Tourismus, vorwiegend japanischen, und der sieht so aus: Ein Bus voller aufgeregter Japaner rollt an eine ansonsten verwaiste Wüstenstation, die Leute steigen aus und verschwinden gruppenweise in einem großen Umkleideraum. Heraus kommen sie wieder perfekt als Beduinen verkleidet und steigen sich gegenseitig fotografierend auf bereitliegende Dromedare. Dann geht es für eine Stunde hinaus in die schmächtigen Dünen und nach der Rückkehr wieder in den Umkleideraum. Danach erscheinen sie wieder als perfekte Japaner mit ihrer Khakikleidung, die zweifelsohne extra für diesen Ausflug gekauft wurde, ihren eigenartigen Hütchen und anstelle des turbanartigen Kopftuchs, das auch Mund und Nase verdeckt, tragen sie nun einen riesigen rechteckigen weißen Atemschutz im Gesicht. Statt wie Wüstensöhne sehen sie nun wieder wie Safari-Chirurgen aus.

Gegessen wurde auf unserem Platz in einem zeltartigen Diwan, in dem es saugemütlich und saukalt war, wenn man nach Sonnenuntergang erschien. Omar, der das Camp ganz allein unterhielt, kochte auf Bestellung, und zwar gut. Generell gab es hier wunderbare Gerichte: Tagine de Poulet (ein in einem zipfelmützenartig geformten Tongefäß gekochter Eintopf mit Hühnerfleisch), Tagine de Bœf, Harira, Couscous, Tagine de Poulet, Tagine de Bœuf, Harira, Couscous, Brochettes de Bœuf, Brochettes de Kefta. Nachsalzen war erlaubt, denn alle Speisen wurden nahezu ungewürzt serviert – es sei denn, man hatte das unwahrscheinliche Glück, mal eine Pastilla de Poulet zu erwischen, die wurde nämlich wenigstens stark gezuckert. All diese Speisen waren köstlich, wenn man aber im ganzen Land über Monate immer nur das Gleiche bekommt, sehnt man sich bald nach Abwechslung.

Omar war wie ein Vater zu uns: Er kümmerte sich um alles, besonders, nachdem wir seine Familie in einem kleinen Bergdorf direkt vor dem höchsten Pass des Hohen Atlas besucht hatten. Dort sollten wir sein sauer Erspartes (etwa 20 Euro) bei Frau und Kindern abliefern, denn er selbst kam nur alle zwei Monate mal nach Hause. Wir mussten da ohnehin vorbei, weil wir noch mal nach Marrakesch wollten, und bereuten den Zwischenstopp nicht. Omars Dorf war ein armes Dorf, das kahle Gebirge ließ außer der Ziegen- und Schafhaltung fast nichts zu, ein karges Leben mithin. Es gab eine winzige Moschee in bedenklichem Erhaltungszustand und einfache Lehmhäuser, aber keine Schule. Überall roch es nach Holzrauch, obwohl ich hier vor dem Pass nirgendwo Bäume oder Sträucher sah. Das kleine Haus, in dem Omars Familie uns willkommen hieß, bestand aus Küche, Toilette und einem niedrigen Raum, der mit flachen Tischchen und vielen Kissen an den Wänden eingerichtet war und offensichtlich als gute Stube und Empfangsraum diente. Eine schmale offene Holztreppe führte ins Obergeschoss, in dem wir Schlafkammern für die zahlreichen Bewohner vermuteten. Im Kreis dieser Familie wurden wir auf den Kissen sitzend auf typisch marokkanische Weise bewirtet: Schüsseln mit Gemüse, Couscous, Früchten und Hammelfleisch wurden herumgereicht, und während die Berber gemeinhin mit den Fingern der rechten Hand essen, hatte man für uns zwei Blechlöffel bereit gelegt. Die Unterhaltung war mühsam, weil die Leute kein Französisch sprachen und jeder Satz von einem Mann übersetzt werden musste, der eine Anstellung in einem Hotel an der Küste hatte und offenbar ein Nachbar auf Heimaturlaub war. Es wurde viel zeremoniell zubereiteter Tee mit Minzstängeln in Gläsern herumgereicht und wir erfuhren, dass eine belgische Entwicklungshilfeorganisation im Dorf neuerdings Schulunterricht für die Frauen gab und dass man den berühmten Agadir besichtigen könne.

Wir horchten auf: Ein Agadir musste etwas ganz Besonderes sein. Wir hatten einige Wochen zuvor in einer halsbrecherischen Fahrt versucht, die Ruine des Agadir Tashguent bei Tafraoute zu besichtigen, das Vorhaben war jedoch daran gescheitert, dass der Wächter des Schlüssels ein Mittagsschläfchen hielt, das zu unterbrechen sich niemand traute. Hier aber war keine Ruine, sondern ein komplett erhaltener Agadir und keiner unserer Marokko-Reiseführer hatte uns davon etwas verraten. Bevor wir zum Schlaf auf unsere Kissen niedersanken, verabredeten wir mit der Familie eine Besichtigung der belgischen Frauenschule und des Agadirs für den kommenden Tag.

Obwohl wir uns in unserem Wagen wohler und komfortabler gefühlt hätten, nahmen wir die Einladung zur Übernachtung in der Hütte an, denn ein auch noch so höflicher Rückzug hätte unsere Gastgeber tief gekränkt. Der Abend war früh zu Ende, denn im Atlas steht man früh auf. Hahnengekrähe weckte uns bei Sonnenaufgang – eine Erfahrung, die mir fremd war und hoffentlich auch bleiben wird. Nach dem Frühstück aus Melone, Feigen, gesäuerter Milch und Fladenbrot machten wir uns auf zur Besichtigungstour in Begleitung der halben Dorfbevölkerung. Die Nächte hier oben waren entsetzlich kalt im Winter und das war auch am frühen Morgen noch deutlich zu spüren. Mit rauchendem Atem kletterten wir zu einer aus Feldsteinen errichteten Hütte und traten ein. Die Männer blieben draußen, auch unser Übersetzer und die übrigen Begleiter. Im Inneren fanden wir eine Gruppe verschleierter Frauen, die mit Schreibblöcken auf dem Schoß und Stiften in der Hand auf den Kissen hockten, die Gesichter einer Tafel an der Stirnwand zugewandt, die Augen aber neugierig auf uns beide gerichtet. Eine europäisch aussehende Frau – das musste wohl eine Belgierin sein – sprach in Berberisch oder Arabisch (ich kann das nicht unterscheiden, denn es handelt sich um unterschiedliche Sprachen mit ähnlicher Phonetik) und zeigte mit einem Stöckchen zunächst auf mich, offenbar eine Vorstellung unseres Besuches, um sich dann wieder einem auf der Tafel befestigten Plakat zu widmen, das eindeutig einen weiblichen Unterleib mit Uterus, Eileitern und Vagina darstellte. Kein Zweifel: Hier fand eine Unterrichtung in Empfängnisverhütung statt. Später gab es für uns Gelegenheit, mit der Belgierin zu sprechen und wir erfuhren, dass belgische Hilfsorganisationen vielfältig in den marokkanischen Dörfern engagiert sind. Auf meine Frage, warum ich als einziger Mann dem Unterricht beiwohnen durfte, erklärte sie mit bübischem Lächeln, sie habe erklärt, dass wir eine deutsche Ärztedelegation seien, denn sonst wären die Frauen wie der Blitz verschwunden. Ob sich denn ihre Lüge nicht über unsere Gastgeber herumsprechen werde, wollte ich wissen. Sie lachte einfach: „Sie kennen eben das unverletzliche Gastgesetz der Berber nicht!"

Davon aber sollten wir eine Ahnung bei der Besichtigung des Agadirs bekommen. Von außen erschien er uns als fensterloser dicker Turm mit drei Geschossen, ein wehrhaftes Gebäude aus gemauerten Feldsteinen. Ein alter Mann mit ledernem Gesicht erschien mit würdevollen Begrüßungsgesten und einem mächtigen geschmiedeten Schlüssel, der die einzige Tür des Gebäudes öffnete. Im Inneren war es dämmrig und die Anordnung des Bauwerks verwirrend. Die drei Geschosse waren nicht durch Decken voneinander getrennt, sondern von umlaufenden Galerien geschieden, die mit den Geschossen durch etliche wirr erscheinende geländerlose Treppchen verbunden waren. Ringsum an den Wänden waren überall kleine hölzerne Klappen mit mächtigen schmiedeeisernen Schlössern angebracht. Der Agadir war früher für die Berber das, was heute für uns der Banktresor ist. Jede Sippe, die an seiner Errichtung mitgewirkt hatte, besaß ein Fach zur Aufbewahrung ihrer kostbarsten Güter, überwiegend Früchte und Getreide, und ein von der Gemeinschaft bezahlter Wächter bewachte all das. Wegen des beständig gleichbleibenden Klimas in dem dickwandigen Turm blieben die Lebensmittel lange erhalten. Unsere Dorfbewohner hatten sich daran erinnert und beschlossen, diese Tradition zum eigenen Nutzen wieder auferstehen zu lassen, während anderswo in Marokko die Agadire verfallen oder bereits verschwunden sind. Aber diese Gebäude hatten noch andere Funktionen: Hier sprach man Recht und beriet über wichtige Dinge, und bei Angriffen feindlicher Stämme dienten diese Orte als Festungen. Allerdings dienten sie nur denjenigen als Zuflucht, die wiederum zuvor an ihrer Errichtung teilgenommen hatten. Aber es gab Ausnahmen: Flüchtete ein Feind in den Agadir, so war er so lange unter seinem Schutz, bis die Gefahr vorbei war. Anschließend allerdings musste er die Lebensmittel ersetzen, die er verbraucht hatte. War die feindliche Streitmacht abgezogen und die Lebensmittelschuld, die auch in Geld entrichtet werden konnte, beglichen, so hatte er den Turm zu verlassen. Dann wurde er wieder als Angehöriger des feindlichen Stammes angesehen und – sollte er sich nicht schleunigst aus dem Staub machen – auch so behandelt. Solche Gast- und Kriegskonventionen konnten sich nur unter den Bedingungen einer lebensfeindlichen Umwelt entwickeln.

Omar war nicht nur herzensgut, er war auch ein glänzender Unterhalter und fromm obendrein. An jeden Satz hängte er ein „Inschallah" („so Gott will") an oder ein „Allahu akbar" („Gott ist groß"), oft auch „Alhamdulillah" („Gottseidank"). Und er leerte die Mülltonne des Camps. Und in der Mülltonne waren – sorgsam zwischen anderem, aber weniger verfänglichem Unrat versteckt – auch unsere leeren Weinflaschen ganz zuunterst deponiert. Bereits am zweiten Tag sprach er mich auf das Verhängnis des Alkoholmissbrauchs an, dem seines Erachtens leider auch in Marokko mehr und mehr Menschen verfielen, besonders die jungen Leute. Und das Teuflische an diesem Getränk sei im Grunde, dass es in dieser Gegend – „Alhamdulillah!" – überhaupt nicht zu kaufen sei. Diese merkwürdige Aussage ließ mich zunächst an meinem Französisch zweifeln, dann an Omars Französisch. Dabei war die Lösung so einfach: Nachdem er uns mal wieder einen Gefallen getan hatte und er mir scheinbar zusammenhanglos erzählte, dass er heute Abend wichtigen Besuch erwarte, ließ ich einfach den Versuchsballon steigen: Ein Fläschchen Rotwein wechselte den Besitzer. Bald hatten wir eine stillschweigende Übereinkunft: An jedem vierten Tag war eine Flasche fällig, dann drückte er sich schon mittags um unser Lager herum, erkundigte sich nach unserem Wohlbefinden und machte sich mit kleinen Handreichungen nützlich. Allah hat mich übrigens inzwischen gebührend bestraft: Eines Abends hatten die Frauen (wir hatten eine Freundin und Ulrikes Tochter zu Besuch), um dem marokkanischen Einerlei etwas Texanisches entgegenzusetzen, ein köstliches Chili con Carne zubereitet. Mit Rindergehacktem, Wüstenrindfleisch sozusagen. Seitdem lag ich mit einer entsetzlichen Diarrhöe darnieder und meinem treuen Hund Vasco ging es ebenso. Das Fleisch musste von Milliarden Erregern befallen gewesen sein. Allahu akbar, die Wüste lebt!

Sand

Wir beschlossen, von M'Hamid aus eine Dreitagestour in die Sanddünen zu unternehmen. Da wir eine pistenlose Strecke durch unübersichtliches Gelände vor uns hatten, war ein ortskundiger Führer unverzichtbar. Darüber hinaus ging es ausschließlich über Sand und teils über Feinsandfelder, eine so tückische Angelegenheit, dass ich mich nicht traute, selbst zu fahren, also mieteten wir einen Landrover mit einheimischem Fahrer. Der kam am frühen Morgen, war ein schweigsamer, hagerer kleiner Mann und stellte sich als „Adi" vor, das konnte nur eine touristentaugliche Abkürzung sein. Sein Gesicht wurde bis auf die Augen von einem Kopftuch verdeckt, was ihn als echten Beduinen auswies. Er und Omar machten sich daran, das Auto für die Reise vorzubereiten. Auf den ausladenden Dachgepäckträger wurden ein großes Militärzelt, Matratzen, dicke Sitzkissen, Wasser- und Dieselkanister, Küchenutensilien, Proviantbeutel sowie unser eigenes Gepäck gestapelt und mit Seilen festgezurrt. Das Fahrzeug sah jetzt überladen aus und die Schwerpunktverlagerung dürfte der Geländetauglichkeit ziemlich abträglich gewesen sein. Verstärkt wurde der Eindruck noch von den platten Reifen. In der Sandwüste lässt man Luft aus den Reifen ab, um die Auflagefläche zu verbreitern. Ich habe das selbst oft gemacht, mich aber nie getraut, so radikal wie Adi vorzugehen. Die Reifen sahen aus, als müssten sie jeden Augenblick von den Felgen springen. Ob dieser Beduine wusste, was er da machte? Mit Dromedaren kannte er sich womöglich besser aus als mit Allradfahrzeugen. Und noch etwas anderes erregte meine Aufmerksamkeit: Quer unter dem Fahrzeug war eine Kette befestigt, die ein wenig durchhing. Diese eigenartige Konstruktion war mir auch bei anderen Geländewagen schon aufgefallen und ich hatte mich gefragt, was wohl mit den Fahrzeugen und ihren Insassen passieren würde, wenn die Kette sich während der Fahrt in einem festen Hindernis verhaken würde. Omar erklärte mir, dass es sich um eine Vorsichtsmaßnahme handelte: Im Sand kann sich nichts verhaken, andererseits kam es bei den uralten Landrovern in der Sandwüste vor, dass sich während der Fahrt die vordere Antriebswelle vom Differenzial löste, die wurde dann von der Kette aufgefangen, denn ohne sie würde sich die Welle in den Sand bohren und das Fahrzeug sich unweigerlich überschlagen. Ich überlegte, ob das ganze Vorhaben vielleicht ein Fehler war und ob ich Adi nicht besser bitten sollte, hinter dem Lenkrad unseres eigenen Autos Platz zu nehmen. Das würde ihn allerdings kränken und Beduinen können furchtbar ehrpusselig sein, also blieb es beim alten Plan. Der Wagen war ein Siebensitzer und wir waren einschließlich Omars, Adis und unserer Besucherinnen zu sechst. Die Sitze waren wirklich schmal und eng nebeneinander angeordnet. Vasco hatte keinen Platz auf dem Wagenboden und musste daher auf den letzten Sitz, der viel zu klein für ihn war. Dennoch sprang er brav hinauf, legte sein Hinterteil auf den Sitz und seine bedeutend schwerere Vorderhälfte auf meinen Schoß. Dort ruckelte und räkelte er sich behaglich, ihm gefiel es offensichtlich. Die Fahrt konnte losgehen. Wir preschten durch Wadis und über Sandhügel und schleuderten des Öfteren bedenklich. Durch Sand zu langsam zu fahren, bedeutet stecken zu bleiben. Die Treibsandhaufen wurden höher und höher, aus den Hügeln wurden enorm hohe Dünen mit langen Kämmen. Der Sand war fast so fein wie Staub und der Wind blies über die schmalen Kämme. Auf diese Weise wandern die Dünen und aus diesem Grund ist eine Dünenseite stets steiler als die andere.

Wer mal für einige Stunden in einem Karussell einen Mehlsack auf den Knien balanciert hat, dürfte eine Ahnung davon haben, wie sich die Wüstenfahrt mit einem zufrieden schmatzenden Vasco auf dem Schoß anfühlte, der überdies noch meine Hose gründlich einspeichelte. Froh, dass wir irgendwann im Nirgendwo anhielten – unser Fahrziel war erreicht – stakste ich steifbeinig im heißen Wind herum, um wieder ein Gefühl in meine tauben Beine zu kriegen. Omar und Adi machten sich daran, ein Lager aufzuschlagen. Das Ergebnis war ein großes Militärzelt ohne Boden, das mit Sandhaufen auf den Rändern der Plane gegen den Wind gesichert wurde. Häringe hätten ohnehin keinen Halt gefunden. Das Innere präsentierte sich erstaunlich gemütlich: Die Matratzen waren mit gewebten Teppichen bedeckt, überall lagen Sitzkissen und direkt neben dem Eingang war eine Feuerstelle zum Kochen angelegt, die gleichzeitig als Lichtquelle diente. Omar bereitete das Abendessen auf gewohnt sparsamer Flamme und

Adi griff zu einer Gitarre; ich staunte und war gerührt. Vasco war begeistert zwischen den Dünen verschwunden und ich machte mir Sorgen darüber. Vorsichtshalber, und um einen Überblick zu erhalten, versuchte ich, unsere Nachbardüne zu besteigen. Ich schaffte das am Ende auch, aber ich hatte es mir einfacher vorgestellt. Nach jedem Schritt auf den Sand rutschte ich zwei Schritte wieder hinab und erst, als ich es mit Händen und Füßen versuchte, erreichte ich den scharfen Kamm und fürchtete jetzt, auf der anderen – steilen – Seite hinunter zu rutschen. Der Hund war längst wieder zurück, aber der großartige Ausblick über das sich bis zum Horizont erstreckende Sandmeer lohnte die Kletterei. Die Linien der sich chaotisch windenden Dünen erinnerten an einen grotesk vergrößerten Fingerabdruck. Gewohnt schnell fiel die Dunkelheit über uns her. Der Himmel öffnete seinen Sternenschirm, der unendlich tief gestaffelt und zugleich nah erschien, und wir wussten wieder einmal, warum die Sahara eine Droge ist.

Droge hin, Droge her, auch an einem Ort wie diesem musste ich pinkeln, also entfernte ich mich ein paar Schritte vom Zelt halb um eine Düne herum. Auf dem Rückweg stutzte ich nach wenigen Metern: nanu, wo war denn das Zelt? Ich ging noch ein wenig weiter um die Düne herum, hier müsste es auf jeden Fall sein. War es aber nicht. War ich etwa in die falsche Richtung gegangen? Aber ich war doch von links gekommen und dorthin war ich auch wieder zurückgegangen! Oder doch nicht? Verdammt, wie auch immer, das Zelt konnte höchstens 50 Meter entfernt sein, oder vielleicht hundert. Ich lauschte. Nichts als der Wind war zu hören, der meine Fußspuren bereits verwischt hatte. Was nun? Ich konnte und wollte einfach nicht glauben, dass ich mich auf einem derart kurzen Weg in der Sandwüste verlaufen haben sollte. Also noch mal alles auf Anfang: erst an den letzten Ausgangspunkt zurück und von da aus den Weg rekonstruieren, wäre doch gelacht. Bald musste ich mir eingestehen, die Orientierung verloren zu haben. Hätte ich doch bloß den Hund mitgenommen! Ich war wütend auf mich und beunruhigt. Viel passieren konnte mir hier nicht, spätestens bei Sonnenaufgang würde man mich finden, falls ich bliebe, wo ich war. Aber die Nacht konnte verdammt ungemütlich werden und ich war nicht gegen die aufziehende

Kälte gerüstet. Zudem befürchtete ich unbedachte Suchaktionen meiner Mitreisenden in der Dunkelheit, wenn meine Abwesenheit länger dauerte. Handys funktionierten hier nicht. Ich beschloss also, einen letzten Versuch zu machen, und der bedeutete, den nächstbesten Dünenkamm zu erklimmen. Nach elender Rutscherei gelang es mir – meine Wanderstiefel waren bis obenhin mit Sand gefüllt – und sofort erblickte ich das vom Feuerschein erleuchtete Zelt. Es lag fast direkt unter mir, allerdings in der gegenteiligen als der von mir erwarteten Richtung. Ein direkter Abstieg kam nicht infrage, ich hätte an der Steilseite der Düne hinabrutschen müssen. „Wo warst du denn so lange?" Ich zuckte mit den Schultern und gab mich gleichgültig. „Mal 'ne Runde um den Block gemacht, nach dem Rechten geschaut. Schön draußen."

Wir hatten Mineralwasserflaschen dabei und zwei 20-Liter-Kanister, das reichte zum Kochen, abwaschen und zum Auffüllen des undichten Autokühlers – das war nicht viel für sechs Leute in drei Tagen. Es blieb gerade noch genug zum Zähneputzen, Waschen wollten wir uns nicht damit. Ganz anders unsere Beduinen: Sie befolgten nicht nur die ihnen vom Koran vorgeschrieben rituellen Waschungen, sondern betrieben regelrechte Körperpflege. Ich glaube, mal gelesen zu haben, dass die Wüstensöhne sich in Ermangelung von Wasser mit Sand waschen. Doch die Wüste besteht überwiegend aus gebirgiger Ödnis und Geröll auf steppenartigen Plateaus, und nur in – wenn auch beeindruckend großen – Teilen aus Sand.

Ich habe mir die Wüste früher stets flach und niedrig vorgestellt, in Wahrheit aber handelt es sich in Nordafrika eher um eine zerklüftete Hochebene, auf die man erst mal hinauf muss. Adi und Omar wuschen sich mit Wasser, aber wie! Sie hatten je eine wassergefüllte Plastikflasche mit einem Nippelverschluss nach Art von Spülmittelflaschen dabei, aus der sie einen feinen Strahl auf Hände, Gesicht, Hals, Füße und unter ihre Kleidung applizierten. So gelang es ihnen, sich mit einer einzigen Flasche Wasser drei Tage lang zu waschen und fürs Zähneputzen reichte es auch noch, während ich mich bereits am Ende des ersten Tages über meinen Achselgeruch ärgerte.

Am Morgen des dritten Tages brachen wir wie an den beiden vorhergehenden bereits um fünf Uhr in der Frühe auf. Selbst im Winter wurde es hier draußen ab Mittag so heiß, dass irgendwelche Aktivitäten kaum noch möglich waren. Zwischen 13 und 17 Uhr spannten unsere Begleiter eine Zeltplane zwischen Dachträger und Boden auf. Unter diesem schrägen Schutzdach verbrachten wir träge die kommenden Stunden bis zum erneuten Aufbruch. Omar und Adi rollten sich einfach auf dem Boden zusammen und binnen Minuten hörten wir sie leise schnarchen, übertönt von Vascos Sägen. Heute wollten wir ein Schott erreichen, einen vor Urzeiten ausgetrockneten Salzsee, grellweiß und erstaunlicherweise nicht vom Sand zugeweht. Von weitem schon glaubten wir, ihn zu erkennen, aber dann kam etwas dazwischen: Adi suchte den Horizont ab und wies auf einen feinen schwarzen Streifen, der westlich von unserem Ziel schwach erkennbar war. Als er schweigend den Wagen wendete, erklärte Omar, dass wir mit einem Sandsturm rechnen und schleunigst Schutz suchen müssten. Mich wunderte das ein wenig, denn der Streifen war weit weg und schien nicht sonderlich bedrohlich zu sein. Tatsächlich fuhr Adi jetzt mit Vollgas, der Wagen wirbelte eine riesige Staubwolke auf. Meine Oberschenkel schmerzten, weil Vasco auf meinem Schoß auf und ab hopste und vergeblich nach Halt suchte, überdies hatten wir selbst alle Mühe, uns irgendwo festzuhalten. Nach etwa einer halben Stunde hatte sich der Strich in eine schwarze Wand verwandelt, die schnell näher kam. Stürmischer Wind war aufgekommen, der den Sand waagerecht in unsere Fahrtrichtung blies. Mit einem Mal wurde es dunkel, die Wand hatte uns eingeholt und fiel buchstäblich über uns her. Schon vor Minuten hatten wir alle Fenster und Lufteinlässe geschlossen. Dichter heißer Staub waberte im Wageninneren und es war unerträglich stickig geworden, das Atmen fiel schwer; Adi und Omar hatten die Zipfel ihrer Kopftücher über Nase und Mund gespannt. Die Sicht war weg, um uns herum nur noch grauglühende Undurchdringlichkeit, durch die unser Fahrer den schwankenden und bockenden Wagen blind und in verrücktem Tempo hindurch trieb. Blitzschnell wechselte er zwischen Untersetzungs- und Normalgetriebe hin und her, schaltete die Differenzialsperren in kurzer Folge ein und aus, jagte über Felder mit Weichsand, in denen jedes zu langsame Geländefahrzeug unweigerlich stecken geblieben wäre. Mir wurde klar: der machte das nicht zum ersten Mal und das beruhigte mich ebenso wie die Gelassenheit seines Beifahrers. Aber wie schaffte Adi es, irgendeine Orientierung zu behalten? Mir war das ein Rätsel. Plötzlich erkannte ich wie durch einen Schleier ein weiteres Fahrzeug, das parallel zu uns in geringer Entfernung in dieselbe Richtung jagte, eine enorme Sandfontäne hinter sich schleudernd. Und dann war der Spuk ebenso schnell beendet, wie er gekommen war, und ich sah vor uns die Waschbrettpiste, die uns vor Tagen aus M'Hamid hinaus geführt hatte. Wir konnten die Fenster wieder öffnen und Luft holen, und ich starrte benommen auf die Zentimeter dicke Staubschicht im Inneren des Wagens. Wie hatte der Teufelskerl es fertig gebracht, exakt unseren Ausgangspunkt anzusteuern? Von Omar erfuhr ich am Abend, dass Adi früher Militärfahrer in Mauretanien war und dass er so verrückt fahren musste, um uns vor der Bedrohung zu bewahren, im Sturm stecken zu bleiben. Dann nämlich hätte der Sturm das Fahrzeug eventuell mit Sand bedeckt und es wäre keineswegs sicher gewesen, ob wir uns alleine hätten befreien können. Ich betrachtete Adi nun mit anderen Augen und würde später in Libyen nach ähnlichen Erfahrungen meine Bewunderung auf alle Beduinenfahrer ausdehnen.

Zuständigkeitswirrwarr

Neues Lager, jetzt in Tinerhir am Anfang der Todraschlucht. Nach Ausflügen nach Rachidia und Merzouga mit seinen Riesendünen machten wir es uns hier gemütlich. Zwischen Wüste und Oasenschlucht lockten Landschaften wie aus einem Reiseprospekt. Wir wanderten unter Palmen und kletterten über die steilen Pfade am Rande des Wadi. Auf einer dieser einsamen Schluchtenwanderungen war Vasco plötzlich verschwunden, Pfeifen und Rufe nützten nichts, der Hund war weg. Dann hörte ich hinter einem Hügel Kindergeschrei, mir schwante nichts Gutes. Vasco hatte eine Herde kleiner Ziegen aufgestöbert, die von zerlumpten Kindern gehütet wurden. Viel zu gutmütig, eines der Zicklein anzugreifen, gebot ihm jedoch seine Neugier, möglichst viele von ihnen zu beschnüffeln. Die Wirkung war fatal: Kinder und Herde stieben in wilder Panik in alle Richtungen davon, einem so großen Hund waren sie noch nie begegnet. Eine der Ziegen war über einen kurzen Hang in ein Felsloch gerutscht. Das ältere der beiden Kinder, ein etwa neunjähriges Mädchen, versuchte lautlos weinend, das Tier zu befreien. Bestürzt und schamerfüllt leinte ich Vasco an und versuchte, ihr zu helfen, doch sie war schneller und rannte mit ihrer Ziege davon. Ich rang um meine Fassung und beschloss, die Sache wieder gutzumachen, also wandte ich mich in die Richtung, in die die Kinder mit ihrer wieder eingesammelten Herde verschwunden waren. Schließlich entdeckte ich eine in einen Steilhang eingebettete Höhle mit einer aus aufgeschichteten Steinen errichteten Brustwehr. Der Fels bildete einen überhängenden rußgeschwärzten Sims über dem Eingang und vor der Brustwehr lagen allerlei Gegenstände herum. Seitlich davon war ein Ziegengatter zu sehen. Kein Zweifel: hier wohnten Halbnomaden.

Es handelte sich um Nomaden, die einen Teil des Jahres an einem festen Ort verbringen und in der übrigen Zeit mit ihren Herden herumziehen. Halbnomaden gab es immer, diese Lebensform war hauptsächlich in Gebirgsregionen mit Feldbau und Viehzucht verbreitet. Heute aber haben wir es mit einem Leben ohne Landbesitz und Feldbau zu tun. Echte Nomaden gibt es kaum noch im Maghreb. Die kolonial gezogenen Grenzen sind seit den Konflikten unter den Ländern so überwacht und unüberwindbar geworden, dass herkömmliche Nomadenwanderungen nicht mehr möglich sind. Zudem haben die Regierungen das enorme Elend des aus Not erzwungenen Halbnomadenlebens erkannt. Sie versuchen, die Menschen sesshaft zu machen mit Programmen zur Arbeits- und Wohnungsbeschaffung, medizinischer Versorgung und Schulpflicht. Was dabei – abgesehen von kostenloser medizinischer Versorgung und Schulbildung – herauskommen kann, hatten wir in Libyen besichtigen können: Gaddafi hat dort par ordre de moufti die sofortige und komplette Sesshaftigkeit aller Nomaden verfügt und ihnen schöne Häuser mit Gärten bauen lassen. Dort wurden sie angesiedelt, ohne dafür arbeiten oder irgendetwas bezahlen zu müssen. Prompt schlugen sie ihre Zelte in den Gärten auf und füllten die Häuser, mit denen sie nichts anzufangen wussten, mit Krempel an und nutzten sie als Unterkunft für ein paar Tiere.

Ich näherte mich vorsichtig der Höhle, nicht ohne vorher Vasco an einem Gestrüpp festgebunden zu haben. Ein alter Mann, schmutzig und zerlumpt, lugte ängstlich über die Brüstung und rief etwas. Ich hielt inne, rief einen arabischen Gruß und versuchte mit den wenigen mir geläufigen Vokabeln, meine Friedfertigkeit zu versichern. Er verstand offenbar nicht; ich versuchte es erneut auf Französisch, ohne Ergebnis. Konnte es sein, dass diese Leute mitten in Marokko nur ihre Berbersprache und nicht einmal Arabisch kannten? Das einzige Berberwort, das ich aufgeschnappt hatte, war ein kehliges „Saha", es bedeutet wohl danke und nützte mir hier nicht. Mit beschwichtigenden Gesten zog ich mich zurück, machte mich auf den Heimweg und beschloss, bald einen neuen Versuch der Annäherung zu wagen. Was ich gesehen hatte, ließ mich an Steinzeitmenschen denken und am marokkanischen Gemeinwesen zweifeln. Einige Tage später begegnete mir unweit der Stelle, an der Vasco die Herde aufgespürt hatte, eine abgehärmte Frau. Gebeugt trug sie auf dem Rücken zwei Plastikkanister mit Wasser, jeder von ihnen musste wohl 20 Kilo wiegen. Kein Zweifel: die Frau strebte zur Höhle. Sie musste einen Weg von eineinhalb Stunden oder mehr hinter sich haben, denn Wasser gab es nur in Tinerhir. Ich beschloss, mich mit einem Geschenkpaket auszustatten, denn schließlich war ich immer noch in der Schuld dieser Menschen. Also kaufte ich Tabak und Zigarettenpapier, Schokolade, Dörrfleisch, Mehl, Zucker und Salz, Spiegel und Kamm, Spielzeug und zuletzt Wundpflaster, Salbe, Augentropfen und Aspirintabletten und fügte noch einen bescheidenen Geldbetrag hinzu. Mit dem kleinen Sack wanderte ich zur Höhle. Dort machte ich mich bemerkbar, legte den Einkauf ab und zog mich zurück. Aus dem Augenwinkel beobachtete ich, wie Frau und Kinder meinen Sack durchwühlten und den Inhalt hinter der Brustwehr in Sicherheit brachten. Zufrieden und erleichtert setzte ich meine Wanderung fort und nahm mir vor, dasselbe gelegentlich zu wiederholen.

Ich hatte einen Ort wieder entdeckt, der „Die Quelle der heiligen Fische" heißt. Dort war ich vor 40 Jahren schon einmal mit meiner damaligen Frau gewesen. Wir hatten in dem Quellbecken gebadet und meine Frau wurde von Marokkanerinnen mit vorsichtigen Steinchenwürfen und Warnrufen aus dem Wasser vertrieben, um sie vor ungewollter Schwangerschaft zu bewahren. Auch jetzt noch glaubten einige, dass die Quelle zu Schwangerschaft verhilft und deshalb waren wir dieses Mal vorsichtiger, immerhin war ich inzwischen 63 Jahre alt und Ulrike war nur drei Jahre jünger, da liebt man keine derartigen Überraschungen.

Nach dreimonatigem Aufenthalt im Land mussten wir zur Polizei, um unsere Aufenthaltsberechtigung zu verlängern. Dort wurden wir mit offenen Armen empfangen und gebeten, in einer Stunde wiederzukommen, dann sei der Chef da. Nach zwei Stunden kam der Chef, strahlte und wollte wissen, wie uns Marokko gefiele. Prima? Wunderbar! Übrigens sei die Polizei nicht für uns zuständig, sondern die Gendarmerie (was ich immer für dasselbe gehalten hatte). Wir dankten und fuhren zur Gendarmerie. Begeisterter Empfang. Leider sei jetzt Büroschluss. Am nächsten Morgen fuhren wir also wieder dorthin und wurden schon wie Stammgäste begrüßt. Leider war der Chef noch nicht da, der würde in zwei Stunden kommen. Nach drei Stunden tauchte er auf, klopfte mir wie einem alten Freund auf die Schulter und ließ meine Hand nicht mehr los. Leider sei aber die Gendarmerie gar nicht zuständig, sondern die Polizei. Ich berichtete konsterniert von der gestrigen Auskunft. Der Chef zog ein abschätziges

Gesicht, zog mich näher zu sich heran und erklärte mit Verschwörermine: „Ich kenne das, die sind verrückt. Du bist schon der Vierte in dieser Woche!"

Perplex fragte ich, ob die Herren Behördenleiter das kleine Zuständigkeitsproblem nicht telefonisch lösen könnten; schließlich habe mir die marokkanische Botschaft in Berlin versichert, das Ganze sei kein Problem, ich solle mich nur an die örtliche Polizei wenden. „Ha!", schrie er, „was habe ich gesagt? Polizei! Das sind Idioten! Soll ich mit Idioten telefonieren? Würdest Du mit Idioten telefonieren, mein Freund?" Ich verneinte resigniert und fuhr wieder zur Polizei. Deren Chef erwartete mich mit ausgebreiteten Armen, ein breites Lächeln entblößte seinen fast zahnlosen Mund unter dem Schnurrbart, nur die Schirmmütze und die gewaltige Affenschaukel auf der Uniformbrust hinderten ihn, mich zu umarmen. Zahnfäule ist eine der verbreitetsten Erkrankungen im Nahen Osten, schon junge Männer verfügen oft nur noch über Stummelzähne und ich halte den unfassbaren Zuckerkonsum für die Ursache. „Willkommen, willkommen, mein Freund, immer für dich da!" (Marokkaner duzen spätestens nach dem dritten Satz). Ich trug mein Problem vor und wiederholte den Wunsch, die Herren mögen miteinander telefonieren. Das überhörte er, brachte mir stattdessen ein rosafarbenes Informationsblatt in Arabisch, Französisch und Spanisch. Nachdem ich mich schon den zweiten Tag fließend auf Französisch mit ihm unterhalten hatte, fragte er: „Kannst du Französisch? Dann lies!" Ich las: „WENN EINE ZU BEHANDELNDE PERSON NICHT DIE DAUERHAFTE AUFENTHALTSERLAUBNIS FÜR DAS KÖNIGREICH MAROKKO ZU ERLANGEN BEGEHRT, SONDERN GLAUBHAFT ERKLÄRT, NUR EINE GERINGFÜGIGE VERLÄNGERUNG DES URLAUBES BIS ZU DREI MONATEN ZU ERLANGEN BEGEHRE, SO KANN DIES VON JEDER POLIZEIDIENSTSTELLE GENEHMIGT WERDEN." Ich war verblüfft und beglückt. „Sehen Sie, genau das möchte ich." Er erstarrte. „Kannst du kein Französisch?" Laut schreiend las er mir den Text nochmals vor, jedes einzelne Wort deklamierend, mit wilden Gesten der rechten Hand kommentierend und rollenden Augen unterstreichend. „Da steht doch klipp und klar, dass es NICHT geht! Willst du einwandern? Das wäre kein Problem, das liegt in meiner Amtsgewalt, auf der

Stelle könnte ich dich einbürgern, das werde ich einem Freund nicht abschlagen! Wandere ein! Willkommen als marokkanischer Staatsbürger!" Etwas verlegen erklärte ich, dass es mir eher nicht so sehr darum ging, meine Heimat aufzugeben.

Schließlich setzte er eine Fuchsmine auf. „Es gibt natürlich noch eine andere Möglichkeit: Du fährst einfach nach Tanger und reist aus. Nach zwei Tagen kommst du zurück und – schwupp! – hast du wieder drei Monate. Du kommst dann hierher und wir trinken Tee, ich kenne Leute, die machen das seit zehn Jahren so!" Er belauerte meine Reaktion, die verhalten ausfiel. Später versuchte ich es mit der deutschen Botschaft in Rabat (telefonisch) und einer Fahrt in die 170 Kilometer entfernte Verwaltungshauptstadt Ouazarzate, alles vergeblich. Wir mussten also Marokko ein wenig früher verlassen als geplant. Allah hat es so gewollt, ebenso wie eine andere Absurdität: Auf der Fahrt durch die Wüste sah man immer wieder Schilder, die vor Brandgefahr warnten und damit war keineswegs Sonnenbrand gemeint. Aber außer Steinen und Sand und hier und da mal einem Büschel Kamelgras gab es da nichts. Was sollte da brennen? Und wie lange?

Portugiesische Wirtschaft

Freunde wollten von mir wissen, warum ich es in Marokko beim Antrag auf Aufenthaltsverlängerung nicht mit einer anständigen landesüblichen Bestechung versucht hätte. Ganz einfach: Bestechen kann man, wenn überhaupt, nur den Entscheidungsträger und der sitzt in einem Ministerium in Rabat. Die örtlichen Beamten faxen die Anträge dort hin, und von dort kommt die Entscheidung, das verhindert wirksam die Korruption. Wir sind übrigens – von einem Amtstierarzt bei der Einreise nach Aqaba abgesehen, der sich 20 Euro für eine Scheinuntersuchung zahlen lies – niemals persönlich in den arabisch sprechenden Ländern mit Korruption in Berührung gekommen.

Jetzt hatten wir auf der Rückfahrt nach Deutschland unser vorerst letztes Lager in Galizien aufgeschlagen. Ein kleiner Platz mitten in der Natur direkt an der Steilküste. Wir schauten auf Inseln, wanderten zu Stränden, aßen Fisch und Schalentiere, fuhren die Landzungen der Ria ab, machten Ausflüge nach Santiago de Compostela und La Coruña. Anfänglich machte Galizien seinem Ruf als Regenloch alle Ehre. Aber der Trick besteht darin, hartnäckiger zu sein als der Regen, dann verschwindet er. Und dann wird Galizien ein wunderschöner Ort, der sehr an die Bretagne erinnert und einen keltischen Eindruck macht. Versteht sich, dass sie hier eine merkwürdige eigene Sprache pflegen, aus der sich übrigens das Portugiesische entwickelt hat. Der Ort, an dem wir uns aufhielten, heißt beispielsweise „Sanxeixe", die Aussprache klingt jedoch eher holländisch. Vielleicht fühlen sich deshalb besonders viele Holländer hier heimisch. Der Frühling war schon weit fortgeschritten und alles blühte in knalligen Farben, es gab hier Kamelien, die so groß waren wie Bäume. Vor ein paar Wochen hatten wir Marokko den Rücken gekehrt und waren dann über die Algarve nach Norden durch ganz Portugal gefahren. Nun steht in jedem Reiseführer, dass Portugal ein schönes und interessantes Land ist, aber wer weiß schon etwas über die Grundlagen der portugiesischen Wirtschaft, die im EU-weiten Vergleich eher mittelmäßig abschneidet?

Ich! In Kürze: Etwa zwei Drittel der Arbeitsplätze fanden sich damals im Baumaschinenhandel und im Gebraucht-Lkw-Handel, vermutete ich (es konnte gar nicht anders sein), drei Prozent im Baugewerbe und der Rest verteilte sich auf Gastronomie, das Brechen von Granitblöcken und was es sonst so gibt. Ich weiß das, seit wir auf der IC 1 – oft auch als IP 1 und E0 1 ausgeschildert und deshalb leicht zu verlieren – durchs ganze Land gefahren sind. Zunächst gab es noch viele Ortschaften zu durchqueren, aber etwa ab dem Alentejo wurde die Besiedlung dünner, jedoch keineswegs ländlicher: Rechts und links reihten sich endlos Bagger, Radlader, Turmdrehkräne, Schwerraupen und Räupchen, Baggerchen und Buddelchen aneinander, alle zum Verkauf und alle knallgelb. Dann kamen ein paar hundert Meter Gebraucht-Lkw mit Einsprengseln von Granit- und Marmorangeboten und danach wieder gelbe Baumaschinen. Natürlich gab es auch Baustellen. Aber eher selten und auf denen war nichts los. Nur ein einziges Mal habe ich auf einer Baustelle eine Baumaschine arbeiten sehen, aber was heißt arbeiten: Ein Turmdrehkran drehte sich mit dem Eifer eines zum Nachsitzen Verurteilten. An wen zur Hölle wurden dann all die Baumaschinen verkauft? Völlig klar: an Gebrauchtmaschinenhändler, an wen sonst?

Praia de Cortegaca ist ein kleines Feriendorf etwas südlich vom wirklich beeindruckenden Porto, aber etwas trostlos, weil außerhalb der Saison alles geschlossen und tot war. Zu unserer Überraschung fanden wir dort ein unter Portugiesen zu Recht berühmtes und beliebtes Restaurant, das sich als hervorragend herausstellte und viel über die Portugiesen verriet. Man stelle sich einen wirklich guten Laden mit professioneller Küche und Bedienung (letzteres sonst eher die Ausnahme) vor: brechend voll, vornehme Gäste, gedämpfte Unterhaltung. Plötzlich sprang der Kompressor einer Kühltheke im Gastraum an. Das Ding musste schadhaft sein, denn es machte einen infernalischen Krach. Sofort hob sich die Stimmung. Die Gäste überschrien die Maschine einfach und setzen ihre Unterhaltung mit fröhlicher Pantomime fort. Niemand fühlte sich gestört. Im Gegenteil: Endlich war was los! Brüllend fragte der Wirt von Tisch zu Tisch, ob alles recht sei, kreischend wurde ihm dies bestätigt. Der Kellner heulte wie ein Wolf, am Tisch nebenan trompeteten Elefanten. Plötzlich verstummte die Kühltheke. Arme fielen herab, die Unterhaltung wurde zum Flüstern, ein Hüsteln übertönte alles. Besteck klapperte auf den Tellern, Servietten raschelten, der Wein wurde geschlürft. Die beiden (unvermeidlichen) Fernsehgeräte waren ohnehin tonlos. Nach 20 Minuten sprang der Kompressor wieder an und alles ging von vorn los. Die Marx Brothers mussten sich so was noch ausdenken. Der Abend wurde ein unvergesslicher Genuss.

Zwischendeck

Im Herbst des folgenden Jahres waren wir auf dem Weg durch Italien nach Tunesien, Libyen und Jordanien auf einem Rastplatz bei Catania auf Sizilien, erlebten nichts und es regnete Bindfäden. Na ja, erlebten fast nichts. Wir hatten einen Lagerplatz angesteuert, der vielversprechend klang (ADAC-Führer „Europa"), aber schrecklich war. Außerdem wurden wir der ohnehin inakzeptablen Lokalität wegen unseres Hundes auch noch barsch verwiesen. Bei einbrechender Dunkelheit gaben wir die Suche auf.

Bei meinem verrückten Versuch, das Gespann ohne Zuhilfenahme der Rangierkupplung in einer Sackgasse zu wenden, verkeilte ich den Anhänger so, dass sechs bis sieben Autos eine halbe Stunde lang nicht mehr weiterfahren konnten. Peinlich, wo doch diese Sizilianer bereits hupen, wenn man an der Ampel nicht schon vor der Grünphase losfährt. Die aber stiegen samt ihren vielköpfigen Familien aus und ergingen sich eifrig in höchst widersprüchlichen Ratschlägen, packten ordentlich zu, zogen und drückten gleichzeitig, während sie mich beiseiteschoben und mit deutschen Worten trösteten. Irgendwann war die Sache gelöst, die Autoschlange auf ein Dutzend angewachsen. Alle fanden, dass es jetzt Zeit sei, Hände zu schütteln und weiterhin (!) gute Fahrt zu wünschen (was etwa so viel Zeit in Anspruch nahm wie das ganze vorherige Desaster).

Am Folgetag beherbergte uns wieder eine dieser trostlosen Raststätten. Ulrike wurde von einem dickbäuchigen Trucker auf Englisch angesprochen. Er erwies sich als Norweger, der im Auftrag eines schwedischen Unternehmens einen dänischen Laster („DFDS") mit niederländischem Kennzeichen nach La Valletta auf Malta brachte. Er fragte, woher wir kommen, wohin wir wollten und wie lange wir unterwegs sein würden. Als er Ulrikes Antwort gehört hatte, schwieg er. Wir verstanden: Für ihn lebten wir in einem ihm fremden Universum. Daraus resultiert immer ein flüchtiges Schamgefühl.

Raststätten sind für uns Autofahrer überall an den europäischen Autobahnen etwas Selbstverständliches. Wir halten an, tanken, machen eine Rast mit einem Imbiss und einem Kaffee. Dann geht es zu den Toiletten und anschließend geht die Fahrt weiter. Wir verlassen damit eine Parallelwelt, die wir nicht kennen. Von der aber bekamen Ulrike und ich auf unserer Reise eine Ahnung. Für unser langsames Gespann waren Raststätten nicht nur Pausenplätze, wir übernachteten dort regelmäßig. Und da das Gespann fast so lang wie ein Sattelzug war, mussten wir auf die LKW-Plätze fahren.

Diese Raststätten und noch mehr die Autohöfe, die sich ein bisschen abseits der Autobahn befinden und die fast ausschließlich von Fernfahrern angesteuert werden, erschienen uns wie die Zwischendecks der Auswandererschiffe des vorletzten Jahrhunderts. Alles strebt an ein schleunigst zu erreichendes Ziel und verharrt am Rastplatz in neongreller Hast und vom Fahrtenschreiber befohlener Ruhepose: Espresso, fettes Schnellfutter, steife Mattenvorhänge im Führerhaus, Rückzug auf abgeschaltete Zugmaschinen. Ausgeleuchtet wird das gehetzte Ruhen vom Neonlicht, das sich grell im Regen spiegelt. Ohne Regen ist das Standbild des Zeitrafferlebens schwerer zugänglich. Sonne gar wäre ganz unpassend, sie würde nur einhübschen, was in Wahrheit gespenstisch ist. Wir wunderten uns über das Leben der Fahrer am Ende des Tages. Es erschien uns trostlos und einsam. Wie fühlten die sich? Wie fühlt es sich an, im Regen neben seinem Truck an einer geöffneten Seitenklappe sitzend, eine Konserve auf einer Gasflamme zu kochen, weil man sich ein Abendessen in der teuren Raststätte nicht leisten kann oder nicht leisten will?

Das Zwischendeck beherbergte die auswandernden gescheiterten oder fliehenden mittellosen Vorreiter der frühen Globalisierung. Hier schienen es uns die kleinen Männer zu sein, die große Hüte, Tätowierungen und Stiefel trugen. Hinzu kamen die Bäuche der einsamen Wagenlenker und die blassen und herzschwach wirkenden kaltschweißigen Countryhelden mit ihren Cowboyhüten. „Meiner ist 18 Meter lang" klebte auf den Hintern ihrer stummen Trucks. Die GPS-überwachte Einhaltung des vom Disponenten festgelegten Zeitplans trieb den Trucker. Weiter! Weiter! Zum nächsten Stopp und in die Sinnleere, wo wieder die Einsamkeit lauert. In verrinnende Lebenszeit, kurz unterbrochen von den traurigen und frustrierenden Verheißungen der Sexfirma „Erdbeermund" gleich neben dem „Burger King". In der Nähe des Ausgangs konnte sich der Trucker eine Frau abholen, für einen Augenblick hinter seinem Führerhaus-Mattenvorhang. Nachher dann, wenn alles vorbei war, setzte er sich ins „Burger King" auf ein Bier. Nicht zu den anderen, sondern jeder für sich allein, denn jeder sprach nur seine eigene Sprache. Es stank, denn nachts pinkelte er aus dem Führerhaus, zu müde war er für den Weg zum Klo, und es war ja sowieso egal. Vielleicht konnte er sich nicht einmal die Sanifair-Toiletten leisten. Leute, Fremde, Freunde fragten uns: „Aber gab es denn keine Gefahren, keine Schrecken auf euren Reisen?" Gefahren kann man ausweichen; Schrecken? Ja, die gab es. Beim Blick ins Zwischendeck zum Beispiel.

Während der Fahrt hatte sich Antanas, unser Bekannter aus Litauen, gemeldet. Er besaß jetzt ein Handy. Man hätte ihn zu Weihnachten nach Deutschland eingeladen, an den Bodensee. Wie gern hätten wir ihn gesehen! Er hat schrecklich getrunken, sagte er. Und nun hat er seit zwei Monaten aufgehört, ganz allein, sagte er. Hätte nichts dagegen, im Sommer nach Köln eingeladen zu werden. Er erzählte mir was von Voodoo gegen Drogen, vielleicht war er besoffen. Ich hoffte wirklich, dass er kommen würde. Man kann nicht bereuen, was nicht ausprobiert wurde. Wir haben ihn nie wieder gesehen.

Italien – Die Braut, der Müll und das Behindertenklo

Wieder einmal feierten wir Heiligabend, diesmal nicht auf einer Raststätte, sondern an einem wundervollen Strand bei Agrigent im schönsten Wetter. Mit folgenden Zutaten: Holzengel (an Vorhangschiene baumelnd) von einer Freundin, Miniweihnachtskugel (im Vorjahr geklaut), am Engel befestigt von Ulrike, der auch aus dem Vorjahr schon bekannten mexikanischen knallbunten Weißblechklappkrippe (herrliches deutsches Wort), ebenfalls von Freunden, Keramikweihnachtsmann (klein, Arme auf dem Rücken verschränkt) gekauft bei Karstadt in München, Klappschneekugelweihnachtsbaum (noch herrlicheres deutsches Wort, vergleichbar nur noch mit Intervallscheibenwischer, Evolitelektroteilspeicherheizung oder, noch besser, Behindertengleichstellungsgesetzgebung) von meiner Schwester, vier Würstchen („Stramme Jungs" von Maica), Kartoffelsalat nach Fernsehkoch Tim Mälzer, eine Flasche Brunello 2000 von EuroSpar (19,70 Euro, kein Bouquet, schwacher Auftritt), eine Mortadella für Hund Vasco (halb gefressen, dann wurde ihm schlecht; hat die zweite Hälfte am nächsten Morgen im Sand vergraben). Um 20:15 Uhr gab's „Sissi Teil 1" im Ersten, danach die komplette Wiederholung der LifeAid-Konzerte bei EinsFestival. Eine runde Sache.

So, jetzt zu Land und Leuten: In der vorigen Woche zog ein gewaltiger Sturm auf mit Regen, Blitz und Donner und den üblichen großen Schäden überall. Natürlich forderte Hund Vasco gleichwohl seinen täglichen Ausritt. Also behielt ich das Wetter im Auge und passte einen geeigneten Moment ab. Sobald der Regen ein wenig nachließ, machten wir uns beide auf den Weg über den Strand, schräg gegen den Wind gestemmt, Sicht null, dafür aber Sand zwischen den Zähnen.

Nach zwei Kilometern ging's wieder los mit dem Sturzregen. Point of no return. Mit anderen Worten: Ich entschied, weiter geradeaus zum nahen Dorf zu laufen, eine der vielen überdachten Caféterrassen, einen Schinken-Käse-Toast und einen heißen Espresso Macchiato vor Augen. Aber es war Dienstag. Da war hier alles geschlossen, sogar die

Kirche. Ich hatte jede Hoffnung fahren lassen, bevor ich eines dieser rundum mit großen durchsichtigen Kunststofffolien ausgestatteten Zelte sah, die aus offenen Terrassen geschlossene Terrassen machen. Laute Musik und ausgelassene vielstimmige Laute drangen zu uns herüber. Verzweifelt beschloss ich, das Zelt als offen zu interpretieren (kein Hund darf in Italien einen öffentlichen geschlossenen Raum betreten, sowenig, wie dort geraucht werden darf. Und die Italiener halten sich daran, sogar im Süden). Drinnen war eine Hochzeitsgesellschaft im feinsten Zwirn und Tüll, und Vasco und ich sahen aus wie Moorleichen. Bescheiden steuerten wir ein Tischchen direkt in der linken vorderen Ecke an (da war nicht so viel los), während ich mit Bill-Clinton-Lächeln und Schweißperlen auf der Stirn nach rechts und links „Buon Giorno" und „Auguri" wünschte. Wir erreichten den Tisch unbeschadet und fanden auch sonst keinerlei Beachtung. Immerhin war es trocken hier drin und die Freiluftgasstrahler wärmten uns. Außerdem wurde geraucht. Ich hatte also richtig interpretiert. Schließlich doch noch nach meinem Begehr gefragt, gab ich entspannt meine Bestellung auf.

Dann kam das Verhängnis.

Ich hätte es nicht verhindern können: In der am weitesten von uns entfernten Ecke brach mit viel Getöse ein Blitzlichtgewitter unter gellenden „Bravi, bravi"-Rufen über die Brautleute herein. Alarmiert hob Vasco den Kopf und blähte fellsträubend die Nüstern. Er hatte die Braut entdeckt, die er ohne Zweifel – wie auch die sizilianischen Männer es tun – für jagdbar hielt. Wer nun weiß, dass Vasco ein Riesenvieh ist und ich selbst schon ein bisschen betagt, kann sich dennoch kaum vorstellen, was dann alles geschah, und zwar in Sekundenbruchteilen. Nicht nur unser eigenes Tischchen kippte um, oh nein. Vasco schlug eine Schneise der Verwüstung quer durch das Zelt, Gläser und Flaschen kippten um, Geschenke wurden vom Tisch gefegt. Als er sich gerade anschickte, so friedfertig wie begeistert die Braut in unschicklichster Weise abzuschnüffeln, wurde er gottlob von Appetithäppchen abgelenkt, die auf einem Silbertablett angerichtet seine unübersehbare Zustimmung fanden. Die Gesellschaft fand das zum Kreischen komisch, bis auf zwei Ausnahmen: Brautvater und Wirt. Vasco und ich wurden vor die Tür und in den Regen gesetzt.

Wir nennen natürlich den ADAC-Reiseführer „Sizilien" unser eigen, einen der besten. Gerne folgten wir ihm auf unseren Ausflügen zu Tempeln, Stränden und Kirchen. Auch die Sehenswürdigkeiten Palermos hat er uns nahe gebracht (leider waren die meisten an dem Tag unseres Palermobesuches geschlossen, z.b. der Regierungspalast mit seiner berühmten Kapelle und die Katakomben, aber schon die Fotos davon sind beeindruckend). Aber warum nur, so frage ich, verschweigt uns dieses wichtige Standardwerk die bedeutendsten Aspekte der sizilianischen Gegenwartskultur? Das Abfallbeseitigungswesen zum Beispiel oder die fortschrittliche Behindertengleichstellungsgesetzgebung.

Von Abfallbeseitigung in dem bei uns landläufigen Sinne zu reden, wäre irreführend, es würde Erwartungen von Mülltonnen vor, neben, hinter oder in den Häusern wecken. Es gibt so etwas nicht. Der Müll wird vielmehr in Plastiktüten verpackt, meistens, nicht immer; es gibt zahllose lokale Abweichungen, und sodann ins Auto verfrachtet; jeder hat ein Auto, denn in irgendwas will der Sizilianer sich schließlich zurückziehen können. Aus dem fahrenden Auto wird sodann beifahrerseitig der Müll verpackt oder einzeln auf den Gehweg geworfen. Das Resultat wirkt natürlich auf die Dauer befremdlich auf Besucher, die man nicht erschrecken möchte. Wie können die Fremdlinge denn wissen, dass die Gehwege, die übrigens regelmäßig in Marmor verlegt sind, nahezu wöchentlich mit Spezialfahrzeugen, die wie kleine blaulichtblinkende Bagger aussehen, gesäubert werden? Natürlich nur dort, wo keine Autos parken, das ist das Problem. Offenbar hat sich die autonome sizilianische Landesregierung des Problems in jüngerer Zeit gründlich angenommen und darüber diskutiert. Schließlich, so stelle ich mir vor, hat ein Staatssekretär die folgende verblüffende Rechnung aufgemacht: Wenn es mal theoretisch gelänge, alle 15 Meter entlang der Straßen in den Ortschaften einen 1,50 Meter breiten offenen Müllcontainer aufzustellen, so ergäbe das eine statistische Müllwurftrefferquote von zehn Prozent, also etwa 2,8 Millionen Tonnen Müll per anno weniger auf den Gehsteigen. Damit könnte man erstens eine weitere Deponie in Strandnähe betreiben und zweitens auf beträchtliche EU-Mittel hoffen. Gesagt, getan. Nun steht entlang der Straßen alle 15 Meter ein Parkverbotsschild und daneben ein offener

Container, in dem sechs bis acht Katzen wohnen, ein Traumurlaub für Vasco. Manchmal hat der Wind auch einen Containerdeckel zugeklappt. Dieses Gefäß wird dann nicht geleert. Kann ja nichts drin sein.

Immer wieder wunderte ich mich über die Restaurantklos (der Ausdruck Toiletten wäre etwas euphemistisch): Selbst in der erbärmlichsten palmwedelgedeckten Strandpizzeria waren sie verblüffend groß und weit, das Licht funktionierte zwar so wenig wie die Wasserspülung, aber sie hatten Schiebetore wie Scheunen; gut, dass sie nicht richtig zu schließen waren, so fiel ein wenig Restlicht ein. Und erst die Kloschüsseln! Die waren von eigenartiger Form und so hoch gebaut, dass etwa Sitzpinkler nur mit Mühe und keinesfalls gefahrlos hinaufkamen. Wie das?

Ganz einfach: Der Italiener – und besonders der im Mezzogiorno – legt Wert darauf, zumindest im sozialen Bereich Weltspitze zu sein, ebenso wie bei den Streiks. Also hat vor geraumer Zeit besagte autonome sizilianische Landesregierung ein Gesetz erlassen. Dieses schreibt allen gastronomischen Einrichtungen behindertengerechte Toiletten vor und das wird punktgenau kontrolliert und ausgeführt. Dumm nur, dass man nicht auch den behindertengerechten Zugang geregelt hat, was wohl auch nicht möglich wäre, ohne ganz Sizilien umzubauen. Ein Behinderter, ob mit oder ohne Rollstuhl, betrachtet die Sache so: Zur vorgelagerten Terrasse rauf: sechs Stufen. Zur Hauptveranda: drei Stufen unterschiedlicher Höhe. In den Gastraum: zwei Stufen abwärts. Dort geht es zwischen zwei Kühlanrichten mit Gebäck rechts und Antipasti links und zwei großen Heineken-Kühlschränken durch; Durchgangsbreite 38 Zentimeter. Dann scharfer rechter Winkel vor dem Stromverteilerkasten zum Waschbecken. Unter dem hindurch zur behindertengerechten Toilette.

Ein wenig dämmert uns jetzt, warum der Süditaliener ab und zu ein etwas gespaltenes Verhältnis zur Gesetzgebung an den Tag legt. Bei der Straßenverkehrsordnung zum Beispiel, oder bei der Bushaltestellenwarteschlangendurchführungsregelung.

Libyen – Gaddafis Land

Fährt man von Tunesien aus nach Libyen, so ist die erste Stadt hinter der Grenze Zuara. Schnell waren wir in der ganzen Stadt bekannt, man wollte von uns wissen, wo wir herkamen, wo wir hinwollten, wie lange usw. Gingen wir über die Hauptstraße, steckten die Leute schon die Köpfe aus den Geschäften und begrüßten uns oft auf Sächsisch, denn alle Libyer scheinen zu DDR-Zeiten in Leipzig Elektrotechnik studiert zu haben, wenn man ihnen glauben darf. Die enorme Aufmerksamkeit hatte allerdings nicht das Mindeste mit uns zu tun, sondern mit Vasco natürlich. Standen wir irgendwo, kamen Scharen von jungen Männern, um mit ihren Handys den Hund zu fotografieren. Einer klopfte gar an die Tür unseres Wagens mit fünf Handys in der Hand. Die gehörten seinen Freunden, hat er uns erklärt, und ob er mal reinkommen und den Hund fotografieren dürfe. Er durfte. Inzwischen tauschten sie die Fotos untereinander; es ist mir schon peinlich, so oft diesen Hund erwähnen zu müssen.

Außerdem war unser Anhänger komplett verpackt worden. Ja, verpackt! Und das kam so: Libyen ist groß, so groß wie Deutschland, Frankreich, Benelux, Dänemark, Großbritannien, Italien, Griechenland, Schweiz und Österreich zusammen, und an vielen Orten sensationell. Aber dazwischen liegen oft tausend Kilometer langweiliger Asphaltstraße, manchmal mit Sandverwehungen, seltener ein Stück Piste, nicht überall eine Tankstelle. Das ist nichts für zeitraubende und dieselschluckende Anhängerfahrten. Also machten wir die Libyentour ohne dessen Bequemlichkeiten. Unser libysches Kindermädchen und Reiseorganisator Ben Khalefa wusste Rat: „Wir stellen den Hänger vor die Haustür meiner Schwester, die passt auf!" Die aber fand zu unserer Verblüffung, das große Ding könne begehrliche Blicke auf sich ziehen und deshalb müsse es verpackt werden. Außerdem musste ich alles abmontieren, was demontierbar ist, sogar die verschlossenen Reserveräder und auch die Dachladung. Murrend folgten wir ihren Anweisungen, während sie uns mit Tee versorgte. Normalerweise fällt der Hänger ja nicht besonders auf, weil er bescheiden grau ist und sich gut in die Landschaft einpasst. Aber jetzt! In eine quietschblaue Plane hatten sie ihn gewickelt! Wenn man von einem Flugzeug herab überhaupt etwas von der staubigen Stadt Zuara erkennen konnte, dann war es der leuchtend blaue Hänger.

„Das herbe Klima, kräftige Weiden und gesunde Kühe sorgen dafür, dass diese Milch alles hat, was diese Milch so schmackhaft und wertvoll macht. MUH. Milch Union Hocheifel e.G."(Aufschrift einer libyschen Milchpackung)

Libyenfahrten sind anstrengend, schon weil ich jeden Morgen den Wecker stellten musste. Wir tranken keinerlei Alkohol, denn der war hier einfach nicht aufzutreiben und wir gingen früh zu Bett. All das kam mir und meiner Leber zutiefst widernatürlich vor. An unserer Seite befand sich stets Boumedienne, unser Begleiter und Übersetzer. Das war damals Vorschrift und zwar aus gutem Grund: Die Libyer nämlich sprachen keinerlei Fremdsprachen, weil Gaddafi das Land für den Nabel der Welt und Fremdsprachenunterricht daher für überflüssig hielt. Lateinisch beschriftete Hinweise suchte man im ganzen Land vergeblich, man fand weder Bank noch Toilette noch Bäckerei oder Übernachtungsplatz. Selbst ein GPS half da wenig. Nicht nur die Entfernungen waren sibirisch, sondern auch die Einsamkeit. Die wirklich hervorragenden Straßen machten die Sache nicht viel einfacher, denn man stelle sich eine durchschnittliche libysche Landstraße wie eine breite Startbahn vor, die bleistiftgerade von einem Horizont zum anderen reicht, ohne jeden Verkehr und durch ein absolutes Nichts führend, das dem Auge nicht den kleinsten Anhaltspunkt bietet. Du fährst und fährst und verlierst jedes Gefühl für die eigene Fortbewegung, es ändert sich einfach nichts. Der Motor brummt, aber du wähnst dich immer an derselben Stelle. Das war kolossal ermüdend, und wenn du dann endlich den Motor abstellst und dich für die Nacht einrichtest, dann stehst du ungläubig noch immer im Nichts, suchst den Horizont nach einem Licht ab und die Stille nach irgendeinem Geräusch. Nichts. Nichts außer dem brummenden Nachhall des Motors in deinem Kopf. Und dann klammerst du dich irgendwo fest in der Sorge, in diesen schwarzen Himmel hineinzufallen, dessen Tiefe dich ansaugt, und du bist dir nicht mehr sicher, ob der wirklich noch über dir ist. Da musst du an den einsamen Mann auf seinem Boot mitten in einem Ozean denken und du begreifst, wie er auf die Metapher von der „Wasserwüste" gekommen sein mag.

Alkohol ist strengstens verboten in der großen arabischen Jamahirya, so der offizielle Name des Landes unter Gaddafi, was frei übersetzt etwa „Land der selbstbestimmenden Massen" heißt. Womit wir bei den Massen wären: Diese Unendlichkeit wird von etwa sechs bis acht Millionen Libyern bevölkert, die meisten davon in der Küstenregion. Dazu kommen noch mal etwa zweieinhalb bis drei Millionen Ausländer aus Ägypten, Marokko, Tunesien, Mali, Niger, Tschad usw., die machen hier die Arbeit. Viele Libyer sind Tuareg oder geben sich als solche aus, denn denen ist Arbeit traditionell verboten. Keine Arbeit sind Kaffee trinken, Auto fahren, Fremde führen und bewirten, heiraten, Geschäfte machen, und nach den Preisen von Handys und Autos wie zum Beispiel dem unseren zu fragen. Nun könnte man das ja für ein wenig langweilig halten. Weit gefehlt: Libyen ist zum Zerreißen spannend. Am Ende der langen Fahrten warten Wunder über Wunder. Wer umfangreichere und besser erhaltene Zeugnisse des griechischen und römischen Altertums als in ganz Europa besichtigen und darauf herumklettern will, muss nach Apollonia, Leptis Magna und Sabrata, um nur einige zu nennen. Wer im Zentrum der Sahara mehr als ein halbes Dutzend Seen staunen möchte, deren Existenz angeblich bis heute niemand erklären kann, und erst recht nicht, warum sie von dem Meer sie umgebender Riesenwanderdünen nicht längst verschüttet wurden, und deren Zahl sich ständig ändert, fährt zum Mandara. Wer die bedeutenden Felsbilder aus 6000 bis 8000 v. Chr. studieren möchte, schlägt sich zum Wadi Mathendous durch. Und wer wie ich empört darüber ist, dass diese einzigartigen Zeugnisse menschlicher Frühkultur von barbarischen Graffitischmierereien geschändet sind, erfährt, dass diese in Tuaregschrift verfasst („Waren seit dem letzten Mond im zweiten östlichen Seitental", „Bringt uns Getreide") und immerhin auch schon 3000 Jahre alt sind. Und wer eine steingewordene Fata Morgana erleben will, der sollte zum Wau al Namus („Mücken-Loch") inmitten der glühendheißen, toten, schattenlosen und tödlichen Sahara fahren. Dort steht man am Rand eines 10 Kilometer durchmessenden Vulkankraters und blickt fassungslos auf blau und rot leuchtende, kleine, von Palmen umrandete Seen.

Nicht zu reden vom Akakus-Gebirge, einem unirdisch skurrilen Riesenskulpturenpark, der nach Tagen des Durchquerens den Reisenden zweifeln lässt, ob er sich wirklich noch auf der Erde befindet. Hier zeichnet sich deutlich ab, dass große Teile der Sahara zu einem früheren Zeitpunkt flache Ausläufer eines Weltmeeres gewesen waren, denn an den Felswänden sind die alten Wasserlinien unübersehbar.

Weiter westlich nahe der algerischen Grenze konnte man die Altstadt von Ghadames erwandern, in deren Gängen, Löchern und wechselnden Wohnebenen man sich fühlte wie eine Ameise in einem Schweizerkäse. Die früheren Bewohner dieser Oasenstadt nahmen es mit der Geschlechtertrennung furchtbar ernst. Die ganze Stadt einschließlich des Marktes ließ sich auf zwei Ebenen erwandern, das Erdgeschoss gehörte den Männern, das Obergeschoss den Frauen. Wehe, es wurde jemand auf der falschen Ebene erwischt!

Die erwähnten sechs bis acht Millionen Libyer dürften zu den freundlichsten der Weltbevölkerung zählen. Sie herzen, küssen, laden ein und beschenken, dass die Schwarte kracht. Zwei Beispiele: In Tripolis, das einen ausgesprochen attraktiven Kern hat, gibt es den „Grünen Platz". Der ist wirklich groß und sein Asphalt war tatsächlich grün angestrichen. Heute heißt er „Platz der Märtyrer" und grün ist er bestimmt auch nicht mehr. Dass der Platz ein nationales Zentrum war, sah man erst mal nicht, denn er wurde als Großparkplatz missbraucht. Wir suchten einen Stellplatz für die Nacht und der Grüne Platz war genau richtig: zentral gelegen mit hübscher Aussicht auf Meer und Hauptstadtleben, umrahmt von attraktiven Gebäuden aus der italienischen Kolonialzeit und Restaurants. An eine Seite grenzte der Eingang in die Altstadt. Dumm nur, dass die Autos gegen Abend alle verschwanden. Der Platz wurde dann zur Hauptflanierfläche, mit mexikanisch anmutend geschmückten Pferdedroschken, grotesk ausladenden, in rosa Tüll eingeschlagenen Riesensesseln, in denen sich Hochzeitspaare fotografieren ließen, und allerlei anderen Lustbarkeiten. Und mittendrin unser Campingauto, buchstäblich fehl am Platz, etwa wie ein Warzenschwein in einem Flamingoschwarm. Wir waren einige Stunden auf Altstadtbesichtigung und hatten daher die Auflösung des Parkplatzes verpasst. Türmen ging nicht mehr, wir waren zu dicht von entzückten Libyern umstellt.

Der Grüne Platz war ein jamahirysches Nationalsymbol, hier jubelten die Massen Oberst Gaddafi zu und hier nahm er seine Militärparaden ab. Man stelle sich unsere nächtliche Anwesenheit auf dem Petersplatz, dem Roten Platz oder gar dem Platz des Himmlischen Friedens vor! Ein Polizeiauto, das unablässig den Platz umkreiste, hupte bei jeder Runde, wenn es uns passierte, die Uniformierten winkten wild. Wir versanken vor Scham unter den Wagenboden. Unser Boumedienne hatte sich natürlich in Luft aufgelöst, und man klopfte an die Tür. Entschuldigungen stammelnd öffnete ich einen Spalt breit. „Almanya? Welcome! Drink tea?" – „No worry, we lookin'!" – „How much this car?" Da wollte einer tatsächlich das Auto kaufen. Neben uns boten ein paar fröhliche junge Männer am Fahrbahnrand Blumen zum Verkauf. Drei Sträuße hatten sie. Die Sache war offenbar nicht ganz legal, denn bei jeder Polizeiauto-Vorbeifahrt sprangen sie hinter unseren Wagen, um dann sofort wieder aufzutauchen. Es gab wohl eine augenzwinkernde Übereinkunft mit den Polizisten. Aber sie wurden von noch jemandem scharf beobachtet: Ulrikemitdemgutenherzen. „Wie gut sie aussehen und wie freundlich sie sind! Die Armen, niemand kauft ihre schönen Sträuße!" Mir schwante Unheil: In dieser engen Kiste konnte ich nun wirklich fast alles ertragen, aber doch bitte nicht noch einen Blumenstrauß! Nach drei Stunden – die ersten Platzbesucher gingen zu Bett – war es so weit. Ich musste mit ihr raus, um den Kerlen einer ihrer Sträuße abzukaufen. Die Burschen strahlten los und schenkten uns all ihre Blumen, Geld ließen sie sich partout nicht aufdrängen. Ulrike war so gerührt, dass ich heilfroh war, an einer Adoption der Knaben vorbeigekommen zu sein.

Am folgenden Tag erfuhren wir von der Aufregung, die aufgrund der Veröffentlichung von Mohammed-Karikaturen einer dänischen Zeitung in Jütland über den Nahen Osten hereinbrach. In Bengasi gab es bei einem Aufruhr mehrere Tote, hörten wir. Gegen Mittag klopfte es an unsere Tür. Vor dem Auto standen drei junge Männer und fragten ebenso höflich wie bescheiden, ob wir Deutsche seien. Wir bejahten das und wurden gefragt, ob wir die deutsche Nationalflagge kennen und ob wir diese für sie aufmalen könnten. Das taten wir gern, Papier und Farbstifte hatten sie gleich mitgebracht. Neugierig fragte ich anschließend, wozu sie denn diese Auskunft bräuchten.

Treuherzig erklärten sie, unsere Zeichnung auf ein großes Tuch übertragen zu wollen, das als deutsche Fahne auf der abendlichen Demo vor der Botschaft verbrannt werden sollte. Sich artig bedankend zogen sie von dannen. Da hielt irgendjemand offensichtlich Jütland für eine deutsche Provinz. Ein Irrtum, der sich mit den Befürchtungen vieler Dänen deckt, wenn im Sommer Jütland von deutschen Urlaubern heimgesucht wird.

Am Kraterrand des Wau an Namus, dem bereits erwähnten Naturwunder inmitten der Sahara, fand eine größere Militärübung statt. Große Lastwagen mit langen Kanonen und Antennen fuhren hin und her, und Toyotas mit vielen Soldaten ebenfalls. Drei dieser Fahrzeuge kamen zu uns gepprescht, Soldaten sprangen heraus, ein Offizier in einer gewaltigen Karussellbremseruniform flog mir um den Hals, Küsschen rechts und links, Rückenklopfen, er musste sich mächtig hochrecken. Ich war erschrocken und ziemlich platt. „Willkommen! Willkommen in Libyen!" Ulrike betrachtete den Militäraufmarsch, runzelte die Stirn, ihr Atem wurde hörbar. „Lieber Gott, lass sie den Mund halten!", betete ich. „Ihr müsst mit uns essen", verkündete der – natürlich schnauzbärtige – Offizier, „Maccarona." Wenn die italienische Besatzung überhaupt etwas Gutes in Libyen hinterlassen hatte, dann Makkaroni und Capuccino. Während andere Völker im Maghreb Couscous speisen, futtern sie hier „Maccarona", wobei sie ihre eigene Zubereitungsart haben – sehr unitalienisch, aber wüstenerprobt: Auf einem winzigen, aus drei Zweiglein entfachten Feuerchen wird die köstlich gewürzte Soße mit aromatischen Kräutern gekocht. Anschließend gart man die getrocknete Pasta einfach in der Soße, was in der wasserlosen Wüste zweifellos vernünftig ist und der Intensität des Geschmacks erstaunlich aufhilft. Ich verneigte mich und ließ Boumedienne übersetzen: „Es ist eine große Ehre für uns, von einem General der Streitkräfte der großen arabischen Jamahirya willkommen geheißen zu werden." Verblüfftes Schweigen. Bedeutsame Blicke wurden getauscht, ein Gemurmel setzte ein, mehrmals fiel unter anerkennendem Nicken das Wort „almanye". Ein Deutscher, wahrlich, die haben noch Manieren und Bildung. Ich hatte ins Schwarze getroffen und war dankbar und erleichtert, dass sie nicht zu unseren Ehren auch noch Salut schossen. Ulrike hätte bestimmt ihr Schweigen gebrochen.

Erstaunlich ist auch der ehemalige Alleinherrscher dieses riesenhaften Landes, Muammar al-Gaddafi. Schon die Überschriften seines im Westen viel zitierten, aber kaum gelesenen „Grünen Buches" klingen etwas durchgeknallt, so auch der dritte Band der Reihe („Die soziale Basis der dritten universalen Theorie"). Dort lässt er sich unter anderem umständlich darüber aus, dass Frauen menstruieren, „was mit Bluten verbunden ist", weil ihm das wohl ein Gynäkologe verraten hat. Männer hingegen – so stellt er ernsthaft fest – bluten nicht. Dennoch, belehrt er seine Leser (mit Leserinnen rechnet er wohl nicht ernstlich), seien Männer und Frauen beide menschliche Wesen (wenn auch in dieser Reihenfolge).

Ein merkwürdig lächerlicher Lehrsatz für einen eingefleischten Frauenhelden, der sich im Alter von einer operettenhaften Mädchen-Tambourgarde bewachen ließ. Dabei fängt sein „Grünes Buch" gar nicht mal unintelligent an. Er setzt sich dort mit einer unbestreitbaren Schwäche der repräsentativen Demokratie auseinander: Sie besteht darin, dass eine Regierung oft gar nicht von der Mehrheit des Volkes gewählt ist. Entweder wegen zu geringer Wahlbeteiligung oder bei Koalitionen von Parteien, deren jede einzelne nur vergleichsweise wenige Stimmen gewinnen konnten, die zusammen aber eine Parlamentsmehrheit bilden. Zweiparteiensysteme nach angelsächsischem Muster können noch problematischer sein: Theoretisch können 51 Prozent als Mehrheit alles allein bestimmen, die fast ebenso große Minderheit findet ihre Interessen in der Regierungsarbeit nicht wieder.

Gaddafi war ein widersprüchlicher Mann. Zwar war er einer der vielen verbrecherischen Despoten, die weltweit ihr Unwesen treiben, und er gehörte neben Fidel Castro sicherlich zu den Dienstältesten seiner Gilde. Natürlich klebte eine Menge Blut auch an seinen Händen und seinen Gefängnissen mangelte es nicht an politischen Gefangenen und Gefolterten. Was ihn allerdings von den anderen unterschied, war seine 1996 noch erstaunlich flächendeckende Beliebtheit in der eigenen Bevölkerung, wenn man von seinen politischen Gegnern und der Mehrzahl der Einwohner Bengasis absah (die waren schon immer gegen alles, was aus Tripolis kam). Woran lag das? Zunächst mal ging es den Libyern wirtschaftlich so gut wie niemals zuvor, und damit hatte Gaddafi eine Menge zu tun. Außerdem bediente er geschickt die

Einzelinteressen der verschiedenen Stämme seines Landes, und wo das nicht half, spielte er sie gegeneinander aus. Doch als Erklärung reicht das nicht. Sie schätzten ihn auch wegen seiner Verrücktheiten und seiner Clownerien (etwa so, wie die Italiener Ilona Staller alias Cicciolina aus Jux ins Parlament wählten). Dass er es liebte, in einem bei seinem Geburtsort Sirte errichteten Riesenbeduinenzelt Hof zu halten, fanden sie wunderbar. Und dass er bei Auslandsbesuchen gerne ein Zelt im libyschen Botschaftsgarten als diplomatischen Treffpunkt errichten ließ, brachte sie zum Piepen. Es war auch niemandem entgangen, dass er sich nie zum Generalissimus oder zum Kaiser ausrufen ließ, was ihm wie seinen Mitpotentaten ein Leichtes gewesen wäre. Nein, er war einfach nur ein Oberst geblieben, wenn auch mit Sicherheit der weltweit pathologisch eitelste Oberst.

Im Licht der Ereignisse von 2011 lässt sich das alles natürlich nicht mehr aufrechterhalten. Die Skrupellosigkeit, mit der er seine vermeintliche Einzigartigkeit zu retten versuchte, steht Schlächtern wie Idi Amin oder Bokassa in nichts nach. Aber man darf sich nicht täuschen lassen: In Libyen fand kein Hungeraufstand statt. Die Leute waren seiner einfach überdrüssig geworden. Auch die Unterdrückung fand unter seiner Herrschaft „nur" im politischen Raum statt, es gab eine Geheimpolizei, aber keine Reiseeinschränkungen, keine wirtschaftliche Not, keine Sittenpolizei. Aber es gab und gibt Hunderttausende kostenlos ausgebildete und qualifizierte junge Leute, die unter Gaddafis Regime für sich keine Perspektive sahen. Gaddafi hat – jenseits aller politisch und ideologisch verquasten Brutalität – schlicht nicht darüber nachgedacht, dass in einem guten und breit angelegten Bildungswesen die Frage nach der Zukunft der Ausgebildeten nicht unbeantwortet bleiben darf. Und wer genau hinschaute, kam an der Erkenntnis nicht vorbei, dass er immer und trotz allem in nicht geringen Teilen der Bevölkerung (und damit der Stämme) einen, wenn auch schwindenden, Rückhalt hatte.

Wir hatten übrigens das Privileg, sein sagenumwobenes Staatszelt in der Sahara zumindest von außen zu besichtigen (es wurde während seiner Abwesenheit kaum bewacht). Zunächst mal war es weit weniger spektakulär, als es die Medienberichte erwarten ließen, aber natürlich erheblich größer als gewöhnliche Beduinenzelte. Allein seine Errichtung gibt schon wieder eine nette Anekdote her: Beduinenzelte sind enorm raffiniert gebaut, denn sie haben bei einem Sand- oder meist Staubsturm ungeheuerlichen Windgeschwindigkeiten zu widerstehen, deshalb sind sie so flach, dass man sich nur geduckt in ihnen aufhalten kann. Wegen der Größe des Zeltes machte Gaddafi sich über die Stabilität Sorgen und beauftragte eine deutsche Baufirma mit dessen Errichtung. Deutsche hielt er für nahezu unfehlbar, obwohl er nur widerwillig für ihre Dienste zahlte. Diese Firma wiederum setzte für die Windlastenberechnungen ihre besten Statiker an die Aufgabe. Schließlich ging es an den Aufbau mit Stahlmasten, starken Spanntrossen, reißfesten Materialien usw. Brücken, Tunnel, Straßen, Autos oder Werkzeugmaschinen zu konstruieren ist eine Sache, ein Beduinenzelt im Maßstab 1:20 eine andere. Ein alter Beduine, der weder zu rechnen noch zu schreiben oder zu lesen gelernt hatte, schaute sich das alles kopfschüttelnd an und versicherte dem deutschen Bauleiter: „Das wird nichts!" Das Lachen verging dem Bauleiter, als das fertige Zelt nach pompöser Einweihung beim ersten Sturm zu Bruch ging. Zerknirscht suchte er Hilfe bei dem Alten. Der erklärte ihm den Fehler: „Ihr habt die Stahltrossen fest an den Masten verankert. Das war falsch. Ihr müsst sie beweglich über die Mastspitzen verlegen oder die Masten beweglich verankern, dann klappt es." Obwohl die Statiker entsetzt waren, machte der Bauleiter es so, und seitdem hielt das Zelt jedem Unwetter stand.

Zurück zum Thema: Libyen verfügt über große Ölreserven und war deshalb zu der Zeit das reichste Land Afrikas. Gaddafis politische Abenteuer hatten jahrzehntelang wegen des Wirtschaftsboykotts der westlichen Welt dafür gesorgt, dass dieser Reichtum nur sehr eingeschränkt geschöpft werden konnte. Aber es reichte immerhin noch für eine bemerkenswerte Ausbeute. Soweit die nicht für terroristische Abenteuer und allerlei anderen Gaddafi-Irrsinn vergeudet wurde, war sie beim Volk angekommen und nicht nur in den Taschen Gaddafis, von dem man damals glaubte, er habe sich nie am Volkseinkommen bereichert. Als Spross eines wohlhabenden Clans hätte er das auch nicht nötig gehabt. Erst 2011 war heraus gekommen, dass er Milliarden auf eigene Konten und die seines Clans umgeleitet hatte, aber es gab so viel Geld, dass das offenbar nicht groß auffiel. Die Art allerdings, wie er den Landesreichtum unter sein Volk brachte, war skurril genug: Da ist zum Beispiel das „Man Made River"-Projekt, von Kritikern nicht zu Unrecht als „Mad Man River" verspottet. Weit im Süden der Sahara befinden sich auf dem „Nubischen Sandstein-Aquifer" 30.000 Jahre alte gigantische Süßwasserreserven in der Tiefe. Englische Ingenieure hatten Gaddafi überredet, dieses Wasser über Tausende Kilometer durch die Wüste an die Mittelmeerküste zu pumpen, 18.500 Liter pro Sekunde, um dort Land zu bewässern. Das Unterfangen ist technisch, wirtschaftlich und ökologisch absoluter Blödsinn, aber es fand statt, nicht zuletzt mit Hilfe einer deutschen Baufirma. Technisch ist es ein Unfug, weil man nicht mehrere Pipelines verwendet, sondern nur eine einzige mit gigantischem Durchmesser. Das erfordert alle paar hundert Kilometer eine Pumpstation, die fast so aufwändig erscheint wie ein Atomkraftwerk. Allein zum Anschütten und Kühlen der Pumpen wird ein Kunstsee benötigt, in dem unter der sengenden Hitze riesige Wassermengen einfach verdunsten. Fällt irgendwas aus, ist das ganze Projekt für Wochen lahmgelegt, was sich bei mehreren kleineren Strängen mühelos hätte vermeiden lassen. Wirtschaftlich gesehen ist es eine unfassbare Verschwendung, denn diese Lagerstätten werden in einigen Jahren für immer ausgebeutet sein und für diesen kurzen Zeitraum kostet jeder Liter Wasser, der im Norden ankommt, ein Vielfaches des Preises, der für Rohöl an den Weltmärkten gezahlt wird. Meerwasserentsalzung mit der unerschöpflichen Sonnenenergie in diesem Land wäre bei gleicher Wasserförderung dauerhafter und ungleich billiger. Was geschah nun mit dem im Norden angelieferten Wasser? Etwas typisch Gaddafihaftes: Der Herrscher der großen arabischen Jamahirya hatte (fast) jedem Staatsbürger ein Stück des fruchtbaren Landes zwischen einem halben und einem Hektar Größe (das ist viel!) zuweisen lassen und das wurde jetzt kostenlos mit dem teuersten Wasser der Welt bewässert.

Natürlich erwartete er, dass darauf ordentlich was angebaut wurde und er liebte es, wie einst Haroun Al Rashid inkognito über Land zu reisen – es ist mir ein Rätsel, wie er es bei seiner Eitelkeit geschafft haben soll, unerkannt zu bleiben – und den Anbau zu kontrollieren. Fand er ein vernachlässigtes Landstück, wurde dem Besitzer sofort das Wasser abgedreht. Tatsächlich waren die Libyer als eingefleischte Beduinen und Wüstenbewohner unerhört stolz auf ihre Ländereien und liebten es, Freunde, Verwandte und besonders Fremde auf ihre „Farm" zum Grillen einzuladen, ansonsten wohnten sie in der Stadt und gingen ihren Geschäften nach, soweit diese nicht als Arbeit galten. Von Landwirtschaft hielten und verstanden sie nicht viel. Immerhin pflanzten sie in akkuraten Reihen etliche Zitrusbäume und ein paar Olivenbäume an, für den Fall, dass der Oberst mal vorbeikäme. Zuletzt wirkte er ein bisschen gaga, was seinem Alter geschuldet zu sein schien. Er hatte sich einem neuen Volkswohl gewidmet, dem Taubenzüchten. Er ließ von besagter deutscher Baufirma riesige Taubenhäuser mit angegliederten Großschlachtanlagen planen und teilweise auch bauen. Er versprach sich davon eine segensreiche Eiweißquelle als Beitrag für die Ernährung seines Volkes, das traditionell eher auf den Genuss von Hammelfleisch programmiert ist. Und wenn er anlässlich der Rüpelhaftigkeit eines seiner verzogenen Söhne vor der Vollversammlung der Vereinten Nationen ernsthaft die Auflösung der Schweiz verlangte, dann war die Diplomatie weltweit entgeistert und die Libyer konnten ihr Grinsen nicht unterdrücken, so wenig wie damals ich selbst. Einen Schuft mit dem Unterhaltungswert und der Volksnähe von Gaddafi gibt es nicht oft; Vielleicht hätte Hugo Chavez mal in seine Fußstapfen treten können, der hatte das Zeug dazu. Ein Jammer, dass Gaddafi sich vom Operettenpotentaten zum Verbrecher gegen die Menschlichkeit heruntergewirtschaftet hat.

Jordanien – Flohzirkus

Wir waren jetzt in Aqaba am Roten Meer und hatten einen weit abgelegenen kleinen Platz mit Pool, Schatten, einem guten Restaurant und toller Aussicht oberhalb des Strandes gefunden. Es handelte sich um eine Anlage, die „Bedouin Garden Village" hieß. Sie umfasste eine Reihe von Bungalows, die wie ein kleines Dorf angeordnet waren. Oberhalb der Anlage gab es eine Freifläche, die einigen Zelten und unserem Gespann nebst Vorzelt Platz ließ. Schatten und Pool waren hochwillkommen, denn die Temperaturen wurden jetzt schon ziemlich ungemütlich. Eines Tages kam kein Wasser mehr aus der Leitung des Camps. Bauarbeiter hatten unangekündigt die Küstenstraße aufgerissen, um einen Schaden an der Hauptleitung zu reparieren, und so ein Vorhaben nahm hier etliche Tage in Anspruch. Die Tanks des Camps waren bald leer, zumal die Gäste nicht nur das Nötigste entnahmen, sondern unbekümmert duschten und Wasser laufen ließen. Der Besitzer war verzweifelt, die ersten Gäste reisten ab, er wusste nicht mehr ein noch aus, und alle seine Telefonate mit dem Wasserwerk blieben fruchtlos. Jetzt konnte ich vorführen, was meine Ausrüstung hergab: Meine Wasserschläuche reichten 100 Meter weit und in Tarifa hatte ich dem Angebot einer preisgünstigen, aber leistungsfähigen gebrauchten Tauchpumpe nicht widerstehen können. Lässig schlenderte ich mit Schläuchen und Pumpe zum Pool. Mit ein paar Handgriffen waren die Schläuche zusammengesteckt und mit der im Pool versenkten Pumpe verbunden, deren Elektrokabel weit bis zur nächsten Steckdose reichte. Das andere Ende des Schlauchs mit der Hauptleitung des Camps zu verbinden, stellte schon höhere Anforderungen, aber mit einigem Getue gelang mir auch das. Fertig. Das Camp hatte wieder Wasser, wenn auch mit einer Andeutung von Sonnenölgeschmack, und ich hatte mich auf ewig in das dankbare Herz des Besitzers eingeschlichen.

Das Meer war an dieser Stelle eher was für Taucher und Schnorchler als für Badende, denn dort lauerten Tausende von Seeigeln und auch ein paar Steinfische. Die sahen tatsächlich wie schwimmfähige Steine aus, deren Berührung allerdings ist tödlich, der Tod trete aber sehr schnell ein, wie man mir tröstlich versicherte. Es gab auch rote Schleierfischchen, die so langsam schwammen, dass sie für alle anderen Meeresbewohner zur leichten Beute geworden wären, hätten sie nicht die erstaunliche Fähigkeit gehabt, blitzschnell kleine Pfeilchen abzuschießen. Ebenfalls tödlich. Aber langsamer. Ich weiß nicht, ob Sie's schon erraten haben, aber in das Meer ging ich nicht, obwohl die lange Fahrt hierher wirklich anstrengend war.

Auf der Hinfahrt durchquerten wir den östlichen Teil von Libyen, dort gab es wegen der dänischen Mohammed-Karikaturen und der vielen Erschossenen in Bengasi Probleme, die ägyptische Grenze zu erreichen: Nur widerwillig ließ man uns durch, alarmierte den nächsten Polizeiposten, der uns dann wie einen Staffelstab zum übernächsten lotste usw. Nachts mussten wir vor Polizeistationen nächtigen und irgendein armer Kerl wurde zu unserer Bewachung abkommandiert, schlotternd vor Angst. Angst hatte er nicht vor Anschlägen, sondern vor Vasco. Der fand es spaßig, hinter der halboffenen Fensterscheibe den Höllenhund zu geben.

Die Grenzabfertigung in Ägypten war ermüdend, sie dauerte vier Stunden. Jenseits rein bürokratischer Erfordernisse interessierte sich niemand für unsere Fahrzeuge, auch wir selbst waren nur von untergeordneter Bedeutung, aber es gab Papierkram in Telefonbuchquantität. Alles musste mindestens von zwei unterschiedlichen Beamten in unterschiedlichen Gebäuden abgestempelt und anschließend in sechsfacher Ausfertigung von wieder anderen in noch entfernter liegenden Büros unterschrieben werden. Irgendeiner war immer weg, um zu beten oder zu essen oder um Tee zu trinken, man brauchte sehr starke Nerven. Ein Uniformierter krabbelte gar unter dem Anhänger und im Motorraum herum, um die Original-Fahrgestellnummern mit Bleistift auf ein Stück Papier zu rubbeln. Das wurde dann anschließend wie eine Hostie herumgetragen. Außerdem wurden unsere libyschen Nummernschilder gegen ägyptische ausgetauscht. Eine kostspielige Angelegenheit, denn man verlangte Pfand für sie, das wir bei der Ausreise natürlich nicht mehr wiedersahen. Ägypten wollten wir schnellstmöglich durchqueren, um auf dem Sinai die kleine Stadt Nuweiba am Roten Meer zu erreichen. Alle Sehenswürdigkeiten am Nil kannten wir von früheren Reisen. Während der ewigen

Abfertigungsbürokratie war es dunkel geworden, so suchten wir im ersten Ort hinter der Grenze Zuflucht auf einem stillen Parkplatz. Nach fünf Minuten waren wir von Polizisten umringt, die uns ihnen zu folgen befahlen. Wir wurden 300 Meter weiter vor ihre Polizeistation gelotst und ein Bewaffneter wurde zu unserer Bewachung für die Nacht abkommandiert. Beim Verlassen unseres Wagens wurde gebieterisch Einhalt geboten. „Wohin?"; ich deutete nach rechts – „Essen!" Der Krieger trottete 200 Meter hinter uns drein, betrat mit uns ein Hotelrestaurant und ließ sich waffenklirrend am Nebentisch nieder. Genau das Richtige für Ulrike. „Mit dem Rambo da vorne kriege ich nichts runter", klagte sie, verblüfft ihr Hühnchen betrachtend. Hühnchen werden in Ägypten zu einem flachen Pfannkuchen zusammengepresst und dann wie Koteletts gegrillt. Seufzend erhob ich mich und wandte mich an unseren Schutzengel: „Das haben Sie großartig gemacht, jetzt fühlen wir uns sehr sicher und deshalb haben Sie jetzt frei. Vielen Dank!" Er stand auf und ging – einfach so. Sein Waffenarsenal nahm er mit – und mein Trinkgeld, versteht sich.

Hinter Alexandria war erneut eine denkwürdige Übernachtung fällig: Wir hatten ein uns geeignet erscheinendes Plätzchen neben einem schlampig aussehenden Kiosk gefunden und uns zur Ruhe gebettet, da klopfte es. Um drei Uhr morgens. Draußen standen vier verlegene Polizisten vor ihrem Auto. Hier sei es für uns zu gefährlich, erklärten sie, und baten mich höflich und mit vielen Entschuldigungen, ihnen zum Polizeiposten zu folgen, gleich um die Ecke. Ich kannte das schon, und maulend stieg ich in meine Gewänder und hinters Lenkrad, wohl wissend, dass jeder Einwand sinnlos gewesen wäre. Dann ging's los: Jedermann weiß, dass man nachts in Ägypten auf gar keinen Fall mit dem Auto unterwegs sein sollte, sogar die Polizei weiß das. Also erschien ein zweiter Polizeiwagen, der eine kroch mit Tempo 40 vor uns, der andere mit Tempo 40 hinter uns her, beide zu unserem Entsetzen mit Blaulicht und Martinshorn. Unsere Kolonne, die einem Staatsgast zur Ehre gereicht hätte, rumpelte dann blitzend und jaulend durch das schlafende Land. Von wegen um die Ecke! Nach 40 Kilometern wunderte ich mich über die Entfernung, wie aber staunte ich, als wir kurz anhalten mussten, um von einer neuen Tatütata-Brigade übernommen zu werden! Die flog mit knapp

30 Sachen über Land, um uns nach weiteren 32 Kilometern einfach irgendwo stehen zu lassen. Die Gefahr war offenkundig wie weggeblasen, die Nacht war um und der Fall klar: Der Polizeichef der Provinz Westägypten hatte befohlen, uns ihm vom Hals zu schaffen, denn falls uns ein Ungemach ereilen sollte, dann jedenfalls nicht in seiner Provinz, sondern in der Zuständigkeit seines Rivalen in Ostägypten auf dem Sinai. Um das Ungemach zu fördern, unterließ er es mit Bedacht, unsere Ankunft dem Kollegen mitzuteilen. Sollte der doch gucken, wo er uns fände.

Nuweiba erwies sich als Paradies von geradezu karibischem Flair und gänzlich ohne die hohe Luftfeuchtigkeit der Tropen. Heute sind weite Teile des Sinai nicht mehr unter Kontrolle der ägyptischen Regierung, und außer dem Touristenghetto Sharm El-Sheikh, den Badeorten Taba und Dahab sowie dem Katharinenkloster wird dieses Beduinenland von radikal-islamischen Extremisten verunsichert. Taba, Dahab und Nuweiba dämmern nur noch vor sich hin, seit die Touristen ausbleiben, und ich würde heute niemandem mehr raten, auf eigene Faust dieses von wilden Schluchten und grandiosen Bergformationen geprägte Wüstengebirge zu durchqueren. In Nuweiba musste ich von morgens bis abends und besonders nachts an Bacardi-Rum denken. Diese Stelle des Roten Meeres liegt schräg gegenüber von Aqaba, aber hier gibt es weder Seeigel noch Steinfische noch Schleierfischchen und das Wasser hat angenehme 26 Grad. Für mich persönlich genau das Richtige für eine zweiwöchige gründliche Erholung von den Strapazen Libyens: Überall fanden wir unter schattigen Zeltdächern dicke Polster und gemütliche Hängematten. Auf denen lagen wir tagsüber blinzelnd herum und beäugten andere Herumliegende. Nachts lungerten die wilden Hunde der Gegend auf ihnen herum und betrachteten blinzelnd die wilden Katzen. Die Folgen unseres bukolischen Gebarens verspürten wir erst, als es zu spät war. Wild kratzend brachten wir die Fährfahrt nach Jordanien (die Ausreiseformalitäten dauerten noch mal drei Stunden) hinter uns. Nach anfänglich wechselseitigem Leugnen gab es keinen Zweifel mehr: wir hatten Flöhe. Nun sind Flöhe bekanntlich sehr unangenehm, aber wenn man in drei Tagen Gäste erwartet, und zwar gleich fünf auf einmal, die man überwiegend im eigenen Anhänger unterzubringen trachtet, dann sind Flöhe sehr, sehr unangenehm. Ulrike und ich erwogen die Sache gründlich, konnten uns aber nicht einigen. Ich war dafür, sich dumm zu stellen und Kratzattacken würdevoll und selbstbeherrscht zu unterdrücken. Sie hingegen schwärmte für eine Frontalstrategie, wollte einfach mit der Sache herausplatzen. Eine ernste Beziehungskrise kündigte sich an. Völlig überflüssig: Kaum waren die Gäste da, waren die Flöhe weg. Ein Rätsel. Ob es da am Ende einen kausalen Zusammenhang gab? Wir behielten unsere Besucher sicherheitshalber scharf im Auge und das kleinste Kratzen löste vielsagende Blicke zwischen Ulrike und mir aus.

Die Fährfahrt über das Rote Meer hat übrigens eine eigene Würdigung verdient: Auf dieser Strecke wurden ausgemusterte dänische Ostseefähren eingesetzt, sogenannte Roll-On-Roll-Off-Schiffe. Deren Bugklappen waren defekt und deshalb zugeschweißt, ein Schicksal wie das der Passagiere auf der „Estonia" würde uns also schon mal erspart bleiben. Da die Kabinendecks so gut wie nicht genutzt wurden, hatte man die Schiffe einfach um zwei weitere Decks aufgestockt, um mehr Platz für Tagespassagiere zu schaffen. Die Schiffe waren daher viel höher als vorgesehen und von eingeschränkter Stabilität. Dazu noch wurden sie völlig überladen, alle Tagesdecks waren mit Passagieren und Gepäck so vollgestopft wie U-Bahnen in Tokio. Wer im Inneren keinen Platz mehr fand, wurde auf die Freidecks geschoben und es schien mir unmöglich, genügend Rettungsmittel für all diese Leute an Bord zu haben. Ein Schwesterschiff gleicher Bauart war vor ein paar Jahren im Sturm gekentert, es gab über tausend Tote und eine beiläufige Notiz in der westlichen Berichterstattung, schließlich waren „nur" Mekka-Pilger an Bord, kein einziger Ausländer war betroffen. Da sich die Bugklappen nicht mehr öffnen ließen, mussten alle Fahrzeuge ausnahmslos rückwärts in die Decks rangiert werden. Mit den Sattelzügen klappte das noch, was das aber für ein Gespann mit Zweiachsanhänger bedeutete, können nur erfahrene Lastwagenfahrer erahnen. Mir sträubt sich das Fell, wenn ich an diese Rangiererei zurückdenke. Ich versuchte, den Lademeister davon zu überzeugen, meine Rangierkupplung benutzen zu dürfen, dann hätte ich problemlos unseren Hänger millimetergenau in das Schiff hineinschieben können, aber der blieb stur. Schließlich versuchte er es selbst. Um ihn herum hatten sich allerlei Berufsfahrer versammelt, die ihm sich widersprechende Anweisungen zuriefen. Nach einer Weile gab er auf und der Reihe nach versuchten es die anderen Schlaumeier, bis ich es schließlich doch selber machen musste. Auf diese Weise dauerte das Beladen des Schiffes viele Stunden. Diese Schiffe waren skandalöse Seelenverkäufer, die allenfalls noch abwracktüchtig genannt werden konnten. Das Schlimmste aber geschah etwa zwei Stunden vor dem Anlanden in Aqaba, denn dann wurden sämtliche Türen des Schiffes verschlossen; wer sich im Inneren befand, war in seiner Abteilung eingesperrt, er konnte weder in eine andere wechseln noch ein höher oder tiefer gelegenes Deck aufsuchen, er konnte nicht nach draußen und die auf den Freidecks konnten nicht mehr nach drinnen. Eine skandalös lebensgefährliche Situation, die nur deshalb keine Panik auslöste, weil die Passagiere offenbar daran gewöhnt waren. Bebend vor Empörung stellte ich einen der Offiziere zur Rede. Der lachte nur und gab zu, dass ich Recht hatte. „Aber wissen Sie, was passiert, wenn wir nicht abschließen? Dann drängen alle Passagiere derart zügellos zu den Ausgängen, dass sie sich schon in den schmalen Treppenhäusern gegenseitig erdrücken. Haben wir alles schon erlebt."

Jordanien ist klein, aber oho. Es gab enorm viel zu erleben: so habe ich mir z.B. in Amman erst mal beim nächtlichen Rundgang mit Vasco den rechten Fuß gebrochen. Überhaupt ist Amman – anders als Aqaba – eine grässliche Stadt, in der ich mich ständig verfuhr. Man sieht eine Stelle, zu der man hin möchte, steuert in die Richtung und landet garantiert ganz woanders. Das liegt an den vielen steilen Hügeln, auf denen die Stadt errichtet ist. Straßenschilder gibt es nicht, man weiß also nie, wo man gerade ist, und deshalb ist auch ein Stadtplan nutzlos. Verfährt man sich in irgendeiner Stadt der Welt im Einbahnstraßengewirr, fährt man einfach dreimal rechts um den Block und ist wieder am Ausgangspunkt. Machst du das in Amman, landest du prompt in einem weit entfernten Stadtteil. Die Stadt produziert, wie andere Städte im Nahen Osten auch, einen ganz eigenartigen Klangteppich aus Autohupen, Alarmsirenen, scheppernden Gebetsrufen der blechernen Lautsprecher auf den Minaretten, den Rufen von Marktschreiern, dem Geklopfe der Kunsthandwerker und dem zarten Hufgeklapper der Esel vor quietschenden Karren. Die

Konturen dieser Geräuschschablone sind verwaschen, es gibt kaum ein Auf oder Ab und selbst nachts ändert sich daran wenig. Ähnlich war es mit der mich ebenfalls elektrisierenden Geruchskulisse, die von den Ausdünstungen der Holzfeuer und fremdartiger Speisen und Gewürze getragen wurde.

Das Land allerdings ist anders als seine Hauptstadt: Im Norden werden überraschende Ausblicke auf den See Genezareth und die Golanhöhen geboten, am Jordan findet man das Tote Meer mit dem tiefsten Punkt der Erde, gleich nebenan führt der Kings Way über die Gebirgsrücken und durch den Dana-Nationalpark, der sich über vier Klimazonen erstreckt, oben schlottert man vor Kälte, aber der Ausblick ist wundervoll. Dann durchquert man eine Schlucht, die an den Grand Canyon erinnert. Im Süden des Landes befinden sich Aqaba und Petra und das Wadi Rum. Einzelheiten kann ich mir ersparen: Wer „Lawrence von Arabien" gesehen hat, kennt das Wadi Rum (gesprochen „Ram"), und wer es mehr als einmal geschafft hat, in der Werbewüste des „Stern" den redaktionellen Teil zu finden, hat garantiert schon mal Fotos von der Nabatäerstadt Petra gesehen.

Prima Klima

Den Sommer über hatten wir Jordanien verlassen, um der unerträglichen Hitze zu entgehen. Unsere Fahrzeuge hatten wir in der Schneller-Schule in Amman zurückgelassen. Die Schneller-Schule ist ein von der evangelischen Kirche Deutschlands finanziertes Sozialprojekt inmitten eines riesigen Palästinenserlagers; die Schule wird rätselhafter Weise von Anglikanern geführt und hat uns stets freundlich beherbergt, wenn wir nach Amman kamen. Nun galt es, mit dem Hund heimzufliegen, um im Herbst wiederzukommen. Wir stellten schnell fest, dass unser Vorhaben gar nicht so einfach war und jedenfalls furchtbar teuer werden würde. Nordafrikanische Fluglinien sind auf Tiertransporte nicht eingestellt. Wir hörten schreckliche Geschichten von Hunden, die am Zielort tiefgefroren in ihrer Box über das Gepäckband rollten oder von Tierboxen, die Stunden vor Abflug auf der Rollbahn in der glühenden Sonne standen. Ohne Umsteigeflüge, die den Hund noch mehr traumatisiert hätten, kam nur die Lufthansa infrage, und die Lufthansa weiß das und kalkuliert entsprechend. Nach langem Hin und Her fanden wir heraus, dass Einfachflüge doppelt so teuer waren wie Hin-und Rückflüge, diesen Schwachsinn konnte uns nicht mal die Lufthansa selbst erklären. Also ließen wir die Rückflüge verfallen. Für Vasco musste zu einem Plündererpreis erst aus Frankfurt eine passende Transportbox herangeschafft werden. Für ihn und den Behälter waren Frachtraten zu zahlen, die es uns mühelos ermöglicht hätten, drei ganze Sitzreihen im Flugzeug zu erstehen. Vor dem Abflug galt es nun, den Hund an die Box zu gewöhnen, denn wenn er im Flughafen bockte, konnte das den Verlust des ganzen Fluges bedeuten. Also bekam er tagelang sein Futter nur noch in die Box gestellt, bis der Hunger ihn einsteigen ließ und er es sich schließlich sogar gemütlich in der Kiste machte. Der Rückflug im Spätherbst war ähnlich anstrengend. Nach dem Start fragte uns der Stewart, ob das unser Hund sei, der da unten so kläglich heulte, und fügte taktvollerweise hinzu: „Ich habe zwei Hunde, so was würde ich denen nie antun!" Wir beschlossen, dass dies unsere letzte Flugreise mit Hund gewesen sei.

Jetzt saßen wir wieder in Aqaba und blickten entspannt über den Golf und auf den Sinai. Die Temperatur betrug 30 Grad und seit vier Tagen fegte ein Sandsturm aus dem Wadi Araba, der unser Zelt gefährdete. Also überlegten wir, ob wir es abbauen sollten, zumal wir zwischendurch mal zwei Wochen nach Syrien zu fahren beabsichtigten, um dort den nächsten Lagerplatz in Augenschein zu nehmen. Wegen des Klimas war es ratsam, sich frühzeitig in Syrien umzuschauen. Eigentlich wollten wir spätestens Mitte Dezember nach Damaskus, um in Syrien an verschiedenen Stellen zu überwintern. Natürlich hatten wir uns mal wieder keine Gedanken gemacht: Seit Anfang September waren wir im Besitz eines guten Syrienführers und hatten eifrig darin herum geschmökert. Nur das Kapitel „Klima", das hatten wir übersprungen. Nun ist aber das Kapitel „Klima" das bei weitem wichtigste. Es verrät nämlich, dass von Dezember bis Februar weite Teile Syriens in Kälte, Regen und Schnee versinken können. Weite Teile, aber nicht alle. Die mussten wir jetzt finden. Ursprünglich wollten wir ja im Iran unten am Golf überwintern, da ist es nämlich schön und vor allem: schön warm. Wir hatten uns rechtzeitig zu Hause bei unserem iranischen Freund Mira über die traumhaften Reisebedingungen und das Klima im Iran erkundigt. Zwar darf Ulrike sich dort in der Öffentlichkeit (wenn man mit dem Reisemobil reist, ist man ständig in der Öffentlichkeit) nur mit untailliertem langen Mantel – also im Sack – und mit Kopftuch zeigen, aber das hätte sie in Kauf genommen. Die iranischen Behörden hatten jedoch mal wieder ihre Reiseformalitäten geändert: Jetzt benötigte man eine Referenz aus dem Land selbst, bevor man ein Visum beantragen konnte. Diese Einladung konnte man zwar über ein iranisches Reisebüro beschaffen, aber das dauerte ewig und damit hatten wir nicht gerechnet. Nun blieben wir erst mal bis zum Ende der Weihnachtsferien in Aqaba. Unvermutet hatte nämlich meine zweite Tochter ihren Besuch nebst Kindern in Syrien angesagt. Wegen des Klimas hatten wir sie umdirigiert. Bevor Sie uns nun vorschnell für Volltrottel halten, sei doch erwähnt, dass uns manchmal dennoch ein gescheiter Einfall kommt: Nachdem wir in der Tagesschau Ende September Frank-Walter Steinmeier auf seiner Nahostmission beim vorzeitigen Fastenbrechen beobachten durften, dämmerte uns: Da unten ist gerade Ramadan! Und so schlussfolgerten wir: Am Ende eines jeden Ramadan wird vier Tage und Nächte lang gefeiert und das Fasten gebrochen, bis die Wüste wackelt. Und da wird es eng in Aqaba. Ich hatte mir die Telefonnummer unseres Bedouin-Garden-Village bei unserer letzten Abreise notiert. Also rief ich, während Frank Walter Steinmeier noch Hände schüttelte, im Camp an: „Hallo, this is Rolf from Germany!" – „?" – „Yes, it's me, you know me! We have been at your place in April and May this year!" – „??" – „We are the people with the two vehicles, a big trailer and a Landrover!" – „???" – „And Vasco, our big dog! " – „VASCO!! Oh yes, yes, you are Vasco! Welcome! We make reservation for Vasco, welcome in Jordan!" In den ersten Tagen nach unserer Ankunft war noch Ramadan, aber dann brach „Id-ul-Fitr" herein, das Fastenbrechen. Das war der Beginn der Feiertage. Alle sagen nur „Id", was sich auch auf das Opferfest beziehen kann („Id-ul-adha", höchstes islamisches Fest), es klingt wie englisch „essen" und mir scheint das einen guten Grund zu haben. Es wird gespachtelt bis die Schwarte kracht, morgens, mittags, abends, nachts. Vor allem nachts, wenn Christen zu schlafen versuchen.

Befremdlich ist das Verhältnis der nahöstlichen Völker zu lebenden Kreaturen. Tiere werden als Gegenstände betrachtet, mit denen man verfahren kann wie mit Ziegelsteinen. Es fehlt jegliches Gefühl dafür, dass Tiere leidensfähig sind. Selbst ihre Arbeitstiere wie Esel und Maultiere, auf die sie angewiesen und die ihnen nützlich sind, behandeln sie so erbärmlich, wie nie jemand dort sein Auto oder Fahrrad traktieren würde. Wir hatten wochenalte Eselchen gesehen, denen man die Ohren zusammengetackert hatte, weil das „besser aussieht" und Hunde sind Hunde. Die darf man nach Herzenslust zur eigenen Erbauung quälen, da leben sich Kinder mit Zustimmung ihrer Eltern ordentlich aus. Wir staunten inzwischen nicht einmal mehr, angebundene Welpen am Strand zu finden, denen Kinder nasse Tücher um den Hals gebunden hatten. Mit steigender Tageshitze wurden die immer enger und das arme Tier wurde zum Vergnügen der Kinder langsam erwürgt. Das ändert andererseits aber nichts an der Faszination, die unser großer Hund auf männliche Erwachsene ausübte: Sie bewunderten ihn wie einen Zirkuslöwen und uns wurden stets hohe Summen zu seinem Kauf angeboten, mehrmals auch ein (wertvolles) Dromedar zum Tausch. Dabei musste Ulrike im Basargedränge immer hinter mir und Vasco hergehen, um die hinterhältigen Tritte der kleinen Jungen von dem Hund fern zu halten. Ein Wunder war das nicht: Fromme Muslime waschen sich siebenmal, wenn sie von einem Hund auch nur berührt wurden, denn Hunde gelten als unrein. Man befürchtet, von solch einer Berührung den Verstand zu verlieren, wir vermuten, dass diese Furcht von der Tollwutgefahr abgeleitet ist. Wenn ein Kind seine Mahlzeit nicht aufessen oder zur Schlafenszeit nicht ins Bett gehen mag, dann droht man ihm, gleich einen Hund zu holen. Das passt dann wiederum zu der männlichen Bereitschaft, sich so ein Höllentier an der Leine geführt zu unterwerfen.

In der Altstadt von Aqaba lernte ich einen Buchhändler kennen. Er war ein weiser alter Mann, ein Kenner der Weltliteratur und stets zu einem tiefschürfenden Schwätzchen aufgelegt. Manchmal unterbrach er die Unterhaltung abrupt und entschuldigte sich, weil er nun kurz in die Moschee wolle, um zu beten, er sei aber in wenigen Minuten zurück. Eines Tages hatte ich eine Diskussion über Toleranz mit ihm. „Es ist doch seltsam", sagte ich, „dass im Mittelalter die vernagelten Kreuzritter auf ihren fanatischen Eroberungsfeldzügen erst im Orient die Religionstoleranz kennenlernten und dass es heute geradezu umgekehrt ist: In Europa wird mehrheitlich Toleranz geübt, während die Intoleranz der Orientalen ständig größer zu werden scheint." Der Buchhändler hörte sich das an und überlegte lange. „Der Islam fordert Toleranz", meinte er, „aber leider wird er zunehmend falsch interpretiert und die daraus folgende Intoleranz gegenüber Andersgläubigen ist skandalös. Sie haben recht: Diese Toleranz-Umkehr ist traurig. Allerdings", fügte er hinzu, „die Schiiten beleidigen den einzig wahren Gott und gehören alle ausgerottet."

Die Hälfte aller Einwohner Jordaniens zieht zum Fastenbrechen an die Küste und die Küste hat nun mal nur 20 Kilometer Länge und wir saßen mitten drin. Unser ansonsten ziemlich einsamer Strand wurde von Hunderten Familien mit Tausenden von Kindern bevölkert, sie nächtigten in Zelten, in ihren Autos, im Freien. Jeder brüllte, so laut er konnte, aus jedem der in Halbmeterabständen auf dem Strand stehenden Autos dröhnte eine andere arabische Musik und es wurde allerorten gegrillt mit einer Qualmentwicklung, die den Blick aufs Meer vernebelte. Der Jordanier ist übrigens, wenn er die Musik in seinem Auto aufdreht – und das tut er immer, auch nachts – sehr um seine Batterie besorgt. Rein vorsorglich lässt er daher den Motor im Leerlauf drehen. Tja, wir hatten ein erholsames Fleckchen hier in diesen Tagen.

König und Jordanland

Nichts ist in Jordanien so wichtig wie der König. Hier ist alles royal. Die Fluggesellschaft heißt Royal Jordanian (früher Alia, nach der Gemahlin des vormaligen Königs Hussein, die eine rechte Hexe und Intrigantin gewesen sein soll und die ihrer Schwiegertochter das Leben zur Hölle machte, bis die sie bei Hof kaltstellte). Die ehemals wichtigste Überlandverbindung ist der King's Way. Die höheren Lustbarkeiten werden im Royal Yachtclub und im Royal Diving Center vollzogen. Das Land nennt sich – außer auf den Visastempeln – Royal Hashemite Kingdom of Jordan (also königliches Königreich im Unterschied zum bürgerlichen Königreich) oder auch Holy Land (man ahnt, warum), das Gesundheitswesen heißt Royal Welfare, und wenn Seine Majestät winkt, war das ein Royal Farewell. Wer in anderen – normalen – Königreichen einen Frisörladen, ein Wasserwerk, eine Amtsstube oder ein Bordell betritt, findet natürlich ein Foto des Königs an der Wand. Nicht so hier. Hier hängen zwei Könige, der alte und der neue. Der alte war beliebt, der neue sieht unjordanisch aus, das wird aber in Kauf genommen, weil er als Reformer gilt. Er ist blasshäutig mit einem sauerkrautigen Jünglingsbart. Er stammt von einer englischen Mutter, könnte aber auch als Litauer durchgehen. Frau Königin ist eine glutäugige Schöne, mit der er sich gerne gemeinsam ablichten lässt, um ein wenig von ihrem Glanz zu profitieren. Tja, und dann ist da noch der königliche Dienstag, der hat's in sich.

Am ersten Dienstag nach unserer Ankunft – die Tagesschau wusste Dräuendes aus dem Libanon zu berichten – wurden wir um sieben Uhr durch lautes Knallen geweckt. Peng-pang, peng-pang, peng-pang. Die Sonne stand am Himmel, ein Feuerwerk konnte das also nicht sein. Was dann? Da wurde eindeutig aus Maschinenkanonen gefeuert. Peng der Abschuss, pang der Widerhall aus den Sinai-Bergen. Krieg! Also doch! Verdammte Scheiße, was jetzt? Ruhig Blut. Erst mal nachdenken. Wir waren sechs Kilometer von Aqaba weg und wohl kaum das eigentliche Ziel des Angriffs. Es gab drei Fluchtwege für einen geordneten Rückzug: die Fähre nach Ägypten (da ziehe ich den Tod vor, außerdem würde der Hafen unter Feuer liegen), den

Desert-Highway Richtung Irak (nein danke) und die Küstenstraße nach Saudi-Arabien. Aber die Saudis hatten mit Sicherheit die Grenze geschlossen. Der kalte Stratege in mir beschloss das einzig Richtige: erst mal Feindaufklärung. In Strandnähe entdeckte ich fünf Boote, die peng-pang machten, kleine Wölkchen ausstießen, etwa 15 Meter lang waren und genauso aussahen wie die Sportfischerboote im Hafen. Allerdings waren sie grau gestrichen und hatten ein Kanönchen. Ich hatte also richtig gehört, allerdings die falschen Schlüsse gezogen. Kein Zweifel: diese Armada war das Rückgrat der königlich jordanischen Marine, die Royal Marine, sozusagen. Das Land kann sich Gott sei Dank nun mal keine Zerstörer, Flugzeugträger, Fregatten und U-Boote leisten, es hat schließlich eine winzige Küste, da ist einfach kein Platz für sowas. Aber sie schossen wie die Teufel. Und zwar etwa einen Kilometer seewärts ins Wasser. Ich stutzte. Einen Krieg hatte ich mir zielgerichteter vorgestellt. Da stimmte was nicht. Und noch was: Im Krieg schießt gewöhnlich jemand zurück. Anders hier: Das Meer setzte sich nicht zur Wehr. Mir dämmerte: Die übten hier einfach nur, ins Wasser zu schießen. Das taten sie jeden einzelnen gottverfluchten Dienstagmorgen um sieben Uhr. Wir hatten uns inzwischen daran gewöhnt. Bei peng-pang drehten wir uns einfach nochmal um. Heute war wieder Dienstag. Punkt sieben Uhr fuhr ich hoch: was war das denn? Verstört spähte ich auf den Golf. Nichts. Keine Boote, kein Peng-Pang. Und noch was Außergewöhnliches: keine Sonne. Der Himmel war bewölkt. Das erste Mal seit März dieses Jahres Wolken. Der Fall war klar. Bei diesem Sauwetter lief die königlich jordanische Seestreitmacht nicht aus. Viel zu gefährlich.

Jamal

Neben dem Pool des „Bedouin Garden Village" hatte Jamal, der Besitzer, ein Beduinenzelt aufgebaut, das mit seinen Sitzkissen und kleinen Tischen um eine Feuerstelle herum eine einladende Bar abgab. Dort pflegten wir uns abends am Feuer auf einen Sundowner niederzulassen. Die Bedienung übernahm Abu Farahd, ein etwas trottelig wirkender freundlicher Onkel Jamals; die Abendunterhaltung bestritt Jamal selbst. Jamal war ein stattlicher Mensch, der in seinem fußlangen weißen Gewand imponierend wirkte. Tagsüber lag er auf einer gemauerten Bank im Schatten, das Treiben um sich herum mit trägem Katzenblick verfolgend. Hin und wieder murmelte er mit heiserer dunkler Stimme Anweisungen, die auf der Stelle befolgt wurden. Abends unterhielt er sich mit seinen Gästen. Er erzählte uns, dass er Palästinenser sei und als Siebenjähriger mit seinen Eltern die Heimat verlassen hatte. Es gab damals in Palästina eine politische Kampagne, die einen vorübergehenden Auszug der Bevölkerung propagierte. Das war als Protest gegen die Gründung Israels gedacht und um den Zionistenstaat lahm zu legen. Es war Herbst und aus Sorge vor dem Winter wollte der kleine Jamal einen Mantel aus dem Bekleidungsgeschäft seines Vaters mitnehmen. Sein Vater verbot ihm das und versprach, dass sie alle nach ein paar Tagen wieder zurückkehren würden. Daraus wurde nichts.

Wir haben uns immer wieder über den überschäumenden Humor der Einheimischen gefreut. Für komische Situationen haben sie einen ausgeprägten Instinkt, und auf einen Witz reagieren sie spontan mit kollektivem Gelächter, das mit in die Seite Knuffen, Bauchhalten und Tränenwischen einhergeht. Kennen sie den Witz bereits, warten sie das Ende gar nicht ab, sondern setzen selbst mit sich überschlagenden Falsettstimmen und Knieklatschen den Witz fort. Anschließend muss der Erzähler in ihre anerkennend ausgestreckten Hände einschlagen. Wer sich diese Leute zu Freunden machen will, muss nur einen Witz erzählen, und sei es auch der ranzigste Kalauer. Gar nicht oft genug können sie folgenden hören: Wie kommt ein Dromedar in den Kühlschrank? Na, ganz einfach: Tür auf, Dromedar rein, Tür zu, fertig.

Nächste Frage: Wie kommt ein Elefant in den Kühlschrank? Na, Kühlschranktür auf, Dromedar raus, Elefant rein, Tür zu, fertig. Schon geht das Gewieher los. Da nun wirklich jeder den Spruch kennt, wird er nach den ersten Worten im Chor geprustet. Vielleicht ist das gemeinsame Witzeaufsagen ein Ersatz für gemeinsames Singen. Die lokale Bevölkerung singt und tanzt gern, aber ich habe sie nie im Chor singen gehört. Jamal hatte sich auf Witze über die Frömmigkeit spezialisiert, Moscheewitze sozusagen. Auch Muslime können ziemlich souverän mit ihrer Religion umgehen. Er erzählte im Übrigen gern Märchen, und die haben es in sich. Eines geht, stark verkürzt, denn sie alle sind ellenlang, wie folgt:

Ein reicher Tuchhändler fällt in tiefe Depression und niemandem gelingt es, ihn aus seiner Schwermut zu erlösen. Da hört er von einem weisen Imam, dem seelische Heilkräfte nachgesagt werden, in der fernen Oase El Qasr, und beschließt, dorthin aufzubrechen. Der Weg ist lang und beschwerlich. Zuerst muss er die Wüste durchqueren. Da begegnet ihm ein Löwe, der ihn unwirsch zur Rede stellt: „Was hast du hier verloren? Das ist meine Wüste!" Der Tuchhändler erklärt sein Vorhaben. Der Löwe bedenkt die Sache und gesteht, dass auch er selbst ein sehr armer verzagter Löwe sei. Seine Melancholie drücke ihn nieder und er fragt den Reisenden, ob er beim Imam nicht ein gutes Wort für ihn einlegen und vielleicht einen Rat einholen könne, wie er seine Beschwerden loswerde. Der Tuchhändler verspricht es und zieht weiter. Bald türmt sich ein Gebirge vor ihm auf und bei seiner Überquerung stellt sich ein Bär in den Weg. „Wer bist du denn? Das hier ist mein Gebirge!", brummt er. Wieder erzählt der Reisende seine Geschichte. Der Bär bedenkt es und gesteht bedrückt, dass auch er unter schrecklichen Depressionen leide und ob der Reisende den Imam auch um Rat für ihn, den Bären, bitten könne. Auch das wird versprochen. Zuletzt (in meiner Kurzform!) durchquert unser Reisender einen Wald. Natürlich von einem grimmigen Wolf angehalten, muss er auch dem Rede und Antwort stehen. Nach kurzem Nachdenken lässt der Wolf Kopf, Ohren und Schwanz hängen und heult los: „Bei Allah, wie ich das kenne! Dieses Elend beim Aufwachen morgens! Und dann fürchte ich mich den ganzen Tag vor dem Einschlafen! Schwermut ist mein Schicksal, oh Fremder! Kannst du den Imam nicht fragen, ob er auch für mich einen Rat weiß?" Auch das verspricht der Tuchhändler. In der Oase El Qasr nimmt ihn der berühmte Imam freundlich auf und spricht lange und ernst mit ihm. Froh erhebt sich unser Tuchhändler und verbeugt sich tief. „Hochwürdiger Imam, du hast mich von all meinen Kümmernissen befreit und mir ein neues Leben in Freude geschenkt. Zum Dank lege ich dir meinen Reichtum zu Füßen!" Der Imam winkt würdevoll ab und sagt: „Du hast nicht verstanden, mein Sohn. Gold und Geschmeide machen nicht glücklich. Lass die Hälfte hier, das reicht." Frohen Mutes und heiter wie nie macht sich der Erleichterte auf den Heimweg. Im Wald lauert ihm der Wolf auf. „Hast du, wie versprochen, den Imam um einen Rat für mich gebeten?" Der Reisende bejaht: „Ja, mein Wolf, aber ich weiß nicht, wieso die Antwort dir helfen soll: Er hat mir aufgetragen, dir ein Viertel meines Reichtums zu schenken", und er händigt ihm einige Beutel Gold aus. „Nimm es und werde froh, denn auch ich bin ein glücklicher Mensch geworden." Der Wolf reicht ihm seine Pfote mit der Versicherung, wirklich erleichtert zu sein. Im Gebirge wartet ungeduldig der Bär und fragt nach dem Rat des Imam. „Ja, weißt du, es ist seltsam: ich soll, um wieder froh zu werden, mein Vermögen verschenken, und du sollst zu demselben Zweck ein Viertel – also den Rest – meiner Habe erhalten, aber ich gebe es dir gern, denn ich bin jetzt ohne Beschwernis", sagt der Kaufmann und überreicht ihm die Zügel seiner beiden hoch mit kostbaren seiden- und goldgewirkten Brokatballen beladenen Dromedare. Der Bär beäugt die Tiere, legt dem Mann eine Pratze auf die Schulter und bedankt sich überschwänglich und ist froh. Als er nun die Wüste durchquert, besitzt der Tuchhändler nichts mehr außer seinem Reittier, und auch das lahmt schon ein wenig ob der langen Reise. Griesgrämig stellt ihn der Löwe zur Rede. „Ja, weißt du, der Imam hat mir wirklich sehr geholfen, aber seine Ratschläge sind mir ein Rätsel. Erst soll ich all meinen Reichtum an ihn, Wolf und Bär verschenken, und dir soll ich ausrichten, dass du dein Glück wiederfindest, wenn du noch heute das dämlichste Wesen der ganzen Wüste frisst. Kannst du dir darauf einen Reim machen?", fragt der Kaufmann den Löwen. Der blickt zwischen ihm und dem Reittier stirnrunzelnd hin und her. „Ich glaube schon", antwortet er schließlich und verspeist den Mann, danach ist er richtig froh.

Syrien – Deutscher Pfeffer

Nach unserer ersten Erkundungsfahrt durch Syrien überlegten wir, für einige Monate eine Wohnung zu mieten und schwankten eine Weile zwischen Aleppo und Damaskus. Geeignete Plätze für unser Gespann waren rar, und zum Überwintern waren nur die im Südwesten am Euphratstausee oder bei Palmyra geeignet. Aber dort, weit draußen in der flachen Steinwüste, war nicht viel los. Deir ez-Zor (oder Deir al-Sor) ist zwar eine schöne Stadt am Euphrat und hat mildes Winterklima, war uns aber ebenfalls zu abgelegen. Unsere Wahl fiel schließlich auf eine kleine Wohnung mit Dachterrasse im Zentrum von Damaskus. Die Stadt war auf den ersten Blick keineswegs die „Perle des Orients", als die sie sich zu verkaufen trachtete, städtebaulich schon gar nicht. Eine geplante Struktur war nicht erkennbar. Es gab Alleen und Achsen, aber wohin führten die? Die Häuser waren alle ein bisschen grau. Als öffentliche Verkehrsmittel gab es nur Taxis, und selbst die kleinsten Nebenstraßen waren so verstopft, dass wir zu ihrer Überquerung Minuten brauchten. Auf den Fahrbahnen konkurrierten Autos und Fußgänger miteinander, weil alle Gehsteige so zugeparkt wurden, dass selbst die Katzen gezwungen waren, unter den abgestellten Autos herzulaufen, was Vasco veranlasste, in Hoffnung auf Beute ständig darunter zu schielen. Zu Fuß ging man trotz dieser Hindernisse von unserer Wohnung aus etwa 15 Minuten zur Altstadt, mit dem Taxi war das nicht unter einer Stunde zu schaffen. Trotzdem wäre kaum jemand auf den Gedanken gekommen, zu laufen. Das Verkehrsverhalten war so ganz und gar skrupellos, dass nicht einmal der ADAC viel Freude daran gehabt hätte. Es bedurfte schon eines zweiten Blickes, um die Perle zu entdecken und sich hoffnungslos zu vernarren. Natürlich gab es die Altstadt, die Omayaden-Moschee, die Paläste, Hamams (Dampfbäder), Madrassas (Koranschulen), die Suqs mit ihren Angeboten aus Tausendundeiner Nacht, die „lange Straße", die schon Paulus beschrieben hat, Kirchen – ja doch, wir wurden Sonntags von Glocken geweckt – und die ziemlich altmodischen Museen; und in der „Bluthöhle" des Jabal Kassioun, des Antilibanon-Bergs gegenüber unserer Terrasse, hatte angeblich Kain seinen Bruder

Abel erschlagen. Heute trifft man überall auf diese für unseren Kulturkreis unvorstellbare Freundlichkeit, Höflichkeit und Hilfsbereitschaft, die Nahostreisende schon kennen und die sie dennoch immer wieder staunen lässt. Und erst die Restaurants! Gott isst in Frankreich, aber er speist in Damaskus. Anders als die Berberküche in Marokko ist die arabische hier von der Raffinesse des Libanon geprägt und daher ein Restaurantbesuch ein Erlebnis. Besonders die unzähligen Mezze, wie die Vorspeisen, ähnlich wie in der Türkei, heißen, hatten es uns angetan. In unablässiger Folge wurden kleine Tellerchen mit köstlichen Pasten, gefüllten Teigtaschen, gerösteten oder geschmorten Gemüsestückchen, Sesambällchen, Tabule (Weizengericht, ähnlich dem Couscous) in vielen Kräutervariationen oder Frittiertes aufgetragen, und man sollte sich für sein Mahl viel Zeit lassen. Aber natürlich durften wir nirgends unseren Hund mitbringen. Das war lästig, weil wir den armen Kerl dann stundenlang ins Auto sperren mussten, denn unsere Wohnung war zu neu für ihn, um ihn dort allein zu lassen. Er hätte sie verzweifelt komplett zerlegt. Gleich gegenüber unserer Wohnung befand sich ein fünfstöckiges Eckhaus, in dem Veteranen untergebracht waren. Im Dachgeschoss entdeckten wir ein Restaurant, das wunderbare Blicke über die Stadt erlaubte, eine gute Küche führte, aber nur wenig Gäste hatte, obwohl jeden Abend ein Ein-Mann-Orchester aufspielte. Es gefiel uns gut, und ich wagte einen Versuch: Nach dem Essen sprach ich die Rechnung begleichend einen der Kellner an, der Französisch zu sprechen vorgab. Er stammte aus dem Libanon, wie wir erfuhren. „Das Essen war köstlich wie immer", leitete ich meine Rede ein, und platzierte betont ein unverschämt übertriebenes Trinkgeld, „aber wissen Sie, ich habe einen großen Hund unten im Auto und der ist unsagbar traurig darüber, dass er uns nicht begleiten darf. So einen braven Hund haben Sie noch nie gesehen, der gibt keinen Mucks von sich und liegt still unter dem Tisch. Andere Gäste werden ihn nicht einmal bemerken. Dürfen wir den beim nächsten Mal mitbringen?" Und nach einer vielsagenden Pause: „Wir würden nämlich gerne wiederkommen, wissen Sie." Er schaute so verblüfft drein, wie wir erwartet hatten und verschwand hinter einen Paravent, um den Chef zu fragen. Am Ausgang wurden unsere Hände geschüttelt, verbunden mit der Versicherung, unser Anliegen stelle die Geschäftsleitung nicht vor unlösbare Probleme, was immer das heißen mochte. Nach einigen Tagen beschlossen wir, die Sache auszuprobieren und nahmen Vasco mit. Vor dem Eintreten nahm ich ihn extra an die kurze Leine. Der Chef stürzte uns mit Anzeichen des Entsetzens und abwehrenden Gesten entgegen und versicherte, dass der Hund auf gar keinen Fall sein Etablissement betreten dürfe. „Aber Sie hatten es doch erlaubt!", gab ich mich empört. Es stellte sich heraus, dass des Kellners Französisch durchaus ausbaufähig genannt werden durfte. Er hatte dem Chef nämlich erzählt, dass wir einen todtraurigen Chauffeur im Auto hätten, den wir unter unseren Tisch zu legen wünschten. Es gab ein gründliches Gelächter ob des Missverständnisses und der Chef zögerte. Jetzt waren wir einmal da und er wollte weder sein Gesicht verlieren noch uns als Gäste kränken, also wurde uns zögernd und mit bangen Gesichtern ein Tisch ganz hinten am Fenster zugewiesen. Die Aussicht war ebenso prima wie das Essen und der Hund brav wie nie. Beim Verlassen hatte die Musik eingesetzt und es hatten sich doch ein paar weitere Gäste eingefunden, die erst jetzt den Hund bemerkten. Wir ließen ein kollektives erstauntes Raunen hinter uns, der Bann schien gebrochen zu sein. Beim nächsten Mal erwartete uns ein nahezu voll besetzter Speisesaal, durch den bei unserem Eintreten ein wohlig schauderndes Seufzen ging. Die Sache mit dem Hund hatte sich herumgesprochen und alle Welt wollte diese Sensation begaffen. Wir hatten den Umsatz des Ladens vervielfacht und der Chef war außer sich vor Freude. Wenn ich jetzt spät am Abend mit Vasco um den Block ging, öffnete sich hoch oben im Restaurant ein Fenster und die Angestellten riefen und winkten zu uns herab. Sie hätten uns am liebsten täglich zu Gast gehabt.

Damaskus hatte auch Architektur der klassischen Moderne zu bieten: Außerhalb der historischen Altstadt größtenteils in den zwanziger und dreißiger Jahren des letzten Jahrhunderts erbaut, wurde es durch und durch vom Bauhausstil dominiert. Es gab hier und da die etwas verspielte Abweichung zweifelhaften Geschmacks, aber auch da war an Maßstäblichkeit und Proportionen nichts auszusetzen. Und mit ein bisschen Übung lernte man, selbst die höllischste Straße zu überqueren: Man ging einfach los und schon war man drüben, so wie man in Paris eine sechsspurige Straße überwindet. Die zahllosen Cafés konnten sich mühelos mit dem Dernier Cri der angesagtesten Metropolen messen. Mit anderen Worten, Damaskus hat sich zur Nachfolgerin von Beirut gemausert. Und die Stadt war bestürzend sauber, was für einen Deutschen durchaus wichtig ist.

Man bekam Lust, hier zu leben. Selbst die Autohölle hatte ihre interessanten Seiten, denn hier befand sich das Eldorado für Oldtimer-Fans und Liebhaber schicker Nobelkarossen. Meinen ersten Maybach hatte ich vor Jahren in Paris auf der Place Vendôme gesehen, die beiden folgenden hier. Aber hier waren es der alte und der neue Maybach.

Nicht weit von uns gab es so etwas wie die Place d'Etoile, den Omayaden-Platz. Eines der riesigen kuchenstückförmigen Eckgrundstücke beherbergte die Regierungszentrale. Die war leicht daran zu erkennen, dass sie von an der Gehsteigkante im Zehnmeterabstand postierten Nationalgardisten bewacht war. Sie trugen schmucklose Uniformen, die an Rekruten denken ließen, wären da nicht die Panzerwesten und die Maschinenpistolen gewesen, die sie so lässig mit sich führten, als wären es Blechlöffel. Das Verhalten der Gardisten unterschied sich gründlich von der britischen Royal Horseguard vor Buckingham: Ging man mit Vasco über den Gehsteig an ihnen vorbei, wozu eine Menge Mut gehörte, dann knurrten und bellten sie „grrr" und „hau-hau". Selbst mein Hund, der für Anmache skandalös empfänglich ist, fand das befremdlich. Eines Morgens gingen wir auf dem Heimweg von der Hunderunde durch den Park wieder da vorbei, aber auf der gegenüberliegenden Seite. Wir hatten also acht Fahrspuren Abstand von den Gardisten und die Straße war am Freitagmorgen wenig befahren. Was mussten wir hören? Richtig: „Hau-hau" und „Grrr". Ganz fern, wie Robben auf einer Sandbank.

In Damaskus standen wir unter dem persönlichen Schutz von Nidal, dem Neffen unseres Vermieters. Diese Aufgabe nahm er todernst, er bemühte sich Tag und Nacht um uns, las uns jeden Wunsch von den Augen ab. Ob die Heizung streikte, der Wasserhahn trocken blieb, ob wir Fisch essen oder Geld wechseln wollten, Nidal war stets zur Stelle, meist mit Helfern. So auch beim letzten Heizungsstreik. Auftritt Nidal nebst zwei Installateuren und Ölheizungsfachleuten: Die fummelten los und ich verfügte mich in die Küche, um Tee zu bereiten, denn Tee ist hier der Treibstoff, der alles in Gang hält. Zwischendrin steckte der Obermaschinist seine Nase in die Küche und schaute fragend. Irgendwas war los. Im Flur hatten sich alle um meine Maglite-Stablampe versammelt, und Nidal übersetzte: „Was ist denn das da am hinteren Teil der Lampe?" Schlimmer hätten sie mich nicht in Verlegenheit bringen können. Meine Maglite ist riesig und stand auf der Heizungsabdeckung im Flur. Und der hintere Teil sieht aus wie der einer sehr starken langen Taschenlampe, ist aber eine Attrappe, die ein Pfeffersspraydöschen verbirgt. Warum konnte ich auch dem Kataloganbebot des Safariausstatters in München nicht widerstehen! Meine Reparaturmannschaft hatte den verborgenen Abzug entdeckt. Verdammt. Manchmal ist die Wahrheit die beste Verteidigung, sagte ich mir und rückte mit ihr heraus, nicht ohne „gegen wilde Tiere" zu meiner Entschuldigung vorzubringen. Maßlose Verblüffung. „Gegen wilde Tiere?" – „Ja." – „Pfeffer??" – „Ja, Pfeffer." – „Schwarzer Pfeffer?" – „Weiß nicht, vielleicht auch weißer Pfeffer." Kopfschüttelnd machten sie sich wieder an die Arbeit, ich ließ den Tee ziehen und bereitete Gläser, Zucker und Löffelchen vor. Tee wird hier unmäßig gezuckert. Puh, das schien noch mal gutgegangen zu sein. Dann ein Scheppern und vibrierendes Gebrumm, die vertrauten Laute der Heizung; ich bat zum Tee. Der Obermaschinist, der Ingenieur und unser Nidal nahmen Platz, heulend wie die Schlosshunde. Jetzt war ich erstaunt. Es dauerte ein bisschen, bis bei mir der Groschen fiel. „Habt ihr etwa – ihr habt doch nicht etwa ...?"" Verlegene Pause, dann brach die ganze Truppe in brüllendes Gelächter aus. Doch, sie hatten. Sie hatten das gottverdammte Pfefferspray ausprobiert. „Aber nur ein gaaaanz klitzekleines bisschen!", blökten sie und klatschten sich heulend auf die Schenkel. Sie schnieften noch eine Weile in ihre Teegläser, bedankten sich beim Abschied fürs Trinkgeld und lobten rotäugig und kichernd den deutschen Pfeffer.

Dann kam der schwarze Tag, an dem das Heizöl ausging und kein Diesel fürs Auto mehr da war. Es war kaum zu glauben: Der syrische Staat knöpfte mir hier Woche für Woche 100 US-Dollar als Dieselsteuer ab, die ich gerne zahlte, denn Diesel war hoch subventioniert. Er kostete nicht mehr als 8 Cent pro Liter, aber nirgendwo gab es Diesel! Im ganzen Land waren die Tankstellen ohne diesen Stoff und wenn es doch mal was gab, dann war es streng rationiert und man musste stundenlang in der Schlange stehen. Das lag zum Teil daran, dass die Tankstellen staatlich sind, zum weiteren am Winter, denn das ganze Land heizte mit Diesel, meist in niedlich aussehenden Öfchen, und schließlich wurde das Zeug massenhaft in die Türkei geschmuggelt, denn da kostete Diesel noch mehr als in Deutschland. Zum Haareraufen! Auch meine Reservetanks waren irgendwann leer. Da half nur eins: Nidal anrufen. „Kein Problem", sagte er, „morgen ist Freitag, da läuft nichts, aber übermorgen komme ich und zeig' dir 'ne Tankstelle mit Diesel. Und Heizöl bestelle ich auch. Ich rufe an." Na also. Am Samstag rief Nidal an, der Gute: „Ich komme um eins." Um halb eins rief er wieder an: „Verspäte mich ein wenig, komme um vier." Dann abends: „Tut mir leid, konnte nicht. Melde mich morgen." Wir waren gerührt ob der vielen Anrufe und schauten uns voller Übereinstimmung an. Ja, zuverlässig war er, unser Nidal, das musste man sagen. Am nächsten Tag rief er nicht an. Er hat uns nie und nimmer vergessen, aber er war so beschäftigt, der Arme. Hatte seine Familie am Hals, das Geschäft, besuchte täglich seine Mutter, und dann noch uns! Komisch, auch am Folgetag kein Anruf von Nidal. Wir verzweifelten allmählich, denn wir brauchten Sprit und vor allem Heizöl! Ich griff zum Handy. „Jaja, habe euch nicht vergessen, keine Sorge, kümmere mich und rufe bald an!" Das war das Letzte, was wir vorerst von Nidal hörten.

Nun, manchmal hilft Freund Zufall. Das Nachbarhaus wurde mit Heizöl beliefert und wir bekamen davon ab. Und irgendwo fanden wir auch Diesel, denn die Lage hatte sich entspannt. Aber was war mit Nidal? Hatten wir ihn gekränkt? War es falsch gewesen, ihm die große Konfektschale für seine Mutter mitzugeben? Hatten wir ihn mit der Einladung zum Fischessen zu lange vertröstet? Hätten wir seine Frau nachdrücklicher dazu einladen müssen? Gegen welchen levantinischen Kodex hatten wir unwillentlich verstoßen? Fragen, die uns viele Tage beschäftigten. Irgendwann hielten wir es für angebracht, ihm wenigstens mitzuteilen, dass wir nunmehr weder Diesel noch Heizöl brauchten. Am Telefon war er freundlich wie immer, der falsche Kerl. So sind sie eben, die Levantiner, da waren Ulrike und ich uns mal wieder einig. Dann aber belehrte er uns eines Besseren: Keine zehn

Minuten später rief er wieder an und erkundigte sich zwitschernd nach dem Fischessen, das wir prompt für den nächsten Abend verabredeten, und seine Frau brächte er gerne gleich mit, und sie kämen schon nachmittags, obwohl hier niemand vor neun Uhr zu Abend isst.

Was war passiert? Ganz einfach: Nidal hatte tagelang vergeblich nach Diesel und Heizöl gefahndet, sich aber nicht getraut, das zuzugeben. Er war vor Scham abgetaucht und hatte sich tot gestellt. Und wieder waren Ulrike und ich uns einig: Sie waren nicht so, die Levantiner, sondern so. Heute hat mich die Nachricht erreicht, dass er auf der Straße von Assads Soldaten erschossen wurde.

Diese grenzenlose Hilfsbereitschaft der Leute erwies sich erneut, als wir eine Verlängerung unserer Aufenthaltserlaubnis benötigten, denn die uns erlaubten drei Monate waren um. Nach einigen Irrwegen fand ich die zuständige Ausländerbehörde, vor der eine endlose Schlange irakischer Flüchtlinge geduldig wartete. Nebenbei: Länder wie Syrien oder Jordanien nehmen fast so viele Flüchtlinge aus arabischen Nachbarländern auf, wie sie selbst Einwohner haben, und wir regen uns in der Heimat über ein paar hunderttausend Asylbewerber auf und schwadronieren über „Wirtschaftsflüchtlinge", als ob es für die Betroffenen einen Unterschied mache, ob sie vor Terror, Krieg oder dem Verhungern flüchten. Na ja, das sind halt deren arabische Bruderländer, könnte man einwenden. Aber dann hätte man keine Ahnung davon, wie sehr sich diese Länder voneinander unterscheiden, wie sehr sie miteinander konkurrieren und wie gründlich ihre Abneigung voreinander oft ist.

Ich schlich an dieser langen Schlange vorbei bis in das eigentliche Büro, in dem ein einzigartiges Chaos herrschte. Alle Schreibtische waren von wild gestikulierenden Antragstellern belagert, die alle zugleich auf den seelenruhigen Schreibtischbeamten einredeten. Mein Versuch, mich zum für mich Zuständigen durchzufragen, scheiterte, denn in der für Ausländer zuständigen Behörde beherrschte niemand eine Fremdsprache. Schließlich nahm sich ein offenbar angestellter Übersetzer meiner an, ein freundliches Männchen im dunklen Anzug, das einigermaßen Englisch sprach. Er schnappte mir unsere Pässe aus der Hand und reichte sie einem Beamten durch eine Mauer von Antragstellern hindurch auf dessen Schreibtisch. Ich hatte

die Situation richtig vorhergesehen und Ulrike geraten, sich diesen Stress zu ersparen und zu Hause zu bleiben. Es genüge, ihren Pass mitzunehmen, ihre persönliche Anwesenheit sei überflüssig. In den meisten arabischen
Ländern gelten Frauen als Beifang ihrer Männer, deren Pass reicht aus. Kriegt der Mann eine Verlängerung, dann gilt das auch für sein Auto und seine Frau. Das Übersetzermännchen drückte mir einen Stapel Formulare zum Ausfüllen in die Hand und verschwand. Ich füllte aus und stand wieder hilfesuchend herum. Wo war der Kerl? Endlich erschien er, zog mich zu einem zweiten Schreibtisch, an dem alle meine Formulare wild gestempelt und mit Kritzeleien versehen wurden. Dann wandte er sich zu mir mit den Worten: „Sie müssen noch Ihr Aids-Testergebnis vorlegen!" Wie bitte? Ich hatte richtig verstanden: Man verlangte den Test von mir, nicht aber von Ulrike. Wir würden wohl vorzeitig ausreisen müssen. Von Aids-Test wusste ich nichts, das ging mir entschieden zu weit, zumal ich keine sterilen Einwegspritzen dabei hatte, am Ende würde ich mir noch Hepatitis oder Aids einfangen. Solche Spritzen besorge ich mir immer vor Reisen, aber irgendwo waren die diesmal verloren gegangen. Das Männchen schleppte mich in das Büro des Behördenleiters. Der thronte allein an einem riesigen Schreibtisch in einem prächtigen Raum, trug eine bombastische Uniform und war von allerlei katzbuckelnden Menschen umgeben. Auch mein Übersetzermännchen machte da keine Ausnahme und verbeugte sich tief und demütig. Der General, oder was immer er sein mochte, betrachtete naseschneuzend meine Papiere und brummelte unwirsch mit dem Übersetzer herum, der immer wieder aufgeregt auf mich zeigte und hastige Sätze sprach. Schließlich knallte der Gott aller Götter einen Stempel in unsere Pässe und winkte uns gnädig hinaus, ohne mich auch nur eines einzigen Blickes gewürdigt zu haben. Draußen dämmerte mir, dass ich unsere Verlängerung in Händen hielt. Ich fragte den Übersetzer, wie denn das nun wieder zugegangen sei und der erklärte mir: „Der Herr Oberst war der zutreffenden Ansicht, dass Deutsche kein Aids haben. Darf ich mich übrigens vorstellen? Dr. Arif Ben Hallesh, Rechtsanwalt. Es war mir eine Ehre, Ihnen behilflich zu sein." Sagte es, überreichte mir seine Visitenkarte und verschwand. Ich war dankbar, erstaunt und beschämt.

Valentinstag

Den Syrerinnen und Syrern möchte man zurufen: „Hallo, Ihr Leute! Ihr seid doch blitzwach und aufmerksam, aber seitdem ihr an jedem Ohr ein Handy kleben habt, rennt ihr gegen Bäume und Pfähle, gegeneinander und vor die Autos, deren Fahrer natürlich auch nur noch auf Displays gucken statt durch die Windschutzscheiben." Tatsächlich war hier jeder, der nicht ein höchstens vier Monate altes Gerät in der Hand hielt, das TV-Programme empfing, faxte, kopierte, surfte, navigierte, 600 Musiktitel speicherte, Brille putzte, staubsaugte und ein waffelgroßes Display besaß, gesellschaftlich erledigt und geächtet. Telefonieren war bei den Geräten nur noch eine Nebenfähigkeit. Es gab in Damaskus mehr Handyläden als in Düsseldorf Altbierkneipen.

Wir waren nun vier Monate im Land, mehrmals kreuz und quer herumgefahren und in Damaskus praktisch zu Hause. Es wurde Zeit, an die Heimfahrt zu denken. Am Wochenende holten wir den Anhänger aus Amman und machten uns auf den langen Weg durch die Türkei. Das nächste Ziel war Istanbul. Unsere Abreise hatte nichts mit Überdruss zu tun, wir schieden schweren Herzens, denn an den vielen putzigen Widersprüchen Syriens kann man sich gar nicht satt sehen. Nehmen wir die zahllosen Geheimpolizisten. Die waren natürlich geheim, deshalb in Zivil, saßen auf Parkbänken und trugen zwar keine Schlapphüte, hatten aber eine Maschinenpistole unter der Bank abgelegt. Die ungeheimste Geheimpolizei der Welt. Daran hat anfangs nicht einmal die bürgerkriegsähnliche Revolte der syrischen Jugend etwas geändert, wie Jürgen Todenhöfer zu berichten weiß.

Natürlich war es wie auch bei uns in Deutschland strengstens untersagt, den Polizeifunk abzuhören. Aber gegen die Gebetsrufe der Muezzine und den Verkehrslärm kam eigentlich nur noch der Polizeifunk an: An jeder Kreuzung und in jedem Park standen drei bis vier Polizeimotorräder mit starken Lautsprechern, die dröhnend den Polizeifunk übertrugen. Wo man ging und stand, war man gezwungen, Polizeifunk zu hören. Meine Vorstellung von einem Polizeistaat kam ins Wanken.

Obwohl der Verkehr hier so überlastet ist, dass die Leute selbst in Nebenstraßen mit ihren Autos in unbeweglichen Staus stehen, übernimmt der Syrer gerne absonderliche ausländische Autositten. Den italienischen Hochzeits-Autocorso beispielsweise hat er so in sein Herz geschlossen, dass eine Heirat ohne solchen Corso praktisch als sittenwidrig gilt. Was aber tun, wenn alle Straßen verstopft sind? Ganz einfach: Man feiert erst mal ordentlich drauflos, meist mit Arrak, einem typisch mediterranen, in der syrischen Variante besonders starken Anisschnaps, und macht sich dann gegen Mitternacht, wenn der Verkehr sich etwas gelichtet hat, mit den 60 Autos der angereisten Verwandtschaft in ausgelassenster Stimmung hupend und teils auf den Autodächern sitzend auf den Weg. Mehrmals geht es durch alle Straßen auf und ab; dabei kommt es nicht selten zu spannenden Begegnungen mit anderen Hochzeitsgesellschaften.

Ganz wild sind Syrer darauf, Muttertag zu feiern, der hier folglich ein gesetzlicher Feiertag ist, wie man uns sagte. Wie wenig wunderten wir uns also noch, dass auch der Valentinstag als Großereignis begangen wurde. Fast über Nacht verwandelte sich Damaskus in eine rosa Stadt. Vor den Blumengeschäften gab es riesige Arrangements aus rosa Herzgestecken, rosa Hochzeitskutschen, rosa Rosenteddybärchen usw. Die Buchhandlungen boten wahrhaftig rosa Bücher an, die Konditoren rosa Buttercremetorten.

Auf unserer morgendlichen Hunderunde durch die Stadt begegneten uns Abertausende von Schülern, die gutgelaunt Fähnchen und arabisch beschriftete Transparente schwenkten. Welcher Schüler wäre nicht über einen schulfreien Valentinstag erfreut? Am Abend erfuhren wir dann aus der Tagesschau, dass in Damaskus wie in anderen Städten des Nahen Ostens Hunderttausende in einer machtvollen „Spontandemonstration" gegen die israelischen Bauarbeiten an der Al Aqsa Moschee protestiert hatten.

Zwar folgte die Bevölkerung 2007 noch den Anordnungen des Baath-Regimes unter Baschar al-Assad. Denn nie ließ es einen Zweifel an seiner hemmungslosen Terrorbereitschaft gegen die eigene Bevölkerung aufkommen. Aber anders als bei unserem Libyenbesuch, bei dem wir kaum Kritik an Gaddafi hörten, machten die Syrer im privaten Gespräch kein Hehl aus ihrer Ablehnung und Verachtung. Eigentlich gehört es sich in diesen Ländern für einen Gast nicht, über Politik zu reden, aber auf Assad angesprochen, kamen die Syrer schnell zur Sache und schimpften ohne Zurückhaltung über „Baschar" und seine „Alawitenbande", die sich das Land zur Beute gemacht hätten. Alawiten werden auch als Nusairier bezeichnet und sind keinesfalls mit den bei uns bekannten Aleviten zu verwechseln. Die Leute waren noch wütender auf seine Entourage als auf ihn selbst, anders als auf seinen Vater Hafiz, den „Schlächter von Hama". Schon damals prophezeiten sie uns ein baldiges Ende des Regimes.

Am Nationalfeiertag, dem „Tag der Befreiung", erkundigten wir uns im Verkehrsamt nach sehenswerten Ereignissen, etwa einer Parade oder dergleichen. Die Dame war erstaunt. „Moment", sagte sie und verschwand in einen hinteren Raum. Ihre Auskunft bei der Rückkehr war erschöpfend: „Nichts", sagte sie, wir konnten es kaum glauben.

Die legendäre Hilfsbereitschaft der Syrer genoss ein Freund, der uns aus Deutschland kommend besuchte, gleich am Tag seiner Ankunft: Mit seiner EC-Karte in der Hand stand er stirnrunzelnd vor einem Geldautomaten und studierte dessen kryptische Anweisungen. Sofort war er von Hilfswilligen umringt, deren Zahl schnell anwuchs. Sie steckten ihre Nasen so dicht an den Bildschirm, dass er selbst nichts mehr sah, nahmen ihm die Karte ab und begutachteten diese reihum, bevor sie im Automaten verschwand. Dann wiesen sie auf die Knöpfe, die er zu drücken hatte oder die sie gleich selbst bedienten. „Wie ist deine Geheimzahl?" Überrumpelt nannte er sie ihnen. „Wie viel willst du?" Er sagte es. „Was, so viel?" Er bejahte. Gespannte Erwartung, dann zogen sie Geld und Karte aus dem Automaten und überreichten beides mit gönnenden Mienen dem verdatterten Empfänger.

Der arabische TV-Satellit bietet zwar 23 Pornosender an, aber dennoch geben sich islamische Menschen hier eher sittsam. Sie trinken zwar, aber sie sündigen nicht gern in Worten und Werken in der Öffentlichkeit. Im Internetcafé wurde viel mit Skype telefoniert, sodass die Leute sich beim Gespräch auch sehen konnten. Sitzt da nun ein junger Mann und turtelt via Internet mit seiner Liebsten („Habibi") und entdeckt diese über seine Kamera, dass hinter ihm irgendein Mann durchgeht, streift sie flugs ein Kopftuch über, denn es wäre schamlos, einen Fremden ihre Haare betrachten zu lassen. Natürlich ist sittsame Kleidung für Frauen eine Selbstverständlichkeit. Umso mehr wunderten uns die unerhörten Auslagen der Fachboutiquen für Reizwäsche, die fast so zahlreich wie die Handyläden waren. Der Renner waren durchsichtige Stringhöschen in Rot. Solche Angebote sind bei uns allenfalls in Sexshops oder im einschlägigen Versandhandel für Volljährige zu haben. Wie maßlos befremdend aber war die Entdeckung, dass in solchen Läden – ebenso wie in Kosmetikgeschäften – ausschließlich Männer bedienten! Eine recht reife Freundin von uns ließ sich mit offenem Mund beim Kauf einer Strumpfhose von einem jungen Mann stocktrocken über den „Popup-Effekt" dieses eher unerotischen Kleidungsstücks aufklären.

Um die Sache abzurunden, müssen wir noch mal auf die Geheimpolizei zurückkommen. Sie wusste sicher einiges über uns und las wahrscheinlich auch unsere Postkarten, Briefe und Mails. Aber wie ärmlich waren ihre Erkenntnisse doch im Vergleich zu den Müllmännern! Die waren hier Tag und Nacht im Einsatz und sammelten fleißig. Es gab zahlreiche öffentliche Müllcontainer auf den Straßen, aber kaum eine Chance, die eigene Mülltüte bis dorthin zu schaffen. Gleich vor der Haustür riss nicht selten der nächste Müllmann die Tüte an sich und begann mit Bedacht, deren Inhalt zu untersuchen. Nichts, was da verborgen geblieben wäre: Trinkgewohnheiten, Literatur- und Speisevorlieben, Einkaufsverhalten, Körperpflege und Ausgaben für den Konsum im Tages-, Wochen- und Monatsdurchschnitt. Sie kannten ihre Kunden bis in den innersten Winkel, diese Burschen. Wie ich schon allein das anzügliche Augenzwinkern meines Müllmanns bei der morgendlichen Begrüßung hasste! Ich hätte in den Boden versinken können. Ja, sie wurden hier sehr höflich und mit Respekt behandelt, die Müllmänner, geradezu ehrerbietig. Ganz anders als die Geheimpolizei.

Türkei – Auftrag ist Auftrag

Der Grenzübertritt von Syrien zur Türkei unterschied sich grundlegend von allen Erfahrungen in arabischen Ländern: Die Formalitäten waren unkompliziert, die Abfertigung war effizient und absolut korrekt. Hinter der Grenze, die weit im Osten des Landes liegt, staunten wir über ein Bild, das sich erheblich von allem bisher Gesehenen unterschied: Ein Gefühl von Freizügigkeit herrschte vor. Endlose Reihen gleichförmiger Häuser in moderner Architektur, die vielfach kopiert wurde, signalisierten die Ankunft in einer Welt, die unexotisch und vertraut erschien, wenn auch mit all den Fehlern behaftet, die uns aus Deutschland so bekannt erschienen, wie diese Konservenarchitektur zum Beispiel. Kein Zweifel: Wir waren zurück in Europa. Das ist – geografisch gesehen – natürlich Unsinn, wir befanden uns im Osten Kleinasiens. Wir begannen, über die schier endlose Diskussion bei uns zu räsonieren, ob die Türkei reif für die Europäische Union sei. Das alles kam uns jetzt lächerlich vor. Das heißt aber nicht, dass ein europäisch anmutendes Land nicht auch mit Besonderheiten aufwartet.

Es war Winter und in der Jahreszeit waren die meisten Campingplätze in der Türkei geschlossen. Die wenigen offenen ließen zu wünschen übrig. Natürlich hätten wir unser Lager auch bei Privatleuten auf deren Grundstück aufschlagen können, aber das wäre dann irgendwo im Inland gewesen, wo das Wetter zu dieser Jahreszeit nicht gerade zum Campen einlud. Außerdem hatten wir uns in den Kopf gesetzt, am Meer zu wohnen, und zwar möglichst weit im Südosten. Wir ließen den Hänger in Gazipaşa stehen und schauten uns überall um. Erst Anfang Dezember fanden wir dann etwas Passendes und bauten das Zelt mit allen Schlauch- und Stromanschlüssen auf, bei 26 Grad eine schweißtreibende Sache. Es gab sogar ein kleines Restaurant, in dem für uns als den einzigen Gästen bei Bedarf gekocht wurde. An der Tür war ein riesiges Nichtraucherschild befestigt und das erste, was auf den Tisch kam, war ein Aschenbecher. Am nächsten Tag ging's dann los: Dauerregen, heftiger Wind und fallende Temperaturen. Seitdem saßen wir im Wasser, und zwar buchstäblich. Das ganze Land stand unter Wasser und das machte auch vor unserem Zelt nicht halt. Die Flüsse hier waren über die Ufer getreten und das Wasser von oberhalb des Strandes sammelte sich zu neuen Flüssen, die den Strand durchquerten, sodass ein Spaziergang dort nicht mehr möglich war. Ulrike schlug nach vier Tagen einen mehrtägigen Ausflug vor, egal wohin, bloß weg von dort.

Finike ist ein kleines Hafenstädtchen und wir beschlossen, im Hafen zu übernachten, denn Häfen sind für so etwas wie geschaffen. Man hat ausreichend Platz, kann den Fischern bei der Arbeit zuschauen, und hübsche Restaurants gibt es meist auch noch. In Finike allerdings ist der Hafen durch ein Tor, zwei Schranken und einen Wächter abgesperrt und der wollte uns partout nicht reinlassen. Seltsam nur, dass wir unten an der Mole zwei Reisemobile sahen, eine absolute Rarität hier zu dieser Zeit. Merkwürdig auch, dass im Hafen reger Betrieb herrschte, niemand jedoch Schranken und Tor passierte. Wir nahmen ein belebtes Sträßchen außen am Hafen entlang und das führte uns direkt von hinten in den Hafen hinein an die Fischermole. Ein gemütliches Lokal, von unserem Reiseführer heiß empfohlen, servierte uns das bisher lausigste Essen der ganzen Türkei. Aber unser Auto stand wunderbar im Hafen, es gab viel zu gucken und wir waren zufrieden. Während ich noch Betrachtungen über die Funktion von Tor, Schranken und Wächter anstellte, kam Sturm auf. Nun habe ich nichts gegen einen ordentlichen Sturm einzuwenden, der bringt halt Wind in die Bude. Aber dieser hier übertraf bei weitem alles, was ich bisher erlebt hatte. Selbst im geschützten Hafenbecken türmten sich Wellen auf, die Boote krachten gegeneinander und der Wind schüttelte unser Auto dermaßen, dass wir uns fragten, ob er es etwa auch umwerfen könnte, dann wäre es nämlich genau ins Hafenbecken gestürzt. Als um Mitternacht die beiden anderen Mobile aus dem Hafen flüchteten, setzte ich den Wagen ein paar Meter von der Mole weg und drehte seine Nase in den Wind. Auf der Rückfahrt zu unserem Lagerplatz sahen wir meterhohe Wellen, umgeworfene Bäume und zerknickte Werbetafeln zuhauf. Selbst einzelne Dächer waren abgedeckt. Das konnte unser Zelt trotz der zusätzlichen Sturmgurte einfach nicht überstanden haben, soviel war klar. Je mehr wir uns dem Camp näherten, umso schlimmer wurden die Schäden. Auf dem Platz sahen wir zuerst entwurzelte Bäume, dann drei Meter hohe Wellen. Der Strand war verschwunden, das Wasser lief bis an den Platzrand hinauf und – das Zelt stand!

Es wurde wieder warm, die Sonne trocknete alles und wir waren auf dem nächsten unserer vielen Ausflüge. Die Küsten- und Bergstraßen waren stellenweise haarsträubend, mehrmals hielten Autos vor uns an, um Beifahrer, denen schlecht geworden war, ins Freie zu lassen. Da war man schon dankbar, dass allerorten nagelneue Leitplanken montiert worden waren. Verblüffend war allerdings, wo diese angebracht worden waren: Einige Straßen waren so stark befahren, dass man beschlossen hatte, zur Sicherheit querende Fußgängerunterführungen zu bauen. Die Leitplanken nun wurden so montiert, dass sie die Ab- und Aufgänge blockierten, Auftrag war Auftrag. Niemand kam mehr zu den Unterführungen, ohne die Leitplanken zu überkrabbeln, was angesichts der durchschnittlichen Körpergröße der dortigen Bevölkerung gar nicht so einfach war. Dasselbe galt übrigens auch für die Buswartehäuschen und Ähnliches. Aber die Leitplankenmontagefirmen ließen ab und zu auch Gnade vor Recht ergehen: Die schaurigsten Kurven nämlich sparten sie aus; ein Tourist, der aus so einer Kurve raus flog, wurde tief unten angeblich erst nach drei Jahren gefunden. Das Freilassen der Kurven war durchaus sinnvoll, dann musste eben nicht nach jedem Unfall gleich wieder die Leitplanke repariert werden.

Bei Silifke erwartete uns ein malerisch in die Bucht geschmiegter kleiner Ort mit einer hübschen Promenade, vielen Restaurants und Fischerbooten. Die Promenade war flammneu und offenbar war eine gewaltige Verlängerung in Planung, die vermutlich nie ganz fertig werden wird, wie so vieles hier. Promenaden jedenfalls bleiben immer unvollendet. Aber das, was fertig ist, darf als perfekt bezeichnet werden. Bis auf Kleinigkeiten natürlich. So war mitten auf der kleinteilig gepflasterten Promenade ein alter, kleiner Baumstumpf im Weg – und was machte man da? Man pflasterte natürlich kunstvoll darum herum. Das Ding guckte jetzt genau sieben Zentimeter aus dem Pflaster heraus und die Gefahr, darüber zu stolpern und auf die frische Promenade zu fallen, war enorm.

Überraschungsbesuch

Die größte mir bekannte Müllverbrennungsanlage umfasst 779.452 Quadratkilometer, heißt Türkei und hat eine Belegschaft von ca. 77 Millionen Mitarbeitern, abzüglich natürlich derjenigen, die sich in Deutschland, Frankreich, den Niederlanden usw. aufhalten. Überall wird leidenschaftlich gekokelt, gezündelt, gestocht und verbrannt. Von Feld- und Gartenabfällen über Spanplatten, Möbelteile, Altöl und Kunststoffteilen bis zu eigentlich unbrennbaren Dingen. Glasflaschen zum Beispiel knallen herrlich im Feuer und verballern dabei lustig Splitter in die nähere Umgebung. Natürlich ist diese Form der Oxidation mit mächtigen schwarzen Qualmwolken verbunden, die der Wind über große Flächen verteilt. Da immer mindestens ein Dutzend dieser Haufen brennen, wird der Türkeireisende praktisch ununterbrochen geräuchert. Hinzu kommen im Winter die Millionen von Heizöfen, die alle mit den vorgenannten Materialien befeuert werden.

Die heilige Stadt Konya zum Beispiel lag bei unserem Besuch unter einer Smogglocke, die schon von weitem sichtbar war und jeden, der dort ohne Gasmaske unterwegs war, Jahre seiner Lebenszeit kostete. Außer bei den japanischen Touristen, die dort in großen Gruppen unterwegs waren, haben wir jedoch nie Atemschutz gesehen. Dabei ist Konya, die Stadt der Derwische, aus vielen Gründen absolut sehenswert: Da gibt es nicht nur das beeindruckende Mevlana-Kloster des Sufigründers und prächtige Moscheen, die in der Türkei „Camii" heißen, sondern auch ein durchaus fröhliches und freundliches Ambiente mit quirligen Boulevards und einladenden Parks, in denen sich auch im Winter, der in Zentralanatolien sehr kalt sein kann, die Einwohner vergnügen. Gänzlich ohne Alkohol übrigens, denn der ist in der strenggläubigsten Stadt der Türkei verpönt, anders als im Rakı verputzenden Rest des Landes. Es gibt ansonsten neben allerlei Ungenießbarem ein paar ganz ansehnliche Weine. Wir sprachen einem Tropfen namens „Angora" zu.

Das Land ist voller Naturwunder und antiker Städte. Ephesus, auf Türkisch „Efes", auch Heimat des bekanntesten türkischen Bieres, ist die wohl größte Altertumsstätte und wird nur von Leptis Magna an der libyschen Küste übertroffen. Es gibt derart viel Antike hier, dass man allmählich den Blick dafür verliert. Genauso wie etwa die Einwohner von Side, die respektlos die Ruinen für ihre Wohnungen, Cafés und Läden nutzen. Archäologen, Denkmalschützer und auch unser Reiseführer mögen darüber die Haare raufen, wir fanden das ganz prima, denn diese Nutzung zerstört ja nichts und hält die ansonsten immer wie nationale Weihestätten konservierten Ruinen lebendig.

Auch mit ihren Naturwundern kann die Türkei protzen. Leider mussten wir uns diejenigen, die sich im riesigen Osten Anatoliens befinden, verkneifen, denn der Winter ließ uns da nicht hin. In Erzurum beispielsweise lagen die Temperaturen bei minus 20 Grad und konnten leicht noch auf bis zu minus 40 Grad absinken. Was wir allerdings bisher schon im Westteil gesehen hatten, war beeindruckend genug: Die schneeweißen in der Sonne gleißenden Sinterterrassen von Pamukkale waren schon eine Reise wert, das Umwerfendste dürfte aber wohl Kappadokien mit den bizarren Feenkaminen gewesen sein, in deren weichen Tuffstein schon in der Bronzezeit Höhlenwohnungen geschlagen wurden. Die verfolgten Frühchristen bauten hunderte Felskirchen hinzu und ganze mehrgeschossige unterirdische Städte, in die sie beim geringsten Anzeichen von Gefahr wie die Erdmännchen verschwanden. Bis zu sechs Monate lebten dann Tausende dort. Eine Besichtigung ist wahrhaftig nichts für Klaustrophobiker und verursacht auf jeden Fall ordentliche Rückenschmerzen, denn diese Christen waren echte Zwerge. Fehlt noch der „Brennende Berg" auf unserem Programm. Da blaken tatsächlich unzählige von Erdgas gespeiste Flammen schon seit dem Altertum.

Ich habe bereits Autos durch Kairo, Damaskus und Nairobi gefahren und uns durch Mumbai und Jakarta chauffieren lassen, aber das hiesige Fahrverhalten erschien mir doch sehr irritierend. Der Türke an sich ist nach dem Libyer und dem Syrer der freundlichste und zuvorkommendste Mensch der Welt und höflich obendrein, aber nur, solange er nicht hinter einem Lenkrad sitzt, wobei es egal ist, ob es sich um den eines Dreirädchens oder eines Vierzigtonners handelt. Als Fahrzeugführer wird er vom Dr. Jekyll zu Mister Hyde, mit anderen Worten: zum blutrünstigen Schlächter. Alle fiesen Tricks sind erlaubt: rechts blinken und links abbiegen, Haken schlagen, bei 140 überholen, um dann mit einer Vollbremsung zu schneiden und rechts in die Tankstelle einzubiegen, telefonierend auf der Überholspur der Autobahn auf Tempo 30 runterbremsen, Ampeln missachten, nachts unbeleuchtet auf derselben Autobahn geisterfahren, inmitten der einspurigen Straße einfach parken und weggehen usw. Ach, das Autofahren in der Türkei kann schon sehr anstrengend sein.

Umso einfacher war es jedoch, die dortigen Einkaufzentren zu betreten. Seitdem die PKK es hier und da mal krachen ließ und dabei offenbar belebte Einkaufspaläste bevorzugte, wappnete man sich an den Eingängen mit Metalldetektoren. Daneben befand sich wie an den Flughäfen ein Wachmann und ein Tablett, auf das man Geldbörse, Handy, Zigaretten, Feuerzeug, Schlüsselbund, Taschenlampe, Kugelschreiber und Hosengürtel ablegen konnte, bevor man atemanhaltend durch den Detektor schlich. Schon beim Anblick dieser Einrichtung verging mir die Lust auf Einkaufen. Sollten die doch ihr Zeug an sonst wen verhökern! Bald wurde mir jedoch klar, dass es sich bei der Sache um eine reine Show handelte. Die Wachleute waren zu Tode gelangweilt, weil das Ding sowieso immer piepte, ganz egal, ob man seinen Tascheninhalt komplett auf dem Tablett entleerte oder nicht. Also rannten alle einfach durch, es piepte ordentlich und das war es. Man hätte zu zweit eine Dreizentnerbombe hineinschleppen können, ohne dass das irgendwen aufregt hätte. Wirklich beruhigend.

Jemand hatte uns erzählt, dass eine Aufenthaltsverlängerung in der Türkei schrecklich teuer sein soll. Stimmt zwar nicht, aber wir glaubten es erst mal. Um die Sache preisgünstiger zu gestalten, hatten wir einen ziemlich ausgebufften Plan entwickelt: Wir beabsichtigten, einfach ein paar Tage zur Republik Zypern überzusetzen, denn diese Insel wollten wir uns schon immer mal anschauen. Die Autofähre brauchte nur drei Stunden dafür, und nach ein paar Tagen würden wir zurückkehren und hätten – schwupps! – wieder ein Visum für drei weitere Monate Türkei. Mit schlauer Miene, einem zugekniffenen Auge und angelecktem Zeigefinger überprüfte ich meinen Pass und überzeugte mich davon, dass dort nur die Einfuhr unseres Zugfahrzeugs eingetragen war, und nicht die des Anhängers, und erntete Ulrikes anerkennende Blicke dafür. Wir machten uns also zur Fährstation auf und kauften Tickets. Das Schiff sollte um Mitternacht ablegen und gegen drei Uhr auf Zypern ankommen, ein ziemlich lästiger Fahrplan, der uns zwang, die halbe Nacht im Hafen zu warten. Um 22 Uhr war es soweit: Wir passierten die Ausreisekontrolle, unsere Pässe wurden gestempelt und damit war alles erledigt. Auf der Fahrt zur Laderampe wurden wir angehalten und gefragt, wo denn der Anhänger sei. Der war zwar nicht in meinem Pass zu finden, aber bei der Einreise im Computer registriert worden. Verdammtes Pech. Und erst die Schmach, Ulrikes langen Seitenblick ertragen zu müssen! Dabei hatte ich eigentlich vor, einer meiner Töchter und dem Schwiegersohn eine dreitägige Stippvisite per Flugzeug zur Geburt ihres Kindes abzustatten, aber auch das war ohne das komplette Gespann nicht möglich. Unser Zypern-Trip fiel somit ins Wasser.

Sie merken schon, geneigte Leser, dass wir ziemlich schnell im Land unterwegs waren und das hatte gute Gründe. Zum einen war unser Lagerplatz schön am Strand gelegen, aber dank seiner Abgeschiedenheit auch ziemlich langweilig. Dauernd in der Sonne zu liegen war unsere Sache nicht, und dafür wäre auch der Wind ein wenig zu kalt gewesen. Wollte man in ein Restaurant oder einkaufen, musste man gleich 20 bis 30 Kilometer fahren. Also klapperten wir die Sehenswürdigkeiten entlang der ganzen Küste auf langen Ausflügen viel schneller ab, als eigentlich vorgesehen war. Gegen Monatsende beeilten wir uns wegen der ablaufenden Visa und wollten dann zum Peloponnes, um dort an einem hoffentlich weniger einsamen Ort zu faulenzen und Besucher zu empfangen.

Zum zweiten hatten wir dennoch einen Besucher, den wir als echten Überraschungsgast betrachteten: die Ratte Mistvieh nämlich. Das Tierchen hatte sich während unserer Abwesenheit durch die Zeltküche, die auf einer nach außen zu öffnenden Schublade in der Seitenwand des Anhängers montiert war, in das Innere geschlichen und knabberte dort ein Kabel nach dem anderen durch. Gemerkt hatten wir das, als erst alle elektrischen Anzeigen ausfielen, dann das Licht im Bad, einen Tag später der Frontlautsprecher und schließlich die beiden Stereolautsprecher. Alle Kabel waren für mich unerreichbar in Kanälen und doppelten Böden verlegt, sodass an Reparatur nicht zu denken war. Bedauerlicherweise war Mistvieh schlau genug, die 230-Volt-Kabel zu meiden. Meine Wut war grenzenlos und jetzt galt:

er oder ich. Also legten wir erst mal Leimfallen aus und fuhren weg. Nach der Rückkehr stellten wir fest, dass Mistvieh die Köder gefressen, den Leim gemieden und das Kabel des Außenthermometers durchgekaut hatte. Also musste Gift her. Ausgelegt und weggefahren. Gespannte Rückkehr. Die Köder weg, das Gift noch da und das Wasserpumpenkabel zerschreddert. Jetzt reichte es aber! Ich vergaß mich, ließ mordlustig alle Hemmungen fahren und entleerte beide Feuerlöscher in die doppelten Böden und Kabelschächte. Ich hörte zwar kein Husten, aber der Anhänger konnte stundenlang nicht mehr betreten werden. Das schien das Tier ordentlich beeindruckt zu haben, denn es war weg, trieb sich nur nachts noch im Zelt herum und knabberte hier und da wütend ein paar Schläuche an. Alle Löcher, die von der Küche in den Anhänger führen, hatte ich inzwischen mit Konservendosendeckeln verschlossen. Der Anhänger ließ zwar ordentlich die Flügel hängen und war halb verwüstet, aber ich hatte Mistvieh gezeigt, wer Herr im Hänger ist und wo der Löscher hängt.

Radetzkymarsch

Zwei Tage später wollten wir anspannen und in Eilmärschen die griechische Grenze anstreben, die immerhin noch 1000 Kilometer entfernt war. Der Weg dorthin führte über steile Anstiege und Gefällstrecken, weshalb das Gespann da nur langsam und mit großer Vorsicht gefahren werden konnte. Es gab übrigens im ägäischen Küstenabschnitt der Türkei, der wesentlich schöner und lebendiger als die „Türkische Riviera" ist, nur zwei unterschiedliche Schilder, die Steigung und Gefälle ankündigen: solche, die mit 10 Prozent protzten und solche, die sich über den Grad von Steigung und Gefälle ausschwiegen. Letztere kündigten echte Gefahr an, während die Zehnprozentschilder fast immer maßlos übertrieben. Das auf dem Piktogramm abgebildete Auto in Steillage sah vorn wie hinten genau gleich aus, sodass ich jedes Mal rätselte, ob jetzt Steigung oder Gefälle angezeigt wurde. Wir hatten die ganze Mittelmeerküste besichtigt und in Innenanatolien so viel gesehen, wie das Winterklima zuließ, und das war eine ganze Menge.

Auf den bisherigen Reisen hatte uns überrascht, wie sehr sich die islamischen Länder des Nahen Ostens voneinander unterschieden. Zu den wenigen Gemeinsamkeiten gehörte jedoch die profunde Abneigung der Bevölkerung, sich zu Fuß fortzubewegen. Ganz anders die Türken: Selbst auf Landstraßen, die weit voneinander entfernte Ansiedlungen verbanden, waren immer wieder Fußgänger anzutreffen, nicht selten ordentlich bepackt. Dabei verachteten sie keineswegs motorisierte Fortbewegungsmittel, von denen es die absonderlichsten Geräte gab, und mit bis zu vier Personen beladene Motorroller waren keine Seltenheit. Grundlegend unterschieden sie sich auch von den Arabisch sprechenden Völkern durch ihr Verhalten Tieren gegenüber: Anders als erwartet, waren sie durchweg freundlich zu ihnen, oft sahen wir sie die zahlreichen wilden Katzen und Hunde füttern oder streicheln. Die oft riesigen Hunde, die ihre Verwandtschaft mit der Kangalrasse nicht verbargen, dankten es ihnen mit ihrer Friedfertigkeit und Sanftheit, ganz anders als die giftigen, kleinwüchsigen Hunde in Griechenland, nach denen dort unentwegt getreten wird.

Die Türken pflegen ein eigenartiges Verhältnis zur Natur. Einerseits lieben sie wirklich ihre Naturschönheiten; die Türkei, soweit wir sie gesehen haben, ist ein aufregend schönes Land, und wo immer sich Gelegenheiten bieten, nutzt die Bevölkerung ihre vielen Parks und Naturreservate zum Picknicken, selbst bei Kälte. Andererseits tun sie wirklich alles erdenklich Mögliche, um diese Schönheit zu zerstören. Das fängt mit der deprimierenden Vermüllung des Landes an und hört mit der grauenhaften Verstädterung der Mittelmeerküste noch längst nicht auf. In wenigen Jahren wird die gesamte Küste aus einer einzigen zusammengewachsenen Ansiedlung bestehen, die ehemals malerische Städte und Fischerdörfchen miteinander zu einem abscheulichen einförmigen Stadtbrei verbindet, wenn der Wahnsinn nicht endlich aufhört. Dabei stehen mindestens 10 Prozent aller Bauten leer oder sind unvollendet, die vielen meist unverkäuflichen Angebote gar nicht mitgerechnet. Vom Einfamilienbungalow über ganze Siedlungen bis hin zu riesigen Hotelanlagen sieht man unvollendete und aufgegebene Ruinen. Die Wirkung ist katastrophal. Wo noch städtebauliche Schönheit zu finden ist, handelt es sich um griechische Ansiedlungen der vertriebenen ehemaligen Bewohner, oder um die hier einzigartige, wenn auch kleine osmanische Altstadt Antalyas, einer ansonsten ebenfalls scheußlichen Stadt. Gümüslük ist so ein Beispiel: An der Peripherie der griechischen Gründung Bodrum gelegen, handelt es sich um eines der charmantesten Fischerdörfer, die an der Küste zu finden sind, in einer zum Bleiben einladenden Bucht, in der die Zeit scheinbar stehen geblieben ist. Und was geschah dort? Genau auf dem perfekt geschwungenen Hang, der die Bucht begrenzt, wurde eine Siedlung hunderter absolut gleichförmiger Bungalowwürfel gebaut, die sich nicht einmal in der Anzahl und Anordnung der Fenster unterschieden. Dieser gesamte Alptraum steht leer und die Bucht ist für hundert Jahre zerstört.

Und dennoch lohnt es sich, das Land zu besuchen. Vieles ist immer noch sehr zu bewundern und zu genießen. Das Essen gehört übrigens auch dazu. Es ist vielfältig und vor allem um ein Vielfaches gesünder als unser eigenes, es gibt Salate und Gemüse, Frischkäse und Oliven schon zum Frühstück, und die Fleischgerichte am Abend sind klein, aber wohlschmeckend. Eigenartigerweise sieht man das kreisrunde segmentierte Brot, das in Deutschland in türkischen Geschäften angeboten wird und das wir deshalb für typisch gehalten hatten, hier praktisch nirgendwo. Stattdessen wird baguetteähnliches, leicht puffiges Weißbrot in großen Mengen gegessen, an Tiere verfüttert oder auch weggeworfen, denn es kostet fast nichts.

Unser kurzes Zwischenlager in Kas, das wir aus Platzmangel ohne Vorzelt auf einem Campingplatz in einer dörflichen kleinen Stadt am Meer aufgeschlagen hatten, gehört ebenfalls zu den erfreulichen Erfahrungen. Im ganzen Land waren zu dieser Zeit kaum Reisende unterwegs und wenn man doch mal jemanden traf, wurde das zu ausgiebigem Erfahrungsaustausch genutzt. So hatten wir schon früh von einem deutschen Paar gehört, das mit Fahrrädern, Fahrradanhänger, Zelt und zwei Hunden irgendwo auf der Durchreise sein sollte – auf der Durchreise nach China, wohlgemerkt. Erstaunlicherweise kamen auf diesem Platz für ein paar Tage eine Menge Reisende aus Deutschland, Frankreich, Holland, Neuseeland und sogar Brasilien zusammen, auch die Chinafahrer. Alles aufgeschlossene angenehme Leute mit sarkastischem Humor, es war das reinste Vergnügen. Dazu trug auch der Neuseeländer bei, den niemand verstand, weil sein Kauderwelsch nur entfernt an Englisch erinnerte und dazu noch gestottert wurde.

Ach ja, und wenn man dann morgens von Radio Türkiye in der Sendung „Popüler müzik" mit dem Radetzkymarsch beim Kaffeekochen begleitet wurde, dann war man gleich mit vielem versöhnt.

Ulrikes Korrektur

"Die Ehe ist die wichtigste Entdeckungsreise, die der Mensch unternehmen kann."
Søren Kierkegaard

Ich bin fast nie allein gereist, habe aber unterwegs viele Menschen getroffen, die solches unternahmen. Diesen Leuten bin ich stets mit einer Mischung aus völligem Unverständnis, an mein Herz greifendem Mitleid und schaudernder Neugier begegnet. Meist entsprachen sie nach ein paar Gesprächen dem, was mein Vorurteil schon als Sonderlinge einsortiert hatte. Allein zu reisen hatte ich selbst probiert in der Annahme, damit in etwa zu erleben, was gemeinhin als „zu sich selbst finden" bezeichnet wird. Was ich da aber fand, gefiel mir gar nicht. Zwar landete ich bei mir selbst, einem traurigen Haufen alleingelassener Einsamkeit, unter einer Kuvertüre von larmoyantem Selbstmitleid, doch das einsame Abheben war eher als Bruchlandung einzuordnen.

Einblicke in die unergründlichen Tiefen des einsam in die Welt Geworfenen sind mir zuwider, weil alles, was ich erlebte, in mir eingeschlossen zu sein schien, wie in das ewig erstarrte Geheimnis einer Kyffhäusergruft. Pah! Als ob es mir jemals darum gegangen wäre, wie ein einsamer Wolf die Welt zu erkunden! Zwar will ich fremde Länder und Kulturen sehen, riechen, hören und schmecken, aber doch keinesfalls still mit ins Grab nehmen! Reisen bedeutet für mich, Ereignisse zu teilen mit Menschen, die bereit sind, sich darauf einzulassen und mit mir los zu ziehen.

Da habe ich allerdings meine Rechnung ohne Ulrike gemacht. Vom ersten Kilometer an betrachtet sie die Dinge eher praktisch. Bevor sie sich auf diesen ersten Kilometer überhaupt einlässt, will sie seine Richtung kennen. Eine Frage, die mich nicht selten in hohe Verlegenheit bringt, denn ich kann mich eigentlich in jede Richtung wenden. Da ich mich auf einer Kugel befinde, führt mich jede Richtung irgendwann an meinen Ausgangspunkt zurück. Nun aber werden Begründungen von mir verlangt, und da heißt es, sich etwas einfallen zu lassen. Nach einigem Grübeln fiel mir auf, dass manche meiner Reiseziele keineswegs zufällig gewählt waren: Indien, Ostafrika, Mexiko, Guatemala, Marokko und Skandinavien hatte ich schon früher bereist. Ich wollte jedoch ein zweites Mal dahin, um Ulrike diese Orte zu zeigen, sie teilhaben lassen an Schätzen, die dort vergraben liegen. Das war ihr durchaus recht, führte aber keineswegs immer zu dem von mir erhofften Ergebnis. Sie erlaubt sich, die ihr vorgeführten Länder nicht nur anders zu erleben als ich selbst, nein, sie will auch auf die Reiseziele Einfluss nehmen. Dass sie unbedingt in das Königreich Bhutan will und Japan ablehnt, mag ja noch angehen.

Schwieriger für mich ist ihre Neigung, angesichts leidender Wesen nicht nur heftiges Mitleid zu empfinden, sondern nach Möglichkeit auch sofort etwas dagegen zu unternehmen. Armut wirkt ja aus der Ferne oft pittoresk und folkloristisch, weil sie nicht als Armut, sondern als exotisch-buntes Treiben wahrgenommen wird, aus der Nähe betrachtet aber ist der Anblick von Elend kaum zu ertragen. Wer sich das ersparen will, darf viele Länder nur mittels organisierter Gruppenreisen betreten, denn die Reiseunternehmen bauen in ihre Rundreisen ordentliche Weichzeichner ein. Individuell zu reisen aber bedeutet nun mal, vor in Indien steineklopfenden Frauen und Kindern und leprösen Bettlern, vor der Armutsprostitution in den Elendsvierteln von Nairobi oder vor mit heruntergelassener Hose in der Gosse liegenden alkoholisierten Inuit auf Grönland nicht die Augen verschließen zu können. So etwas erzeugt bei mir heftiges, aber durchaus auch klammheimlich fasziniertes Unbehagen, und mein Dank gebührt dem Zufall, der mich in Zentraleuropa zur Welt kommen ließ. Ich weiß, dass ich selbst, da ich nicht den Weg von Albert Schweitzer oder Mutter Theresa gehen will, zu nicht viel mehr bereit bin, als daheim eine Partei zu wählen, deren Programm eine wirksame Entwicklungshilfe verspricht. Das aber sieht Ulrike völlig anders, und oft genug, wenn auch nicht immer, musste ich ihr nachträglich kleinlaut beipflichten. Sie empört sich beim Anblick von Not, was mir nicht selten etwas peinlich war, und unternimmt sofort irgendetwas. Und sie fordert mich auf, mitzutun. Einmal zur Jagd getragen, öffne ich dann seufzend meine Geldbörse, dulde Einladungen so mancher einsamen Person an unseren Tisch oder werde auch Mitglied von Hilfsorganisationen. Inzwischen passiert es sogar, dass ich aus mir selbst heraus empört bin, so wie im griechischen Hafen Igomeniza. Dort streichen verzweifelte junge Männer aus Schwarzafrika in großer Zahl hungernd an den mit schmausenden Touristen vollbesetzten Restauranttischen vorbei und lassen sich von den Wirten unter Beschimpfungen vertreiben. Sie wollen da gar nicht sein, sie suchen nur nach einer Möglichkeit, dieses Land wieder zu verlassen. Das aber wird ihnen verweigert, ohne dass der griechische Staat – und leider, so schien es damals dort, auch die Mehrheit der Bevölkerung – sich ansonsten darum bemüht, wenigstens für ein Dach über dem Kopf oder Nahrung und Bekleidung zu sorgen. Ein Skandal, der dieser Wiege der Demokratie unwürdig ist und entschieden gegen Menschenrechte verstößt. Das hat uns in die Mitgliedschaft bei „Pro Asyl" geführt. Ich habe Ulrike Länder gezeigt und sie hat mir etwas nicht minder Bewegendes beigebracht.

Auf dem Rückweg – Marco Polo

Das Schiff, das uns über die Adria nach Bari bringen sollte, hatte sich Ulrike schon mal angeschaut und sie war sehr zufrieden damit. Es hieß „Blue Horizon", ein zweifellos sicherer Name. Frau weiß ja nie, wo Frau doch so häufig von Fährunglücken lesen und hören musste.

Nun waren wir ja in Griechenland wieder in Europa und ich hatte eigentlich erwartet, dass nun Schluss sei mit den ulkigen Überraschungen. Ich muss sagen, es wurde auch weniger, aber das lag wahrscheinlich nur daran, dass wir untätig auf unserem Lagerplatz hockten, statt herumzufahren und nach Ulk Ausschau zu halten.

Zweimal mussten wir zum Athener Flughafen, um Besucher abzuholen oder wegzubringen, und schon ging es mit der Komik los: Man folgte von unserem Campingplatz aus der prima Beschilderung nach Athen, dann kam das Autobahnkreuz Flughafen. Geradeaus zeigte ein Schild zum „AIRPORT MARCOPOULO", rechts ging's nach „ATHINA CENTER". Wir bogen nach rechts ab, denn wir wollten in der Stadt übernachten und abends gemütlich durch die Plaka lustwandeln, dann im Angesicht der erleuchteten Akropolis bei Kerzenlicht dinieren und am nächsten Morgen Ulrikes Tochter abholen. Ein fürstlicher Plan mit kleinen Fehlern. Man konnte nämlich nicht mit Hund und Auto einfach mal eben nach Athen fahren. Mit dem Hund kam man nirgendwo rein, nicht mal auf einer Terrasse durfte man sitzen, also musste der im Auto bleiben. Aber das wiederum konnte man in fußläufiger Entfernung zur Innenstadt nirgendwo parken, einen Camper schon gar nicht. Die Wächter der wenigen bewachten und damit kostenpflichtigen und folglich kaum genutzten Parkplätze hatten strengste Anweisung, Camper so lange zu jagen, bis sie entnervt das Weite suchten. Busse und Bahnen nahmen aber auch keine Hunde mit. Nach ausgiebiger Stadtrundfahrt und gründlichem Orientierungsverlust beschlossen wir um 21:30 Uhr, dem Notfallplan B zu folgen: Scheiß auf das Akropolisdinner und die Plaka, raus hier und ab zum Flughafen, da würden wir übernachten können, und Essen zu finden würde sicher auch kein Problem sein. Bald fanden wir auch das Flughafenschild. „AIRPORT VENTSIMILOS". Dem folgte ich, es führte uns mehrmals im Kreis herum, und Ulrike protestierte zu Recht: „Bist du sicher, dass das derselbe Flughafen ist? Der heißt doch anders!" Na ja, das ist ja nichts Ungewöhnliches, dass Hauptstädte mehrere Flughäfen haben. Aber warum sollten die hier überall nur den einen und dann auch noch den falschen ausschildern? Um einem Nervenzusammenbruch zu begegnen, folgte ich stur und schweigend dem Schild, das jetzt dazu überging, uns nicht mehr im Kreis, sondern im Zickzack durch die Stadt zu führen, und in den schlecht beleuchteten Außenbezirken ließen die Hinweise kaum einen Feldweg aus. Gegen 23 Uhr landeten wir an einer Autobahnauffahrt und auf dem Autobahnschild stand wieder „AIRPORT MARCOPOULO". Kein Zweifel: Die hatten hier zwei Namen für ihren gottverdammten Flughafen, einen für Einheimische und einen für Auswärtige. In einer in grünes Neon getauchten Burgerbar waren wir dann die einzigen Gäste und ließen uns fettige Hackklopse und schlaffhängende Pommes auftragen. Zum Nachwürgen wurde Pepsi Light kredenzt. Während des Mahles hingen wir schweigend nur einem Gedanken nach: Wieso benennen diese Athener ihren Airport nach einem Venezianer, der zwar gründlich die Seidenstraße erkundete, aber auf seinem Weg nach Konstantinopel vermutlich um Griechenland herumgesegelt war? Das Geheimnis lüftete sich beim zweiten Besuch: „MARCOPOULO" ist ein nicht sonderlich bedeutender Ort direkt hinter dem Flughafen, wird aber landesweit auf Autobahnen ausgeschildert und zwar auf einem gemeinsamen Schild mit dem Flughafen.

Die Rückfahrt führte uns an zahlreichen Gebrauchtwagen-Händlern vorbei, die als Lockangebote halbe Autos feilboten. Zunächst glaubten wir an ein Versehen, aber nach dem siebten oder achten Mal war nicht mehr daran zu rütteln: halbe Autos. Nicht auf Schrottplätzen, nein, bei Autohändlern. Halbe Vorderhälften und halbe Hinterhälften, sauber in der Mitte durchgesägt und jede für sich ziemlich intakt. Was machen die nur damit? Wir hatten hier noch nie ein Auto gesehen, das vorne Opel und hinten Fiat war. Ein Rätsel. Als ich der Sache nachging, erfuhr ich, dass die Autohälften dem Ausschlachten der Ersatzteile dienten und dass sie in Hälften präsentiert wurden, weil sie derart wohl verführerischer als schlichte Schrotthaufen wirken sollten. Etwa wie Naschwerk an der Ladenkasse.

Ich hätte mir an der Tankstelle auch den Erwerb der Straßenkarte „Greece 1:750.000" des Athener RoadEditions-Verlages ersparen können. Und dennoch, sie hatte was, diese Karte. Sie enthielt nämlich in einem Detailausschnitt einen Stadtplan von Istanbul, aber keinen von Athen. Ein Grieche – so nehme ich an – hätte mit den Achseln gezuckt und gesagt: „Na und? Athen kennt doch jeder!" Nun ja, wir kannten es.

Sardinien – Der Fabio-Effekt

Wir waren einige Monate später wieder unterwegs, diesmal nicht um das Mittelmeer, sondern im Mittelmeer, auf Sardinien. Wie üblich später als gedacht, nämlich wie immer im Winter. Der heimatliche Regen hatte die Wiese, auf der wir die Fahrzeuge abgestellt hatten, so aufgeweicht, dass wir erst mal gar nicht weg kamen. Schließlich half uns ein Ackerschlepper heraus.

Wir hatten jetzt auch ein wunderbares Lager für die nächsten drei Monate gefunden, ein herrliches Plätzchen in einer Bucht (für GoogleEarth-Liebhaber: auf N 39°55.483´ O 009°42.429´). Der Ortsname klingt wie ein Topfreiniger: Arbatax. Es ist eigentlich nur ein Ortsteil einer kleinen quirligen Stadt, die wie ein Nudelgericht klingt, nämlich Tortoli. Sardinien war seit meiner Schulzeit immer mit der schaurig schönen Vorstellung finsterer Gefahr, mordlustiger Berghirten und schrecklicher Blutrache verbunden, kurz: ein Fixpunkt sehnsüchtiger Erwartung. Unser Eintreffen war für mich entsprechend ernüchternd. Nirgendwo in Nordafrika hatte es so lange gedauert, einen anständigen Lagerplatz zu finden, wie hier auf Sardinien. Das hatte einen guten Grund: Nur wenige unserer Freunde und Bekannten kannten sich sonderlich gut in Nordafrika aus, viele aber waren schon auf Sardinien. Und so waren wir vor unserer Abreise mit erstklassigen Tipps versorgt worden. Frohgemut klapperten wir also eines nach dem anderen dieser Highlights ab und wurden immer deprimierter. Entweder lagen diese Kleinode in den Bergen, auch schön, aber weitab vom Meer, wo es schweinekalt war, oder sie befanden sich in einer derartigen Ödnis, dass man selbst für simple Einkäufe eine Tagesreise einplanen musste. Der eine oder andere Tippgeber mag ja auf Sardinien gewesen sein, aber bestimmt nicht im Dezember. Alles war geschlossen: Geschäfte, Restaurants, Behörden, Internetcafés, Campingplätze, Toiletten – alles zu. Eine Ausnahme machten die Kanaldeckel, von denen stand jeder dritte offen. Am entschieden verdienstvollsten hatte sich mein lieber alter, inzwischen verstorbener Freund Wolf aus Umbrien gemacht, ein ausgemachter Sardinienkenner, der seine Italienischkenntnisse und seine Verbindungen spielen ließ, um für uns ein Privatplätzchen an seinem Lieblingsort im Süden der Insel in Porto Pino aufzutreiben. Gott sei Dank war es ihm nicht gelungen. Dieses famose Kleinod mediterraner Lebensfreude und Geselligkeit bestand aus einem riesenhaften (zehn bis zwölf Fußballfelder) unbefestigten und bei unserer Ankunft unter Wasser stehenden Platz mit sechs oder sieben unbewohnten Häusern drum herum. Und einem Haufen weiterer Hütten, die alle „Affittasi" hießen. Und einem berühmten, höchst originellen Koch, der – wie Wolf zu berichten wusste – Leute wie uns hasst und dessen Etablissement gottlob ebenfalls geschlossen war. Am Ende fanden wir selbst etwas, einen schönen Platz mit eigenem Strand, etlichen offenen Restaurants, einem offenen Internetcafé, offenen Geschäften und fast geschlossenen Kanaldeckeln. Wir waren glücklich.

In einem Land, in dem sich selbst simple Polizeiobermeister als „Herr Marschall" anreden lassen, muss es ordentlich zugehen. Das gilt zwar nicht für ganz Italien, auf jeden Fall aber für Sardinien. Es wimmelte hier von Verbotsschildern aller Art, die aufzuzählen den Rahmen dieser Anekdote sprengen würde, die aber jedenfalls jeden preußischen Amtsschimmel vor Entzücken taumeln ließen. Es waren selbst solche Handlungen ausdrücklich verboten, auf deren Ausübung kein Mensch von alleine kommen würde: mit dem Auto ins Meer zu fahren, beispielsweise.

Noch beeindruckender aber waren ohne Zweifel die Gebotsschilder, ebenfalls sehr zahlreich. Das fing mit den Mülltonnen schon an. Wer unsere Müllentsorgungserfahrungen aus Sizilien kennt, wird unsere Überraschung verstehen: Der Abfall wurde hier in sagenhafte sechs Fraktionen geteilt und getrennt gesammelt: Glas, Papier, Kunststoff, Kompost, unverpackter Haushaltsmüll und Restmüll, was für Reste sollten denn da noch übrig bleiben? Man möge sich bitte vorstellen: Wir lebten mit Vasco, unserem treuen Riesenhund, unterwegs auf etwa drei frei zugänglichen Quadratmetern und da sollten wir unseren Müll in sechs unterschiedlichen Eimern sammeln! Sollten wir die ins Bett stellen? Ein bisschen zu denken gab uns allerdings der allenthalben wahrnehmbare Duft frischer Abfallfeuerchen mit einem kräftigen Bouquet von kokelndem Kunststoff. Uns schien, die Sarden waren derart stolz auf ihre Naturschutz- und Bionarrtheit, dass sie selbst die Straßenbäume beschrifteten. Bei Pula ganz im Süden gab es eine Strandallee mit prächtigen Eukalyptusbäumen, die allesamt die weiße Aufschrift „BIO" trugen. Aha, weiß nun der Fremde, die sind nicht etwa aus China und nicht auf Glaswolle gezogen, nein, die sind sardisch! Denominazione controllata, gewissermaßen. Auf der Rückfahrt über dieselbe Allee allerdings stand auf jedem Baum „FAB". Was das nun wieder hieß, begriff man erst, wenn man anhielt und um solch einen Baum halb herumging. Da stand nämlich FABIO. Da hatte einfach nur eine in Wallung Geratene schmachtend ihren Liebsten verewigt.

Das Haus und der Überleger

Unser Lagerplatz war zwar tadellos, aber das war nicht von Anfang an so. Denn kaum hatten wir das Lager aufgeschlagen, verfinsterte sich der Himmel, es wurde entsetzlich kalt – nämlich plus 12 Grad – und es regnete drei Tage lang ohne Unterlass. Den Hund musste ich in Gummistiefeln ausführen und die Miene von Ulrike verfinsterte sich ebenso wie der Himmel. Sie hatte ihre Tropen-, Wüsten-, Hochland- und Polarkreistauglichkeit dutzendfach unter Beweis gestellt, und im Dschungel wie auf schaurigen Geländefahrten ebenso die Nerven behalten wie auf hoher See. Und dennoch war ihre Temperaturtoleranz für ein Wesen der Spezies Homo sapiens relativ eingeschränkt, muss man wissen: Unter 19,5 Grad „erstarre ich", über 22,4 Grad „platze ich vor Hitze", wie sie sich ausdrückt, dazwischen schnurrt sie vor Wohlbehagen. Deshalb war es auch nicht immer einfach, zu jeder Jahreszeit ein schnurrfähiges Land für sie zu finden.

Nun ist ein Versprechen eine wunderbare und meist preiswerte Sache, sein einziger Nachteil ist allerdings, dass man es einhalten soll. Einige Tage vor unserem Aufbruch nach Sardinien kam Ulrike vom PC und verkündete, sie wolle lieber nach Malaga, denn sie habe soeben in einem Forum gelesen, dort sei die Dezembermitteltemperatur 20,9 Grad, auf Sardinien hingegen nur 17,2 Grad, das sei ihr zu wenig, und man könne ja erst dahin und später dorthin fahren. Mein zaghafter Einwand, solche Durchschnittswerte seien nicht wörtlich zu nehmen, wurde beiseite gewischt. Eine mörderische Dauerreiserei hatte ich mir nun eigentlich nicht gewünscht. Daher schlug ich vor, wir könnten von Malaga, das wir ja kennen, auch gleich mal nach Mali weiterfahren, das wir noch nicht kennen, und da bräuchten wir nicht gleich zweimal in drei Monaten um das halbe Mittelmeer herum. Ulrike schenkte mir einen jener Das-kann-ja-wohl-nicht-wahr-sein-Blicke und verließ das Zimmer mit den Worten: „Dort beträgt die Durchschnittstemperatur 26,7 Grad!" Einen Tag vor unserer Abreise einigten wir uns auf Folgendes: Wir würden nach Sardinien fahren, wenn ich verspräche, im Schlechtwetterfall dort eine Wohnung zu nehmen, das sei in Damaskus so schön gewesen. Erleichtert versprach ich alles. Ein fataler Fehler.

Am dritten Regentag nun nahm mich Ulrike beim Wort, wir fanden einen hübschen Bungalow weitab vom Strand mit Aussicht auf den Nachbarbungalow, einer kleinen Terrasse, Kamin, Gasheizung und einem Bad im Keller. Ich mietete ihn für zunächst einen Monat zu einem Neuntel des normalen Preises und Ulrike war hoch zufrieden. Wir machten einen Riesenumzug mit Bettzeug, Kleidung, Lebensmitteln, Holz für den Kamin usw. und nun galt es, zu heizen. Die Gasheizung funktionierte nicht. Warmwasser gab es nicht. Ich reparierte. Danach wurden die Heizkörper knallheiß, aber das Haus blieb kalt, etwa 9,8 Grad. Kamin an, 11,3 Grad. Klimagerät auf Heizen stellen und Vollgas. 14 Grad. Mehr war nicht drin. Fensterläden schließen: noch mal 2 Grad. Da der Fernseher kaputt war, starrten wir ins Kaminfeuer und rückten eng zusammen, das brachte den Durchbruch: gefühlte 22 Grad. Na also. Da störte es auch nicht mehr, dass es ins WC regnete, das war nur eine kleine Dachundichtigkeit. Am nächsten Morgen war das Gas alle, aber die Sonne schrie förmlich vom Himmel, was man erst beim Hinaustreten merkte, denn unser Haus war nach Norden ausgerichtet, dunkel wie eine Gruft und die Terrasse tief verschattet, bestimmt prima im Sommer. Immerhin konnten wir uns draußen aufwärmen, denn die Luft war warm.

Die Sonne wollte seitdem gar nicht mehr aufhören zu scheinen, also brachen wir am nächsten Tag zu einer sechstägigen Rundfahrt um die nördliche Hälfte der Insel auf und kehrten quer über die Berge wieder zurück. Herrlich! Cala Colone, die Steilküste, Dorgali, die Berge, Arzachena, die Locanda di Flavio e Luigi (sternverdächtig), Sassari, Alghero, die Strände, Bosa. Bei näherem Interesse ziehen Sie bitte Ihren Reiseführer zu Rate, es lohnt sich.

Cabras ist ein Ort an einem See, der nicht durch irgendwelche Sehenswürdigkeiten auffällt, aber berühmt ist: Dort gewinnen die Fischer seit alters her aus dem Rogen der Meeräsche die „Bottarga", auch als sardischer Kaviar gerühmt. In allen Spitzenrestaurants und Feinkostläden der Insel wird er wie ein Lebenselixier herumgereicht. Nach Form und Konsistenz ähnelt er frappierend den gezuckerten Geleestreifen, die unsere Kinder an den heimischen Kiosken und vor den Supermarktkassen verführen, und er schmeckt auch so ähnlich, nur fischiger. Aber preislich ist der Vergleich mit Kaviar durchaus gerechtfertigt. Laut unserem Führer waren die Fischrestaurants hier die besten der Insel, sodass sogar die Leute aus Cagliari den weiten Weg hierher nicht scheuten.

Doch es gab noch etwas, das die Anreise nach Cabras zu einem Erlebnis werden ließ: Bisher hatte ich immer geglaubt, ein früherer Buchhalter meiner altehrwürdigen Firma, ein Blaublut namens von Pegelstorff, sei der Ferrari unter den Überlegern. Er besaß zu meiner Zeit etwa 27 dünne Nackenhaare an seinem ansonsten kahlen Schädel, jedes einzelne zirka einen Meter lang. Die fältelte er x-mal über seinen Kopf hin und her, bis sie schließlich wie ein Altölfilm auf dem Haupt klebten. Auf der Piazzetta von Cabras jedoch hätte er seinen Meister gefunden: Dort hielt in der Cafébar ein Mensch Hof, der ebenfalls von Kahlheit geschlagen, aber mit einem dichten Büschel kräftiger Putzwolle im Nacken gesegnet war. Dieses war nur halb so lang wie das meines Buchhalters, aber er schlang es – über das linke Ohr hinweg beginnend – über Stirn und rechtes Ohr schneckenförmig hinauf bis zum Gipfel, wo es den krönenden Wipfel einer stabilen Haube bildete, die einen geradezu schusssicheren Eindruck machte.

Eine Denksportaufgabe hatte ich hier auch noch zu lösen: Im Hafen von Arbatax, wo eine Bar den anziehendsten Kaffeeduft weithin verströmte, dümpelten an einer Mole, die zu betreten verboten war, ein paar gefährliche Sachen. In grauer Tarnfarbe gestrichen, sah man eine Art Minizerstörer mit der Aufschrift „Guardia Costiera", Küstenwache. Das Boot besaß eine schöne Kanone, gerade richtig um auf Bootsflüchtlinge zu schießen. Daneben ein Minizerstörerchen mit der Aufschrift „Guardia di Finanza", Zoll. Die Kanone war kleiner, aber ausreichend, um Steuerflüchtlinge, Schmuggler und Markenfälscher fertigzumachen. Daneben, ganz vorn, ein noch kleineres Kampfschiffchen, das würdevoll eine wohl einzigartige Aufschrift trug: „Corpo Forestale", was eindeutig auf eine Forstbehörde schließen ließ. Was machten die damit? Wälder von See her in Brand schießen? Algenwälder pflanzen? Wildschweine baden? Der Gedanke, das nie zu erfahren, raubte uns den Schlaf. Wir waren natürlich nach Ende des Ausflugs sofort wieder in unser sonnendurchflutetes, heimeliges und meereswellenumrauschtes Komfortlager eingerückt, und Ulrike hatte andeutungsweise erkennen lassen, dass dies auch so bleiben sollte.

Silvio, Salvatore und der Brillenkauf

Der Sardinienreisende sollte sich hüten, sonntags nach 15 Uhr das Auto zu benutzen. Das ist zwar nicht gefährlicher als sonst, aber man kommt nicht voran, denn alle Sarden brechen an diesem Tag um Punkt zwölf Uhr in Großsippen zum Mittagessen in Ausflugslokale auf. Da sie in der Regel ordentlich gebechert haben, trauen sie sich auf der Heimfahrt nicht über den zweiten Gang hinaus und tuckern mit 30 Kilometer pro Stunde und lustigen Schlangenlinien über die Gebirgsstraßen der Insel. Zudem pflegen sie dabei die Geselligkeit, und insbesondere die Wagenlenker reden mit weit ausholenden Armbewegungen, zu diesem Zweck werden extra die Fenster und Dächer geöffnet. Überholen kann man so ein Gefährt mit aus Fenstern und Dach fuchtelnden Extremitäten schon deshalb nicht, weil auf der Gegenspur genau dasselbe passiert. Die Carabinieri kontrollieren streng und häufig, aber natürlich nicht am Sonntag, da sind sie schließlich selbst unterwegs. Es würde auch nichts nützen, man könnte ja schlecht die gesamte Bevölkerung einsperren.

Andererseits sollte der Reisende wochentags keinesfalls Gehwege benutzen, denn dann haben die Geschäfte ihre Sonnenmarkisen ausgeklappt und die sind auf das Höhenmaß des Durchschnittssarden montiert. Entweder man geht aufrecht auf der Fahrbahn, was absolut ungefährlich ist, oder man schleicht gesenkten Hauptes und in demütigem Konsumenten-Kotau über den Gehweg, wobei man sich wegen der vielen Stufen und Löcher früher oder später sowieso den Hals bricht. Ohnehin wird man als Fußgänger sofort auf Deutsch oder Englisch angesprochen, denn Sarden gehen nicht zu Fuß, sie fahren mit dem Auto, und zwar direkt auf den Gehweg unter die Markise, damit das Auto im Schatten steht. Ein ausgedehnter Einkaufsbummel kostet eine sardische Familie (sie kaufen immer nur zu mindestens fünf Personen ein) allerhöchstens zwanzig Schritte.

Nun sollten ausgerechnet wir als Deutsche uns nicht über den Autofetischismus der Sarden lustig machen, aber ein paar Unterschiede fallen schon noch ins Auge: Welcher Fahrer bei uns würde heute noch gegen den Vorderreifen treten? Beim Sarden ist das ein genetisch angelegter Reflex: Reifentreten, einsteigen, das heißt so viel wie „nun mach mal"; aussteigen, Reifen treten, „gut gemacht". Bei uns werden selbst Gebrauchtwagen mit Ein- oder Zweijahresgarantie angeboten, auf Sardinien werden Verbraucher vor Neuwagen gewarnt: In Sant'Antioco bewarb ein Autohändler seine Schnäppchen mit einem Riesenschild, „Usato garantito" stand darauf, also „garantiert gebraucht". Nun ja, gemeint war wahrscheinlich doch eine Garantie auf Gebrauchte.

Autofahrern wird unfassbare Toleranz und Milde entgegengebracht. Selbst Eseln wie mir. In Santa Teresa Gallura suchten wir ein stilles Übernachtungsplätzchen. Es war dunkel, aber wir fanden was Feines: mitten im Ort vor dem Rathaus einen von einem kleinen Park umgebenen großen Parkplatz, der unbegreiflicherweise von den Einheimischen gemieden wurde. Am Morgen schliefen wir ein wenig unruhig, denn es gab allerlei Umtriebiges, Gewusel und Gesummse um uns herum, das übliche Erwachen einer Kleinstadt eben. Beim Kaffee dann lugten wir durch die Fenster und erstarrten: Um uns war ein großer Markt im Gange, und zwar seit Stunden. Die braven Marktbeschicker wollten unseren Schlaf nicht stören und so hatten sie alle ihre Stände einfach um unser Auto herum gebaut. Unsere Verlegenheit konnte sich durchaus mit der auf dem grünen Platz in Tripolis messen, aber alle taten so, als hätte ihnen eigentlich ein Wohnmobil auf dem Markt immer schon gefehlt.

Unser bisher recht einsamer Lagerplatz in Arbatax belebte sich langsam. Erste Touristen verirrten sich her, alle hielten einen gewissen Abstand, denn Platz gab es genug. Anders aber Silvio und Salvatore. Silvio und Salvatore waren zwei alte Knaben aus Turin von zu der Zeit 73 und 69 Jahren. Seit 30 Jahren kamen die beiden dreimal jährlich zum Angeln hierher. Sie hausten in einem winzigen alten Wohnwagen, den sie direkt neben unsere Zwingburg bugsiert hatten. Silvio war klein und dünn, sah ein wenig vertrocknet aus und seine eingefallenen Wangen ließen ein ziemlich fragmentarisches Gebiss vermuten. Er trug ein Käppi mit hochgeklapptem Schirm nach Art der Radrennfahrer. Salvatore war etwas größer, eher stattlich und seinen mit dicken Augengläsern bebrillten Kopf zierte ein Filztopf mit winziger Krempe, wie ihn Pinocchio bevorzugte.

Schon das Einrangieren ihres Wohnwägelchens war ein abendfüllendes Erlebnis; am anschließenden Versuch der beiden, ihr kleines Vorzelt aufzubauen, konnten wir uns gar nicht satt sehen: Salvatore stieß mit dem Hintern um, was Silvio gerade mit den Händen aufgebaut hatte. Irgendwann schafften sie es. Aber dann bemerkten sie, dass ihr Wagen schief stand und sie kurbelten an seinen Stützen, bis ich ihnen meine Wasserwaage lieh. Damit war das Eis gebrochen und noch allerlei andere Dämme, wie wir später erfahren sollten. Wir staunten, was sie alles aus dem Gefährt herausschleppten: zwei Schränke, einen Kocher, eine Gasflasche, einen Fernseher, einen Tisch und Stühle und Unmengen an Angelgerät, Reusen und Körbe aller Art. Zuletzt wuchteten sie mit einer Sackkarre noch eine Tiefkühltruhe ins Zelt. Ein Rätsel, wie sie da noch sitzen konnten. Silvio sprach ein wenig deutsch und drängte mir als Gegenleistung für die Wasserwaage erst mal eine Flasche seines selbstgemachten Dolcetto auf, er schmeckte, aber er hätte etwas mehr Alkohol vertragen. Silvio erzählte mir augenzwinkernd, er sei Taxifahrer. Dabei zwinkerte er immer heftiger und knuffte mir in den Bauch, offenbar wollte er mir etwas mitteilen, das man sich nur unter Kumpels anvertraut. Ich machte ein Schafsgesicht und er legte nach: „Ich bin für die letzten Taxifahrten zuständig, na?", und das Knuffen wurde zum Trommelfeuer. In mir regte sich nichts. Da spielte er seine stärkste Karte aus: „Im Krankenhaus! Ha ha! Letzte Taxifahrt vom Krankenhaus haha! Capisce? – Na? – Na?!" Endlich begriff ich: Silvio war Leichenfahrer. Morgens um sechs machten sich die beiden mit Getöse auf den Weg, und mittags mussten wir ihren Fang bewundern. Anschließend hagelte es Geschenke. Sie brachten uns wilden Spargel oder dies und das und ich sann auf Gegengeschenke. Machte ein Foto von ihnen und schenkte ihnen einen Papierabzug, und schon wurde mir die nächste Weinflasche aufgedrängt. So ging das Tag für Tag, mal kamen sie mit diesem oder jenem, mal mit einem dampfenden Teller Wildspargelrisotto rüber. Ich reichte ihn diskret an Vasco weiter, denn der Campingplatzbetreiber hatte mir anvertraut, dass Silvio in all den Jahren noch nie im Waschraum gesehen worden war.

In Olbia galt es einmal mehr, Besucher am Flughafen abzuliefern und neue Besucher in Empfang zu nehmen. Zwischendrin eine Übernachtung am Hafen. Um 19 Uhr läuteten die Glocken, ein befremdlicher Klang, denn hier wurden die Klöppel an einem Strick hastig gegen die Innenseiten der Glocken geschlagen, was sich so anhörte, als würde ein durchgeknallter Affe mit einem Hammer in einem Blecheimer toben, und wir wussten: Zeit, sich nach was Essbarem umzusehen. In Olbia gab es jetzt die ersten Touristen des Jahres und folglich schon früher als üblich Abendessen. Von der Menükarte wurden wir durch eine energische Frauenstimme am übernächsten Tisch abgelenkt: „Det könnta euch vonna Backe schmiern! Coperto ha ick nich jejessen un det zahl ick ooch nich! Erst jestern abend der Beschiss und nu dette hier schon wieda! Ja wo bin ick denn hia? Ne Insel soll det sein? En Räuberloch is det! Ne Hochzeitsreise na Italjen ham wa uns aber janz andas vorjestellt!" – und an ihren Bräutigam gewandt: „Du Schatz, morjen mach'n wa'n Abjang, ick lass ma hia nich länga verarschen." Schatz nickte ergeben. Eigentlich ein ganz nettes Paar. Jung und ziemlich schrill gestylt, passend dazu Tattoos von Kopf bis Fuß. Ulrike schaltete sich samtstimmig ein: „Wissen Sie, Coperto ist das Gedeck, Stoffserviette, Tischdecke, Brot und so weiter, das wird in Italien immer extra berechnet, das ist normal." „Na, Jottseidank wird ma ma uffjeklärt. Det Jedeck kost extra?" Sie runzelte die gepiercte Stirn. „Also normal is det füa mich nich, aber Schatz, wenn det so is, kannste zahln. Un hia blehm wa ooch, wa? Is eenfach ma wat anderes!"

In Olbia wollte es die Vorsehung auch, dass Ulrike die Sonnenbrille entdeckte. Geneigte Leser sollten wissen: Ulrike sammelt neben Spazierstöcken (9), alten Sodasyphons (1) und Lesebrillen (4 oder 5) auch Sonnenbrillen (16). Sie würde auch gerne Cabriolets, Traumhäuser am Meer, Mausoleen, Wasserburgen, echte Pyramiden, edle Rösser und kleine Palmeninseln sammeln, aber sie will sich nicht verzetteln und hat sich daher jetzt auf Sonnenbrillen fokussiert. Die Sonnenbrille hatte eine rote Fassung, war recht groß und lag ganz vorn in der Auslage. Mir war klar: Ich als ihr Sammlungsberater würde mit in den Laden müssen. Sie ließ sich die Brille reichen und setzte sie auf, sich kritisch im Spiegel betrachtend. „Und?" Das galt mir. Ich ließ es langsam angehen, denn ich wusste, mein Auftritt würde erst noch kommen. „Jaa, nicht übel, ein bisschen klein vielleicht." „Nicht übel? Klein? Ja, was denn nun? Und was ist mit der hier? Oder dieser da?" Die nächsten fünf Exemplare landeten auf der Nase. Ein Sammlerinnenberater muss spüren, was die Sammlerin insgeheim wirklich herbeisehnt, und sie dann in diesem Wunsch festen Blickes und unter Vortäuschung untrüglicher Stilsicherheit wie einen Tribun bestätigen. Ohne jeden Anflug von Zweifeln, sonst setzt er sich dem Vorwurf aus, ein opportunistischer Lump zu sein. Stand- und Spielbein haben in der richtigen Anordnung auf dem Boden zu ankern, die Miene soll abwägende Distanz ebenso ausstrahlen wie entschiedene Begeisterung mit einer Prise Entzücken. Falsch wäre es, mehr als ein einziges, nämlich das Exemplar zu loben. Geübte und die wirklich besten Sammlerinnenberater ziehen gern auch mit feschen Attributen in die Schlacht: Die einzig richtige Sonnenbrille passt – sagen wir mal – zur Farbe der Haare, der Ohren, des Kleides, der Lesebrille, des Mousepad oder der Fahrzeugpapiere. Einen guten Eindruck macht auch die entschiedene Ablehnung von ein oder zwei Exemplaren. Das vermittelt klar strukturierte Konturen und Kenntnis der aktuellen Fashion. So machte ich es auch diesmal: Ich vergötterte eine rötlichviolett-braungelbe Fassung, weil sie irgendwie wesentlich sportiver sei als die rote Brille für Leihmütter des zweiten Bildungswegs und riet unbedingt ab von einem dunklen langweiligen Sorayabügel, den sie gerade aufsetzen wollte. Kreisch. „Was hast du da gesagt? Was? Sorayabügel? Das ist meine Brille! Und die habe ich vor einem halben Jahr in Daundda auf dein ausdrückliches Anraten gekauft!" Sollte ich zu erwähnen vergessen haben, dass gute Sammlerinnenberater wie gute Lügner auch über ein passables Gedächtnis verfügen müssen?

Schneewittchen und die 32 Riesen

Die konsequente Umsetzung der hiesigen Behindertenvorschriften nötigte mir wie auch auf Sizilien mal wieder eine Menge Respekt ab: Alle Bordsteine waren vorbildlichst abgesenkt.

In Oristano übertreffen die Stadtväter in ihrem Eifer die Behindertenfreundlichkeit aller anderen italienischen Städte. Wir verweilten da, um uns am Karnevalssonntag die berühmte Sartilia anzuschauen, ein gefährliches und jedenfalls ziemlich verwegenes Reiterspiel mit Renaissancemasken und Kostümen. An jeder Bordsteinabsenkung gibt es ein Rollstuhlschild und zwei Stahlbügel, damit die Absenkung nicht zugeparkt werden kann. Äußerst wirksam. Das Problem: selbst der schlankste Sportrolli kommt jetzt nirgendwo mehr durch die vielen Stangen und Bügel auf die Gehsteige. Das erschüttert natürlich den sardischen Rollstuhlfahrer nicht im Mindesten, er hängt einfach die hier für jedes Auto vorgeschriebene Signalweste über seine Rückenlehne und rollt über die Fahrbahn, das beruhigt den Straßenverkehr ganz außerordentlich. So was sollte es bei uns auch geben. Es gibt hier natürlich auch geistig Behinderte. Anders als bei uns sind sie überall im Stadtbild unübersehbar. Und weiß Gott, die Sarden wissen sie zu nehmen: Ihr Umgang mit ihnen ist freundlich, ohne jede Verlegenheit und in beeindruckender Weise unbekümmert. Ein wunderbares Beispiel war in einem gut besuchten Restaurant zu erleben. Eine große Familie mit einem einfältig lächelnden, geistig Zurückgebliebenen an der Hand wurde an eine Tafel geleitet, nahm umständlich Platz und begab sich noch umständlicher an die Speisenauswahl. Währenddessen musterte der Behinderte mit Strahlaugen das Lokal und seine Gäste. Das langweilte ihn bald und so stand er auf, ging von Tisch zu Tisch und plauderte mit den Gästen, die ihm höflich antworteten. Es wurde schnell klar, dass er in die Rolle des Küchenchefs geschlüpft war, der sich bei seinen Gästen nach ihrem Wohlbefinden und der Güte seiner Kochkunst erkundigte. Alle machten mit. Aber auch das langweilte ihn bald, und so übernahm er eine neue Rolle, die ihn für den Rest des Abends voll und leidenschaftlich in Anspruch nahm: Er baute sich am Eingang auf und gab den Restaurantbesitzer, der alle Gäste einzeln und mit perfekten Bücklingen begrüßte und verabschiedete – nicht ohne den bescheidenen Wunsch zu äußern, die verehrten Herrschaften mögen doch bei Gelegenheit sein Etablissement ein weiteres Mal beehren. Zugleich schweiften seine Augen professionell durch den Gastraum, er hatte jedes nachzuschenkende Glas, jeden Kellner, jedes fehlende Besteck im Blick. Kein Mensch, am allerwenigsten der Wirt, wären auf den Gedanken gekommen, das peinlich zu finden. Alle amüsierten sich köstlich – nicht auf Kosten, sondern gemeinsam mit dem glücklichen Behinderten.

Überhaupt sind Restaurantbesuche auf Sardinien eine unversiegbare Quelle unvermuteter Entdeckungen und köstlicher Komik. In Sant Antioco, einer Halbinsel im äußersten Süden, gab es ein wirklich feines Restaurant. Es hieß natürlich „Il Conte" („der Graf") und lag an der „Via Nazionale", versteht sich. Schon beim Eintreten umfing einen jene etwas beklommen machende Vornehmheit der Ausstattung, der Tischdekorationen und des Personals, die beim Gedanken an die Rechnung unwillkürlich ein heimliches „Au weia!" hervorruft. Die Menükarten hatten etwa DIN-A2-Format, sodass es unmöglich war, ängstliche Blicke miteinander auszutauschen. Tapfer wählten wir, während dienstbare Geister im Smoking oder Kleinen Schwarzen mit weißen Schleifen ungefragt allerlei Knabberzeug auftrugen. Natürlich waren wir wieder mal die einzigen Gäste, denn erstens gehen Einheimische in so ein Lokal nicht essen, zweitens gibt es vor April sowieso keine Auswärtigen auf der Insel und drittens würde es keinem Sarden in den Sinn kommen, vor 22 Uhr seine „Cena" (Abendessen) einzunehmen. Wir waren also der hundertprozentigen Aufmerksamkeit des gesamten neunköpfigen Personals ausgeliefert. Das sollte sich noch jäh ändern. Zwischen Primo und Secondo Piatto war es wohl, da erschien der Küchenchef, eine majestätische Gestalt mit weißer Jacke, Würfelhose und überdimensionaler Kochmütze in der Schwingtür zwischen Küche und Gastraum. Schwingtüren sind diese praktische Erfindung, die sich in beide Richtungen öffnen und schließen lässt, und die dem Passierenden erst von vorn ins Gesicht und dann von hinten an den Hintern klatschen. In der Rechten trug der Chef nicht etwa Kochlöffel oder Messer, sondern einen Akkuschrauber. Irgendwas stimmte mit der Schwingtür nicht. Also wurde die Hälfte der

Kellner, Oberkellner, Kaltmamsells und Türsteher vom Dienst abgezogen, um die Tür zu halten, während der Chef – schrr, schrr – die Schrauben aus den Scharnieren drehte. Diese wurden neu justiert und dann – schrr, schrr – drehte er die Schrauben wieder hinein. Bis auf die eine, die ihm aus der Hand fiel und irgendwo hinkullerte. Während nun die erste Hälfte der Belegschaft die Tür, die ohne die fehlende Schraube offenbar keinen Halt hatte, weiterhin festhielt, wurde die zweite Hälfte zum Schräubchensuchen abkommandiert.

Jetzt begann für uns der weitaus vergnüglichste Teil des kulinarischen Abends: Völlig unbehelligt vom Personal verspeisten wir mit Genuss unser Secondo und betrachteten dabei angeheitert all die Schwarzbefrackten, die wie Schildkröten auf allen Vieren durchs Lokal krabbelten und unter jeden dicken Teppich und jeden Tisch schauten, auch unseren. Selten habe ich mit einer solchen Leichtigkeit des Herzens meine Restaurantrechnung beglichen.

Natürlich gibt es auch ein sardisches Nationalgericht, das „Porcheddu", es ist berühmt und sagenumwoben. Gesehen hatten wir es noch nie, gegessen auch nicht, denn das Gericht gibt es nur nach vorheriger Bestellung. Niemals aber haben wir erlebt, dass es jemand im Voraus bestellt hätte. Es soll sich um ein Spanferkel handeln, das nicht über, sondern neben dem offenen Feuer ganz langsam stundenlang gegart wird. Da das aber viel zu lange dauert, wenn man hungrig ist, bestellen alle Sarden Pizza. Das unterscheidet den Sarden vom Italiener: Er isst immer Pizza, und zwar mittags und abends. Und das unterscheidet die sardischen Pizzen von den italienischen: Sie sind wirklich gut. Dünn, knusprig und groß wie Wagenräder, sie hängen viele Zentimeter selbst über den größten Tellerrand hinaus. Wer hier etwas anderes bestellt, wird sofort auf Deutsch angesprochen. Selbst vornehme und teure Restaurants wie das „Conte" können es sich nicht leisten, keine Pizzakarte zu führen, wenn sie jemals einen Sarden ihren Gast nennen wollen. Pizzen werden prinzipiell nicht mit dem Besteck, sondern aus der Hand gegessen. Unbekümmert, wie der Sarde nun mal isst, scheut er sich nicht, sich seine Pizza auch aus einem Spitzenladen wie dem „Conte" in einer Pappschachtel abzuholen.

Auf der Rückfahrt von Cagliari nach Arbatax wurden wir mitten in den wilden Bergen der Ogliastra von der Dunkelheit erwischt.

Also suchten wir uns ein Übernachtungsplätzchen in einem Weiler namens San Priamo. Er besteht aus sieben Häusern und immerhin drei Restaurants, ein rekordverdächtiges Verhältnis, das nur noch von irischen Weilern geschlagen wird (sechs Häuser, davon vier Pubs). Die Straßenbeleuchtung verdiente ihren Namen nicht, und da sie aus Mangel an Helligkeit keine Schatten warf, fühlten wir uns wie in einem Räubernest, zumal der Wind auffrischte und schaurig in den Bäumen heulte. Hier war es endlich wie im Sardinien meiner Kindheitserinnerungen. Niemand war auf der Straße, das konnte nichts Gutes bedeuten, und ich fühlte mich heimlich beobachtet. Die Restaurants mit ihrer fahlen Fensterbeleuchtung wirkten wie fleischfressende Pflanzen, bereit, den abendlich Herumirrenden mit Speisekarten zu umgurren und ihn nach dem Eintreten mit der Säure ihrer Verdauungsorgane zu Nahrungsbrei zu verflüssigen, nachdem die schuldbeladenen Einwohner hinter Gardinen hämisch unseren Gang in den sicheren Untergang beobachtet hatten. Es war schon ein bisschen spät, als wir uns für das Restaurant ohne Neonlicht im Gastraum entschieden. Erwartungsgemäß waren wir die ersten und einzigen Gäste, bestellten vorzügliche Vorspeisen „Terra e Mare", dazu den wirklich erstklassigen sardischen Wein und konnten uns nicht recht auf die Hauptgerichtwahl konzentrieren, weil die durchaus hübsche Kellnerin so groß wie eine Maus war. Sie reichte mir stehend allenfalls bis zum Bauchnabel, was mir insgeheim ein etwas unbehagliches Gefühl verschaffte, denn einen direkten Blick in meine Augen ziehe ich allemal einem solchen auf meinen Nabel vor, jedenfalls, wenn der Blick weiblich ist. Es handelte sich zweifellos um einen soliden Familienbetrieb, im Hintergrund wuselte die Mutter der Kellnerin, die noch ein wenig kleiner war und der beleibte kleine Mann, der neben unserem Tisch stehend freundlich zu uns heraufschaute, musste der Herr Papa sein. Schon mehrmals waren uns beim Durchqueren der Bergregionen diese außerordentlich kleinen Menschen aufgefallen, aber noch nie hatten wir sie so nah gesehen. Neben uns war eine gigantische Tafel hergerichtet und als sich die Tür öffnete und 32 Menschen hereinstürmten, stellten wir erleichtert fest, nicht mehr allein zu sein. Unsere Beklommenheit fleischfressenden Pflanzen gegenüber wich einem befreiten Interesse an unserer unmittelbaren Umgebung. Es war eine fröhliche und sehr laute Feiergesellschaft, darunter Kinder jeden Alters. Sie kamen vermutlich nicht aus den Bergen, sondern von der nahen Küste, denn sie hatten in etwa den Wuchs der meisten Sarden, also im Schnitt eine Körpergröße von 1,50 Meter. Die Wirtsleute flitzten eifrig hin und her und reichten Gläser, Getränke und Brotkörbe auf die Tafel hinauf. Kein Zweifel, wir würden das Privileg haben, einem echten sardischen Gelage beizuwohnen, wahrscheinlich bekämen wir endlich mal Porcheddu zu sehen. Der Gastgeber thronte würdig und selbstzufrieden am Kopfende, hielt eine salbungsvolle Ansprache, wie ich durch den keineswegs abebbenden Krach zu hören glaubte, und nahm seinerseits huldvoll die endlosen Honneurs verschiedener Gäste entgegen. Während dieser Ansprachen rannte alles ständig durch die Gegend, die Kinder zankten sich um Stühle, und es war ein Kommen und Gehen jener, die vor der Tür rauchten.

Ein wenig stutzig machte uns, dass nur Coca Cola und Bier getrunken wurde. Dann schwang eine jener bereits erwähnten Schwingtüren auf, und es wurden 32 Pizzen hereingeschleppt, und ein ordentlicher Streit brach aus um die Frage, wer welche Pizza gewählt oder keinesfalls und nie im Leben bestellt hatte. Dann wurde es abrupt leise, nur Kau- und Schluckgeräusche waren noch zu vernehmen und das eifrige Trippeln von Schneewittchen, der Minikellnerin. Es wurde dann doch noch mal laut, als die ganze Truppe ihre Orgie beendete, sich Stühle umwerfend voneinander verabschiedete, aus dem Saal stürmte und die Motoren ihrer unzähligen Kleinwagen aufheulen ließ. Da waren wir gerade erst beim Zwischengericht. Übrigens: Die hier bei weitem geschätzteste Tiefkühlpizza in den Supermärkten heißt „Cameo", ein Meisterwerk original sizilianischer Tiefkühlpizzenbackkunst; seltsam nur, dass die ziemlich italienische Produktbezeichnung mit dem Logo von Dr. Oetker versehen ist.

Und zum Schluss auch das noch: Businessbreakfast

Es ist schon eine feine Sache, mit einem Gespann wie dem unseren Fernreisen zu unternehmen, besonders dann, wenn man weder fern noch überhaupt reisen kann. Die Fahrzeuge waren nämlich im Winter 2010/11 in der Eifel bombensicher untergebracht: Da standen sie, und niemand hätte sie stehlen können, soviel stand fest. Selbst ich hätte sie nicht von der Stelle gebracht; ich hätte die Schlüssel glatt außen stecken lassen können, niemand wäre auf die verrückte Idee gekommen, sich mit dem Gespann in Bewegung zu setzen. Es lagen nämlich Tonnen von zu Eis verbackenem Schnee drum herum, und das schon seit Monaten. Vier Versuche, daran etwas zu ändern, waren elend gescheitert.

Nun kennen Sie ja Frau Ulrike schon ein bisschen näher. Ihr Herz ist weit, wenn auch ein wenig ungeduldig. Ich traf sie morgens um zehn Uhr mit einem Becher Kaffee vor dem PC an, Tchibo-Kaffee-Reiseangebote studierend. Ihre Miene war düster und ihre Stimmung nicht minder. „Wir hätten schon vor Monaten da oder da oder dort sein können und wo waren wir? Hier!"

Nun ja, das war nicht von der Hand zu weisen. Immerhin aber befanden wir uns erst seit vier Monaten an einem Ort, den der eine oder die andere nicht leichtfertig verlassen hätte: Unsere neue Wohnung nämlich, groß, schön, mit Terrasse und direkt am Rhein über einem kleinen Hafen gelegen. Genau hier aber wollte sie weg. Tchibo pflichtete ihr bei mit Angeboten, die so günstig waren, dass man eigentlich noch Geld heraus bekommen müsste, vom Kaffee ganz zu schweigen. Eigentlich wäre es ein Wahnsinn, nicht sofort von hier zu verschwinden. Das leuchtete mir nicht unmittelbar ein, aber jeden Morgen ein wenig mehr.

Nun hat Ulrike gute Freundinnen mit ebenfalls exzellenten Ideen und Ratschlägen, die bei Frauen gut ankommen. Lanzarote war so ein Vorschlag. Die Frau eines Freundes hatte dort eine tolle Wohnung. Um es vorweg zu nehmen: Die Wohnung war superb, eine Maisonette mit Patio und Dachterrasse direkt am Meer und geschmackvoll eingerichtet. Nicht so ein Studio-Käfig in einer Massenbrutanlage mit spanisch-rustikal verhunzten Rückenschmerz garantierenden Möbeln, und fast schon einsam gelegen. Und zum Weinen günstig. Aber man musste erst mal hinkommen.

Tja, geneigte Leserinnen, erst mal hinkommen. Das geht so: Aufstehen um vier Uhr, Duschen, Zähneputzen, Tee trinken oder besser noch viel Kaffee. Um zehn vor acht startet Iberia, eine wunderbare Fluggesellschaft, von Düsseldorf nach Madrid zu einem Spottpreis, versteht sich. Da heißt es, pünktlich und diszipliniert zu sein! Ich wollte mit Bus und Straßenbahn zum Hauptbahnhof, aber Ulrike bestand auf einem Taxi, weil die Kölner Verkehrsbetriebe so unpünktlich seien – 25 Euro. Dem Fahrkartenautomaten fieberten wir entgegen, hatten wir doch kürzlich in einer Verbrauchersendung gelernt, dass nur zwei von zehn Menschen in unserem Alter so ein Ding bedienen können. Für mich kein Problem. Die ausgespuckten Fahrscheine wurden misstrauisch beäugt. Hm. Müssen wir nun in Düsseldorf umsteigen? Und falls ja, in was? Ulrike erkundigte sich im Infokompetenz-Zentrum, wir wollten ja die Iberia nicht verpassen.

Der Kompetenzmann war sehr freundlich. „Nehmen Sie lieber den S 11 aus Bahnsteig 9." Wer hat den offiziellen Lautsprecherquatsch der Deutschen Bahn „aus Bahnsteig ..." erfunden, wo doch die Züge am Bahnsteig halten? „Das geht schneller, weil Sie dann in Düsseldorf nicht für drei Kilometer noch in den Zubringer umsteigen müssen, außerdem fährt der noch sieben Minuten früher ab." Einen Mann, der mitdenkt, erwartet man bei der Bahn nicht, und wir überfluteten ihn mit einem Schwall von Dankesbezeugungen. Ich denke, er hat sofort gemerkt, dass er es mit sehr welterfahrenen Reisenden zu tun hatte, Auftreten ist eben alles. Nach dem siebten Haltepunkt, noch weit von Düsseldorf entfernt, runzelte ich die Stirn. Konnte es sein, dass „S" für S-Bahn steht, und wir nicht im pfeilschnellsten aller Reisemittel saßen? Zerstreut blickte Ulrike auf ein Linien-Diagramm über der Tür, mein Blick folgte ihrem, ich sprang auf und studierte. Noch elf Stationen bis zum Flughafen. Raus hier!

Düsseldorf-Bilk gleicht morgens um sieben in nichts einer Metropole. Panisch hielten wir nach einem Taxi Ausschau. Zweihundert

Meter weiter stand eins, der Fahrer löste ein Sudoku und war über Unterbrechungen nicht erfreut. „Flughafen, schnell!" „Welcher Flughafen?" „Düsseldorf, Düsseldorf!" Er hatte es nicht eilig. Die Stadt war um diese Zeit noch ohne Verkehr, aber voller Ampeln, die bei Annäherung alle auf rot schalteten – noch mal 25 Euro.

Natürlich haben wir die Iberia um vier Minuten verpasst, aber dafür konnten wir ausgiebig den Flughafen begutachten, es gab dort für 17 Euro pro Person ein Businessbreakfast mit einem Heißgetränk nach Wahl, zwei Semmeln, Rührei und wahlweise Würstchen oder Bacon. Um viertel vor eins ging noch ein Flugzeug, diesmal direkt nach Lanzarote, und ich konnte darüber nachdenken, warum eine Blechröhre, in der eigentlich nur Sardinen wirklich sitzen können, ausgerechnet „Condor" heißt. Der Flugpreis war gesalzen, aber immerhin blieb unser Rückflugticket gültig.

Nun waren wir auf Lanzarote, und wir waren glücklich, denn wir waren immerhin woanders, wenn auch entschieden nicht so günstig wie bei Tchibo.

Abgesang

Haben Ulrike und ich jetzt die Welt gesehen? Ganz sicher nicht. Eher schon das subjektive Abbild einiger Teilchen aus dem Kaleidoskop, das die Welt bildet. Wenn ich durch meine Stadt wandere, staune ich stets über die vielen Plakatankündigungen von Lichtbildvorträgen oder auch Buchwerbungen, die „Yukon: 3000 Kilometer im Kanu durch Kanada und Alaska" oder so ähnlich heißen. Ich halte dann inne und frage mich, ob es nicht doch schön wäre, viel länger zu leben, sagen wir 600 Jahre. Dann könnte ich mir die Welt wenigstens genauer angucken. Obwohl, 600 Jahre sind schnell um, wenn ich mich wirklich gründlich in nur einem einzigen Kontinent umschauen wollte. Mit anderen Worten: Auch nur einen Teil der Welt zu ergründen, scheint mir so unmöglich wie das Übertreffen der Lichtgeschwindigkeit.

Die Gier, möglichst viele Länder zu bereisen, sie sozusagen abzuhaken, ist sinnlos, aber eine unerhörte Verlockung, und ich kann nicht verhehlen, ihr streckenweise auch selbst erlegen zu sein. Man kann sich als Bücherwurm oder auch als Kinogänger in Welten begeben, die rauschhaft aus der eigenen Realität hinaustragen in virtuelle Wirklichkeiten, die berühren, erschüttern oder begeistern, ja, auch das Suchtpotential in sich bergen, zu Fluchten zu verführen. Langweilt hingegen das Buch oder der Film, so verlässt man das Kino oder legt das Buch weg. Beim Reisen ist das anders. Wenn das mal langweilig wird, was gar nicht so selten vorkommt, aber selten zugegeben wird, kann man sich nicht einfach verkrümeln oder das Nachtlicht ausknipsen. Die Welt kümmert sich nicht um den Betrachter, der sich das Seine denkt und weiterzieht. Zweifellos hat der Massentourismus die Welt verändert, der einzelne Reisende jedoch ist unwichtig, er verändert fast nichts, bleibt unverbindlich. „Rege dich nicht auf über etwas, das vorüber zieht", lautet ein arabisches Sprichwort. Daran hält sich die Welt gegenüber dem Betrachter, der kaum Spuren hinterlässt. Ob der sich langweilt oder nicht, liegt allein an ihm selbst und hängt keinesfalls von der Zahl der Länder ab, die er bereist und von der Zeit, die er darauf verwendet. So reicht die übliche Lebenserwartung am Ende doch aus. Oder auch nicht.